生 活 即 教 育

社 会 即 学 校

教 学 做 合 一

MEXIC
peón de
plica el
México

# 陶 行 知 全 集

## 第5卷 教材

教材
儿童读物
附录

四川教育出版社
·成都·

**图书在版编目（CIP）数据**

陶行知全集．第5卷 / 方明主编．—2版．—成都：四川教育出版社，2009.4

ISBN 978-7-5408-5050-0

Ⅰ.陶…　Ⅱ.方…　Ⅲ.陶行知（1891~1946）-全集
Ⅳ.G4-52

中国版本图书馆CIP数据核字（2009）第033524号

装帧设计　宁成春
责任编辑　龚思雪　吴纪真　何　军
技术编辑　顾求实
责任校对　伍登富
责任印制　田东洋
出版发行　四川教育出版社
地　　址　四川省成都市锦江区三色路238号新华之星A座
邮政编码　610023
网　　址　www.chuanjiaoshe.com
印　　刷　成都市金雅迪彩色印刷有限公司
版　　次　2020年1月第3版
印　　次　2024年2月第2次印刷
成品规格　152 mm×228 mm
印　　张　49　　插页 4
字　　数　633千
全套定价　2200.00元

# 再版前言

1991年，张劲夫同志祝川版《陶行知全集》出版，在《人民日报》撰文，称这部巨著是一笔宝贵的精神财富。他在文章的结尾深情地写道："新版《陶行知全集》的出版，必将永育后人，光照千秋！"

陶行知是一位伟大的社会改革家，是中国20世纪推动现代化的先驱。他坚持以与时俱进的生活教育来推动川流不息的现代化。他热爱人民，躬亲实践，手脑并用，勇于创新，对祖国和人类所作出的贡献及取得的成果是多方面的。从《全集》中可以看出，他涉猎的领域很广，诸如对政治制度、经济发展、社会道德、国际交往、科学普及、民族团结、宗教信仰、新文字推广、环境保护、计划生育等等均有精辟的论述。陶行知又是伟大的人民诗人，其诗的大众化"独开风气之先"，《全集》中收入他的诗800余首，仍未搜齐。当然最突出的仍是他创立的生活教育理论。大家熟悉的"生活即教育"、"社会即学校"、"教学做合一"和他倡导的全民教育、终身教育、创造教育、民主教育以及他身体力行的崇高师德，是多么贴近我国的现实与未来的走向啊！

随着我国改革开放的不断深化，现代化进程的长足发展，人们对陶行知留下的这笔精神财富的借鉴意义也愈益有了更清晰的认识。近两年不少读者要求购书，有的省市成立了陶行知研究会，要求供应几十套上百套。而当年印制的新版《全集》8000套，早已罄尽。面对这日增的需求，中国陶行知研究会也希望能尽快再版。在此情势下，四川出版集团、四川教育出版社决定高质量地再版《陶行知全集》（十二卷本），并组成再版的编辑出版班子，对初版进行认真修订。《全集》约800万字，修订任务繁重，原来各卷的责任编辑年事已高，有的已经辞世（本套书第一版出版后辞世的编纂、出版人员未在《全集》编辑委员会和出版工作者委员会成员名单中注明）；最初使用的原稿，已交有关的博物馆和纪念馆保存，这更增添了校订的难度。出版社抽出十几位年富力强的编辑分担各卷的编务及协调工作，并请有关专家指导，两位老主编和张行可、吴琴南也全力投入，中国陶行知研究会又寄来陶行知自选集的影印本供校勘用。在共同努力下，终于按计划完成了再版的修订任务。

这次修订的主要情况如下：

一、原体例不变

开初有同志提出不论著作体例，统按时间顺序排列；有的主张前十卷不变，将最后两本补遗卷打散，分类按时序插入前面各卷。多数认为这样做不仅工作量过大，原有特色会消失，且不易查阅，故决定再版仍保持原状。

二、改错字及改正注释中的一些讹误

《全集》出版后，原来的编辑发现一些错处，特别是不少读者陆续来信指出发现的问题，这次都做了认真考证校订并逐一改正。此类改正达几百处，但仍有个别人名无从查考。这里特向来信的热心读者表示敬意和谢意。

三、几项调整

将各卷的人名索引合为一处，避免了重复，删去了该人名出现在书中的页码。人名索引刊在第九卷卷末，将原第九卷中1940年1至7月的书信移入第八卷。

抽去了两首重复的诗歌。另抽去第九卷附录中的《陶行知年表》，部分内容并入第十二卷《陶行知及其生活教育活动纪略》。抽去第十二卷附录中致陶行知的信57封，对《陶行知西旅长编》作了删节。另有少量附录因篇幅关系按时间顺序做了移动。

卷首的图片有小调整，第五卷和第三卷各换了一张照片，第四卷增加了一幅手迹。

最可喜的是增加了15篇最近得到的陶行知的佚作。一是1939年写给沈钧儒的信；二是1946年在中国人民救国会第五次大会上的报告记录；还有13篇是香港中文大学哲学博士何荣汉先生提供的英文稿：《一个金陵大学学生的自述》（1912年）、《陶文濬的伊利诺斯州立大学政治学博士入学申请表》（1914年）、《中国的道德和宗教教育》（1916年）、陶文濬致德芬道夫的4封信（1915~1917年）、《祈先生的新贡献》、《中国在转变中》、《中国的乡村教育运动》（1927年）、《生活即教育》（1932年）、《创造的教育》（1933年）、《小先生和识字运动》（1934年），这些均已翻译为中文编入第十二卷。这里，特向何荣汉先生致谢。

这次不仅认真校订内文，对书籍的开本、版式、封面等都提出了高要求，为此还请了北京的装帧设计家宁成春先生做装帧设计，力争出精品。

本书编辑中的不妥处，恳希读者指出，因为陶行知留下的这笔珍贵精神财富是属于我国人民和全世界人民的。

编　者

2004 年 12 月 1 日

# 《陶行知全集》
# 编辑委员会

**主　　编**　戴自俺

**副 主 编**　孙传华　苏辛涛　郭　笙　陶晓光

**分卷主编**　理论卷（第1~4卷）　孙传华　苏辛涛　洪　桥　祝德顺　周正章

教材卷（第5卷）　戴自俺　陶　城　陈贻鑫

英文著译卷（第6卷）　温致义

诗歌卷（第7卷）　聂大朋

书信卷（第8、9卷）　张邦民

衙备忘卷（第10卷）　庞曾漱

**编　　辑**　（按姓氏笔画为序）

王超英　刘有声　江长风　李　冬　陈　思　杨立义

张　颖　张德生　姚启安　鲁　风　裴未如　韩忠祥

程翊德　储朝晖

**审　　定**　陆静山（主任）吴树琴　楼化篷　徐明清

丁　丁　龚思雪　李能寿

**特邀主编**　胡晓风

新版

# 《陶行知全集》出版工作委员会

# 编辑说明

一、陶行知（1891—1946）是我国伟大的人民教育家、伟大的共产主义战士。他为中国教育改造、普及人民教育、争取民族解放和建立人民民主的新中国奋斗了一生，留下了大量的著作。他的著作，散见于1913年到1946年的国内外报刊。生前曾以各种形式出版各种专集，流传甚广，影响深远。延安也曾出版《行知教育论文选集》。1946年，延安各界追悼陶行知筹备委员会倡议出版《陶行知全集》，但因限于当时条件，未能实现。1957年7月，张宗麟曾在《人民教育》发表文章，公开建议人民教育出版社编辑出版《陶行知全集》。1959年原中央教育部所拟定的《教育科学规划》曾有出版《陶行知全集》的项目，但因当时各种阻力尚未排除，终未实现。中国共产党第十一届三中全会以后，研究陶行知的活动又活跃起来。1981年，由邓颖超同志主持的陶行知诞辰90周年纪念大会在北京市全国政协礼堂召开。安徽、上海、江苏、四川、北京等地相继成立了陶行知研究会。1982年，华中师范学院（现华中师范大学）教育科学研究所和湖南教育出版社，在征得安徽、上海、江苏、四川、北京等省、市陶行知研究会赞同和陶行知先生亲属的大力支持下，组成《陶行知全集》编辑委员会，由华中师范学院教育科学研究所主编，湖南教育出版社于1985年出版了六卷本《陶行知全集》，在抢救我国民族文化遗产、促进我国教育改革、建设具有中国特色的社会主义教育体系等方面作出了有益的贡献。

二、1985年9月，中国陶行知研究会、中国陶行知基金会成立，对陶行知的研究开始了新的篇章。随之，中国陶行知研究会陆续收到了陶研工作者，陶行知生前友好、学生以及部分读者的许多宝贵建议，要求中国陶行知研究会争取时间，趁陶先生的一些老朋友和学生以及部分陶行知研究的老专家尚健在的时候，组织力量，在原有的基础上，重新编辑出版一部较完备的新版《陶行知全集》（以下简称《全集》），在1991年陶行知诞辰100周年时出版，以应时代及广大读者的需要。

三、本版《全集》的编辑工作，本着求“全”、求“真”的原则，增补了迄今为止收集到的佚文、佚诗、佚信等，并作了认真的校勘；在考订的基础上加了注释；对作者用外文所写著作均作了新的校译；各卷插图有了新的补充和调整。特别要指出的是，本版增补了作者自1936年4月至1946年7月所用的小笔记本55册，以作者所题《衔备忘》为名全部整理编入第十卷，约40万字，系首次发表，是研究陶行知最后十年战斗生涯的极为珍贵的史料。

四、本版《全集》按文章体裁分类，共成十卷。各卷保留了作者原有自编专集的原貌；专集外的文章，再按时间顺序排列。第一至四卷为论著卷（包括论文、演讲记录、谈话、提案等）；第五卷为教材卷（包括各类教材及编辑手稿、儿童科学读物、寓言、歌曲等）；第六卷为英文著译卷（包括英文著述、英文书信；著述中译、书信中译；中译英、英译中等）；第七卷为诗歌卷；第八、九卷为书信卷；第十卷为《衔备忘》。

五、本版《全集》的编辑原则为：（一）尽可能做到“全”；（二）保持陶行知著作的原貌；（三）所收文稿，均经慎重的考证、核查。

六、本版《全集》的注释要求是：（一）以具有中师毕业以上文化程度的广大教师及其他读者为对象；（二）注释条目的选择，以有助于理解原文为准；（三）文字力求简明扼要；（四）对人物、事件，介绍历史背景，力求客观真实，不带政治帽子；（五）人名索引根据其与原著及作者的关系而确定其详略。

七、本版《全集》的编辑和校勘，除充分利用中国陶行知研究会所珍藏的资料以外，并专门组织了力量，到江苏、上海、安徽陶行知纪念馆，中国第二历史档案馆以及华中师范大学近代历史研究所，浙江湘湖师范学校等单位查核大量原件，还尽量查阅手稿及各种版本的专集，多方比较、考证，以求臻于完善。凡有增删或改动者，均采用注释加以说明或以其他方式处理，以便对照。

八、本版《全集》的编辑工作是由中国陶行知研究会领导下组成的编辑委员会主持进行的；出版工作是由四川省党政领导及有关人士组成的出版工作委员会主持进行的，特别是中共四川省委宣传部在多方面给予了大力支持。

九、在编辑过程中，得到南京中国第二历史档案馆，北京中央档案馆，广东省档案馆，北京图书馆，华南师范大学图书馆，南京大学图书馆，南京图书馆，北京师范大学图书馆，上海图书馆，上海辞书出版社图书馆，中央教育科学研究所图书馆，安徽省图书馆，四川省图书馆，四川大学图书馆，广东省图书馆，广州中山大学图书馆，华中师范大学近代史研究所，江苏晓庄陶行知纪念馆，上海陶行知纪念馆，安徽陶行知纪念馆，四川教育学院，各省、市、自治区陶行知研究会以及陶行知先生生前友好、学生和亲属的赞助及支持，在此谨一一深表感谢！

十、由于水平及各种条件所限，本版《全集》疏漏、错误在所难免，敬请读者教正。

《陶行知全集》编辑委员会

1990年12月

# 凡例

一、本全集编入迄今收集到的陶行知的全部文稿，有文章、诗歌、教材、书信、演讲、小说、谈话、章程、提案、文电、广告、备忘录等2530篇（其中教材13本、小说1部、备忘录55册）。凡有作者手稿，有作者个人署名，或虽未署名但有根据可确认为作者所著者，均收为正文；合署而非作者起草，或虽有个人署名但不能确认为作者所著的文稿，均与其他参考材料一起作为附录。附录共314篇（包括附在第九卷末的年表），一种为文末附，一种为卷末附录。

二、作者的自编集共17本（其中小说1部），大体上按出版的年代排在有关卷的前面，作为第一部分。自编集以外的集外文汇、集外诗汇、集外书信等均按写作或发表的时间逐年编入有关各卷，作为第二部分。有的诗文收入几种自编集内，此次只在一本集子中排印，其余均存目。第六卷英文著译卷，分类按年编排。第十卷《衔备忘》用手稿影印，一册为一篇，在篇末加少量的译文与注释。

三、除少数姓名和文言文中的个别字外，统用简化字，以国家语言文字工作委员会1986年重新发表的《简化字总表》为准。

四、陶行知原著中的纪年、数字、译名及章节标题的分层序码等均保持原貌。纪年多系民国纪年，如三年、廿一年、卅二年（即公元1914年、1932年、1943年）等。数字则汉字与阿拉伯字并存。翻译的人名、地名与通译不同的，在注释中注明通译的名称。编者所写的注释文字统用公元纪年，数字用法按国家语委等七部门公布的试行规定。

五、论著、诗歌、教材及儿童读物的标题用原题，个别有变动的在题注中说明。书信的标题，除作者自编集外，多系编者从信中摘取原话为题。

六、原著无标点的，由编者加添标点；原著用旧式标点或标点不规范的，重新标点。

七、改正了原稿中的错字，删除了衍文，漏字在〔　〕内添补，无法辨认的字用□号代替。通假字、古今字、异体字等，除文言文中的少数字外，均按有关规定处理。

八、编者的题注为脚注。书信及一些档案资料现存放何处，均不作注。

九、作者本人的署名，1934年7月16日前为“陶知行”，现一仍其旧。编者所写注释中则一律称“陶行知”。

十、第十卷和课本、小说不作人名索引，其余各卷正文中出现的人名，均按姓氏笔画作索引，附在卷末。附录不作人名索引和注释。

本卷收入陶行知编写的教材四种，即：（一）《平民千字课》第一至第四册；（二）儿童天文学活页指导（函授教材）10 篇，算学的把戏 1 篇；（三）《老少通千字课》第一至第四册；（四）算术课本编辑手稿第四至第八册。另收入儿童读物 19 篇。

《平民千字课》，原书每册前均有相同的“本书注意事项”。为避免重复，将第一至第四册的课文目录列在一起，放置“本书注意事项”后。

本卷书稿按写作或发表时间先后为序。陶行知作词的歌曲 41 首，作为本卷的附录，在五线谱下加注了简谱。

1

1　1923 年 12 月，陶行知在家中设立平民读书处，由其儿子教祖母识字。照片周边为陶行知题诗

2　为创办乡村师范，陶行知（右一）到南京北郊燕子叽畔选择校址

3　晨更工学团女工识字班合影

2

3

4

4　1933 年 4 月陶行知在儿童节大会上讲话

5　陶行知编的部分儿童科学丛书

6　陶行知手迹

5

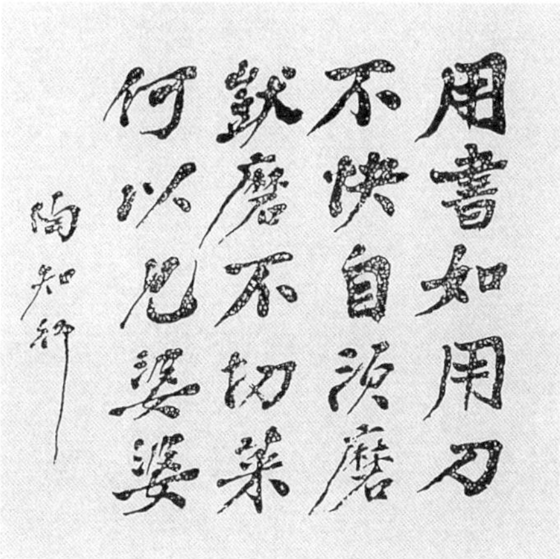


6

7

7　美国援华会朋友向育才学校赠送美国儿童捐赠的书籍

8　育才学校学生在练唱

9　育才学校自然组学生在做化学实验

8

9

10

10　育才学校音乐组学生练习演奏

# 目 录

## 儿童读物 537



## 附录（歌曲） 665

# 教　材

# 平 民 千 字 课

中華平民教育促進會出版

# 平民千字課

商務印書館印行

## 编者按

本书由陶行知与朱经农共同编写。全书共四册，于1923年出版。此次按1924年4月版排印。

1923年6月，中华平民教育促进会筹备会成立，陶行知与朱经农即着手编写此书，同年8月，中华平民教育促进会正式成立后，该书作为推行平民教育的教材。

与本书配套的《教师指南》迄今未收集到。

# 本书注意事项

一、本书的目的有三：

（一）培养人生与共和国民必不可少之精神和态度。

（二）训练处理家常信札、账目和别的应用文件的能力。

（三）培养继续读书看报和领略优良教育之基本能力。

二、本书是根据一千多个常用字和平民目标编的。

三、本书是为十二岁以上不识字之人民编的，于年岁太小儿童，不甚合用。稍微认识字的，要读这部书，也是能够得益的，不过头一本可以学得快些。

四、本书九十六课，每天用一点钟教；总共九十六天或十六个星期，就教得了的。

五、本书的编辑原则和教学法，另在《教师指南》中说明。凡要担任教学的人，请向北京、南京平民教育促进会另购《教师指南》，当能得益。

六、本书之辅助工具有二：一是幻灯影片，二是挂图。人数多的班次，宜用幻灯影片。五十人以下的班次和没有电力的地方，宜用挂图。如果经费困难，单用课本教学，也是可以的，但人数必须在四十人以下。

七、本书的常用字是由中华教育改进社、东南大学教育科合请陈鹤琴先生和助理十余人编的；目标是由刘伯明、任鸿隽、王云五、卫挺生、郑宗海诸先生和经农、知行交换意见拟订的；编辑是由计宁一、阮乐真、程宗潮三君襄助办理的；本书的图画是由郑褧裳、高叔达两先生担任的；每课常用字是由施凤笙、曹子云、张履芬三君整理的；编辑时的试验班，是由杨中明、顾克彬、沈国保、陈启天、夏承枫、王衍康、侯曜、金宗华、江鼎、冯巽、李浩然、陶文渼诸君办理的；试验时之缮写事务是由江克菴、李约丰二先生担任的；我们要向这许多位先生致谢。我们还承商务印书馆和亚东图书馆的美意，特许酌量采用他们出版品的材料，我们很为感激。商务印书馆特许经农请假从事编辑，中华教育改进社除允许知行请假担任编辑职务外，仍捐助一切关于编辑及试验之费用，我们更是应该表示谢意的。本会筹备主任熊朱其慧夫人、干事晏阳初先生及王伯秋、陆志韦、朱君毅诸先生，对于编辑上都给过我们很有价值的批评，我们非常的感谢。

# 第一至四册
# 课文目录

## 第一册

## 第二册

## 第三册

## 第四册

# 平民千字课第一册

# 一　读书

一个先生，十个学生；
一个人教，十个人学。
先生教书；学生读书。
先生教学生；
学生学先生。

读 书 一 个 先 生 十 学 人 教

# 二　写字

读了书，就写字；
写了字，又读书。
十二个学生：
三个读书；九个写字。
四个写大字；五个写小字。
大学生写小字；小学生写大字。
写了大字写小字；
写了小字写大字。

写　字　了　就　又　二　三　九　四　大　五　小

# 三　算一算

一个加两个是三个。
三个加两个是五个。
五个加两个是七个。
七个加两个是九个。
九个减两个是七个。
七个减两个是五个。
五个减两个是三个。
三个减两个是一个。
一面加，一面减。
加一回，减一回。

一一如一。
二二如四。
三三见九。
四四十六。
五五二十五。
六六三十六。
七七四十九。
八八六十四。
九九八十一。

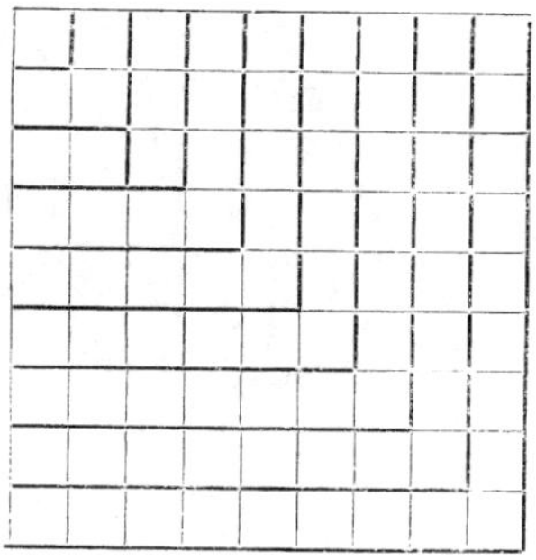

算 加 两 是 减 面 回 七 如 见 六 八

# 四　上去下来

他在上面；你在下面。
你走上去；他走下来。
两个人一步一步的走。
他走了六七步；
你走了七八步。
他要下来，你要上去。
他不让你，你走不上去；
你不让他，他走不下来。
两个人不上不下！

你一步一步的让，
他就一步一步的下；
他一步一步的让，
你就一步一步的上。
你让他下，
他让你上。
走上，走下。
让来，让去。
上上，下下。
来来，去去。

让 步 他 在 上 你 下 走 去 来 的 要 不

# 五　做工

做工的要读书，读书的要做工。

你做工；他做工；我也做工。

我们大家都做工。

有的做粗工；有的做细工。

粗工好；细工好；粗工细工都好。

一面求学，一面做工。

才做了工，就去上学。

上学好；做工好；上学做工都好。

做　工　我　也　们　家　都　有　粗　细　好　求　才

# 六　工读歌

认识字，好读书，
工人不是本来粗。
读书识字；
识字读书。
上学几点钟——
游玩几点钟——
做工几点钟——
大家要求学问要劳动。

歌 认 识 本 几 点 钟 游 玩 问 劳 动

# 七　钱的用处

你有布，他有米，我有菜。
有了布，好做衣。
有了米，好做饭。
有了菜，好做汤。
拿你的布，换他的米。
拿他的米，换我的菜。
拿我的菜，换你的布。
换来换去，都有好处。

你换我换，不大好算。
如果有钱，就不用换。
布也拿钱买；
米也拿钱买；
菜也拿钱买；
都用钱买。
你用钱；他用钱；
我也用钱。
人人都要钱用。
处处都要用钱。

钱 用 处 布 米 菜 衣 饭 汤 拿 换 果 买

# 八　又来算一算

一丈布，九尺十寸长。
一斗米，十回用升量。
半斤菜，本就是八两。
十角小洋换大洋。
用尺量布。
用升量米。
用秤称菜。
用小洋算大洋。

两个两升是几升？
三个两斗是几斗？
两个四角是几角？
五个两寸是多少？
两个六尺是多少？
七个两丈是多少？
两个八两是多少？
九个两斤是多少？

丈 尺 寸 长 斗 升 量 半 洋 斤 角 称 多 少

# 九　游玩

一天忙到晚；
忙了就去玩。
游水的游水；
上山的上山。
山上也好玩；
水里也好玩。
一口气走上去；
一口气游过来。
游过来玩玩；
走上去玩玩。
这里玩玩；
那里玩玩。
大的大玩；
小的小玩。
人人都来玩。
处处都好玩。
玩了再去忙；
忙了再去玩。

天 忙 到 晚 水 山 里 口 气 过 这 那 再

# 十　有客来

客人快来了，
我们要泡茶。
用柴生火；
用火烧水；
用水泡茶；
用茶请客。
客来了！泡茶！
（一）请上面坐。
（二）不客气。
（一）你好？

（二）我很好。你好？

（一）谢谢。我也很好。请吃口茶。

（二）谢谢。

（一）你到哪里去玩了来的？

（二）我到山上去玩的。你在哪里玩的？

（一）我才游水回来。山上很好玩。

（二）游水也很好玩。你一天做几点钟工？

（一）我一天做八点钟工。做了工玩一下，再吃晚饭。吃过晚饭，读读书，写写字。

（二）哪个教你读书写字？

（一）我们有一个好先生，教得很好。

（二）我也请他教教，好不好？

（一）好！我们等一两天就去见他。

（二）多谢，多谢。我就走了。

（一）不要走，多坐一下。

（二）下回再来。

（一）再见，再见。

客 快 泡 茶 柴 火 烧 请 坐 很 谢 吃 得 等

# 十一　劳小姐

汤山下，有个劳乐天小姐，家里没有父母，只有一个小弟弟。

劳小姐天天用心教弟弟读书做工。姐姐一点一点的教；弟弟一点一点的学。姐姐教得好；弟弟学得快。姐姐只教了几十天，弟弟书也会读了，工也会做了。

劳家本来很苦。姐弟两个人天天苦吃苦做。姐姐做工得来的钱，拿去买米做饭。弟弟做工得来的钱，拿去买菜做汤。他们一天天的这样过去，心里都很快乐。这个快乐，就是读书。他们就是没有饭吃，也是要读书的。

有一天，姐姐不好过，没有做工，晚上没有钱买米，大家只吃口汤，就去读夜书。

两个人劳劳苦苦的做工；快快乐乐的读书。他们家里苦的不得了；他们做人好的了不得。等到弟弟长大了，做了个很有用的人才，人家都说是劳小姐的家教好。

乐 没 父 母 只 弟 姐 会 苦 样 夜 说 心

# 十二　爱国歌

四万万人的中华，
四万万人的国家，
四万万人一心一意的爱他！

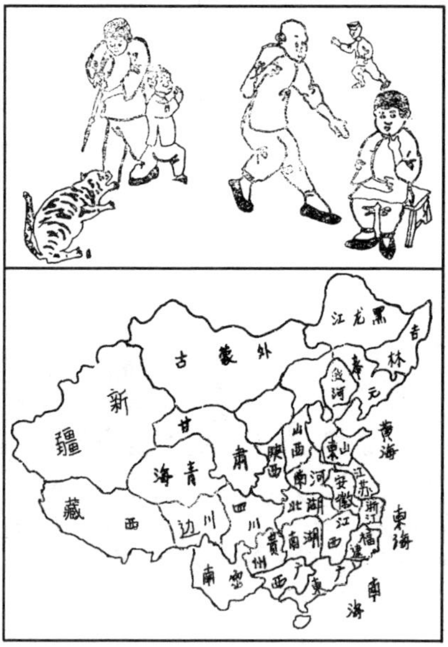

要是你爱他，
莫让人害他。
等到人害他，
更要你爱他。
倘有你爱他，
人如何害他？
中华！
中华！
四万万人的中华，
四万万人的国家，
四万万人一心一意的爱他！

爱 国 万 中 华 意 害 莫 倘 更 何

# 十三　迟到一点钟的先生谢五（一）

谢五不照时候做事，吃了好多苦。有一回开大会，谢五到的时候，会已散了，白白走了一回。又有一天他做主人请客，客都先到了，他才回家。等他再去买茶点，客人有事，不能等，都走了！他白白的用了好多钱。

过几天，钱六请人吃饭，也请了他。大家都到了，只有他没有来。大家等了又等，不见他来，只好先吃。等到他来，大家都吃过了。他本没有吃饭，也只好说："我吃过了，不客气。"饿得苦，只是说不出。

他时常是这样。人家都说他是个"迟到一点钟的先生"。

时　常　候　事　照　开　已　散　白　饿　迟　能　主　出

# 十四　迟到一点钟的先生谢五（二）

这个迟到一点钟的谢五，后来进了学堂，也是天天迟到。学堂里八点钟上学，他时常等到八点半钟才来。

有一天他到的时候，生字已教过了。先生拿个“吃”字叫他认，他说：“这是一尺布的尺字。”先生说：“谢五，你下回再不用心，不要再来了。”

学堂里晚上十点钟就关门的。有一天晚上，下大雨，他迟到十一点钟才回来，不能进去，只好在外面过一晚。学堂里看见他一晚不在里面住，就不要他读书了。

过不多时，他到外国去做生意。九点钟开车，他又迟了。到的时候，只见火车开了，他就跳上车去，一不小心，跌得个人事不知！他吃了这回苦，再也不迟到了。他后来说何时到，就何时到；不要人等，也不等人。

后　进　堂　叫　关　门　雨　外　住　车　跳　跌　知　看

# 十五　燕语

借你家里住，
借你家里住，
避避风，躲躲雨。
在你门前过，
在你门前过，
轻轻飞，低低语。
你不要厌恶，
我是客人你是主。
你不要厌恶，
我到秋天就回去。

燕 语 借 避 风 躲 轻 飞 低 前 厌 恶 秋

# 十六　过中秋

中秋夜，秋儿对他的母亲说：

“你看月亮出来了，你拿什么东西给我吃?”

母亲说：

“你要吃什么?”

秋儿说：

“我要吃中秋的东西。”

母亲问他：

“中秋吃的是什么？你如果说得好，我就给你吃。”

秋儿指着月亮说：

“就是那样圆的东西。”

母亲很快乐的，拿了个大月饼给他说：

“这个好不好?”

秋儿拿了月饼说：

“好，我吃，母亲也吃，我们一面吃月饼，一面看月亮。”

儿 亲 月 亮 什 么 给 东 西 指 着 圆 饼 对

# 十七　我们想

我们想，
生两翼，
飞飞飞上天，
做个好游戏：
白白云，
当做船儿摇；
圆圆月，
当做球儿抛；
平平的天空，
大家来赛跑。

想 翼 戏 云 当 船 摇 球 抛 平 空 赛 跑

# 十八　猫头鹰搬家

有一天，猫头鹰会见一只白燕。

白燕看他忙得很，就问他说：

“猫头鹰先生！你有什么事？要到哪里去？”

猫头鹰回他说：

“白燕先生！我在这里很不快乐，想搬到南方去住住。”

白燕说：

“请问你何以不快乐？”

猫头鹰叹了一口气说：

“我在这里一开口，就给人家骂个不了。所以不得不搬了。”

白燕说：

“你好不明白！你要想不给人家厌恶，就要改你的声音。如果不改你的声音，不要说南方，就是西方、东方，也是有人厌恶的。”

猫 头 鹰 搬 南 叹 骂 所 以 明 改 声 音 方

# 十九　草儿洗澡歌

草儿，草儿，起身早，
露水里头洗个澡。
洗个澡，一身好。
草儿，草儿，来洗澡！
露水来了不要跑！
洗个澡，一身好。
草儿，草儿，来洗澡！
跑得太快要跌倒！
洗个澡，一身好。
草儿，草儿，不要跑！
春风姐姐笑你了。
洗个澡，一身好。
草儿，草儿，真真好！
露水里头洗了澡。
洗了澡，一身好。

草 洗 澡 起 身 早 露 头 太 倒 春 真 笑

# 二十　到底如何

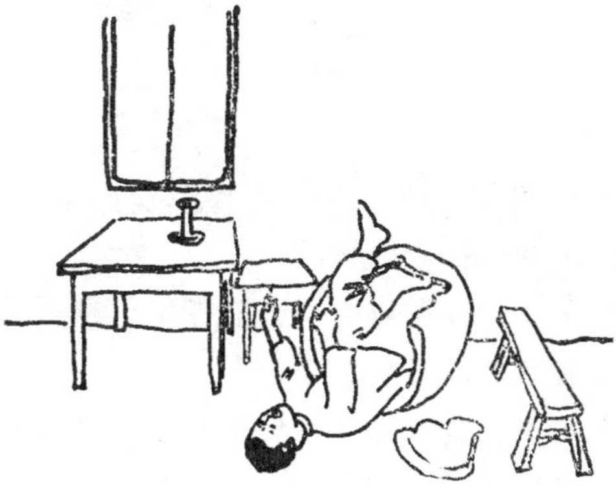

空想先生看见一家卖缸店生意很好，就想开个缸店儿发发财。他当天就拿了他所有的钱去买了一只缸，又拿了这只缸，跑来跑去的卖。

跑了一天，卖不出去！他坐在缸里过夜，一面想，一面说："我这只缸的本钱是五百文，明天卖去了可得一千文，就可买两只缸了。这样一只变两只；两只变四只，到了十天头上，就有了五百十二只缸，可以开一所缸店了。生意也是会好的。那时候，我就可以吃得好，着得好，住得好了。"

他想到这里，快乐的了不得，就跳了起来。缸底本来是很小的，给他这样的动，就倒在地上打破了！

缸 店 发 财 百 文 千 变 底 地 打 破 可 卖

# 二十一　何九买东西

何九买鸡蛋，放在瓶里，鸡蛋打破了！母亲说：“你弄错了，鸡蛋是要放在篮里的。”

何九买米，放在篮里，米漏掉了！母亲说：“你弄错了，米是要放在袋里的。”

何九买菜，放在袋里，袋弄污了，母亲说：“你弄错了，菜是要放在水里洗的。”

何九买鱼，放在水里洗，鱼跑掉了！母亲说：“你都弄错了，再不要你买东西了。”

鸡　蛋　放　瓶　弄　错　篮　漏　掉　袋　污　鱼

# 二十二　云儿记账

云儿散学回家，他的母亲问他说：“你在平民学堂里读了二十天书，也会记账么？”

云儿说：“学是没有学过，我来给你记记看。”

母亲说：“你如果会记账，那就很好了。我来报，你来记，好不好？”

云儿就照母亲所说的，记起来。写好了，再读给母亲听，一点也没有错。母亲又拿他记的账给父亲看，父亲也说他记得不错。他们很快乐，都说：“平民学堂好得很！”

过了一天，又叫云儿的弟弟去上学。

这就是云儿记的账，请大家看看：

**七月二十九**

| | |
|---|---|
| 收何家七月租钱五千文 | 付买白菜三斤钱九十文 |
| 收钱家给父亲三天工钱六百文 | 付买粗布五尺钱一千文 |
| 收卖米一升钱一千二百文 | 付买鸡蛋十个钱三百文 |
| 收借牛给谢家耕田两天钱二千文 | 付买猪肉一斤钱三百文 |
| | 付买鸭一只钱一千文 |
| 以上共收钱八千八百文 | 以上共付钱二千六百九十文 |

记 账 听 收 租 牛 耕 田 共 报 猪 肉 鸭 付

# 二十三　东生开发票

东生本来不识字，在一个店里做粗工。他后来进了平民学堂，夜里用心读书，进步很快。

一天，店里开发票的人走掉了，店主就问他说："东生，你读了许多天的书，也会开发票么?"

东生说："我是没有开过，如果你要我开，我就开给你看看。"

他开好，店主拿来看了一看，说："很好！很好！只要这样的就可以了。以后就请你开发票，我一个月多给你两千文的工钱。"

东生说:“多谢你的好意!”

大家要不要看看东生所开的发票?

在下面的就是:

今发上

| | |
|---|---|
| 绒衣两身 | 3.5元 |
| 爱国布四丈六尺 | 4.17元 |
| 小剪一打 | 0.46元 |
| 共洋 | 8.13元 |

谢先生升

长发店

今发上

| | |
|---|---|
| 月饼五斤 | 1530文 |
| 洋火两打 | 150文 |
| 雨前茶四斤 | 3500文 |
| 共钱 | 5180文 |

何先生升

长发店

票 绒 剪 今 元

# 二十四　汤家太太做生日

汤家太太做生日，家家为她拜寿忙。车满门，客满堂，为何不杀羊？

羊说的："羊毛年年剪得多。为何不杀鹅？"

鹅说的："鹅蛋好吃不可杀。为何不杀鸭？"

鸭说的："白细鸭绒好做衣。为何不杀鸡？"

鸡说的："五更天亮报时候。为何不杀狗？"

狗说的："我看家门你玩耍。为何不杀马？"

马说的："一年给人骑到头。为何不杀牛？"

牛说的："我耕田地你收租。为何不杀猪？"

猪说的："今天大家都快乐。为何只杀我？"

日 为 拜 寿 满 杀 羊 毛 鹅 狗 耍 马 骑 年

# 二十五　读书好

读书好，读书好，农人读书收成好。
读书好，读书好，工人读书手艺好。
读书好，读书好，商人读书生意好。
读书好，读书好，军人读书把国保。
少年不读书，一世苦到老！

农 成 手 艺 巧 商 军 把 少 保 老 世

# 二十六　家信

有一天，马云飞在店里，收到母亲的信，很是快乐，打开一看，信上说的是：

云飞我儿：

你在外面做生意，我本是很快乐的。不过这几年来家里有了好多的变动。一来你的父亲去世，要等你回来送他老人家上山；二来道南生了六年，你还没有见过面，也要回来看看他，早点给他进一个学堂，我们都是外行，这事是要你亲自回家做主的；三来家里田租多半收不到，你不回来，如何得了！再我听见外面风声不好，你在几千里外，我们很不放心。我要你早早回来。等到家事了过以后，外面太平了，再去不迟。我已经老了，能有多少

时候看你呢？上船下船，小心为要。

母字

云飞读了母亲的信，心里就很想回家。他在这个时候，真是和下面四句诗所说的一样：

江水三千里，
家书十二行；
行行无别语，
只道早还乡。

道 信 送 行 自 呢 句 诗 里 无 别 乡 江 和 还

# 二十七　小孩儿放炮竹

开门放炮竹，大炮和小炮。
大炮掩耳听，小炮点着跑。
跌在污泥里，妈妈一顿敲。
眼泪流到嘴，哈哈又笑了。

炮 竹 掩 耳 泥 妈 顿 敲 眼 泪 流 嘴 哈 孩

# 二十八　破缸救人

司马光七岁的时候，同了几个孩儿在草地上打球。大家正打得十分快乐，忽然把个球儿掉到水缸里去了。当时就有个孩儿到水缸上去找球。那里知道球没有拿到手，身子已掉在缸里去了。那时他们都知道不好了，吓得走的走，跑的跑。只有司马光一个人不去。他低着头儿想主意。看见地上有块石头，就拿起来，对着水缸用力的敲了几下，把缸儿敲了一个大洞。不到一分钟，缸里的水都放出来，看看那个小孩儿还有生气，过不多时，就回过来了。大家都说司马光好。

救 司 光 岁 正 分 忽 然 找 吓 块 力 洞 同

# 二十九　何老太太念观音

何太太到了年老的时候，天天念观世音，早上晚上都要念一千遍。何先生听了他念，心里很不耐烦，就要想个主意，把他的迷信去掉。

有一天早上，何太太念过了观音，正要吃早饭，只听得何先生连声不住的叫他说："夫人！夫人！夫人！……"何太太也不住的回他说："什么？什么？什么？……"他还是"夫人！夫人！夫人！……"不住的叫着；何太太也只好不住的回他说："什么？什么？来了！来了！你有什么要紧的事呢？"他一面说，

一面走到丈夫那里来问他为什么要这样的叫。他老不说别的，只是“夫人！夫人！夫人！……”不住的叫，一连叫了几百声。何太太气得不得了，说：“你为什么闹到这样？怕不是发了痴吗？”

何先生看见他的夫人动了气，也就不叫了。笑着对他的夫人说：“我今天叫你不过几百声，你就这样动气，说我发痴，观世音每天要给你叫几千声，怎会不动气？怎会不当你发痴呢？”

何太太顿时明白，以后不再念观世音了。

念 观 遍 耐 烦 迷 连 紧 闹 怕 痴 怎 吗

# 三十　有谁知道

杨伯起做了知府，有个县知事来会他。一早就来和他谈话，谈了又谈，总不回去。等到半夜里，大家都睡了，这个县知事才拿出一点东西出来送伯起。伯起打开一看，不是别的，就是十斤黄金。

伯起变了面色说："这是什么意思？你当我是什么人？"县知事说："你收了，不妨事。半夜三更有谁知道？"伯起说："天知，地知，你知，我知，怎么没有人知道呢？"县知事听了这话，心中不好意思，只得把金子收了回去。

谁 杨 伯 府 县 黄 金 妨 色 思 谈 话 睡

# 三十一　分米

乐吾的家道很穷，他的一个邻居家里更穷！

有一年收成不好，这个邻居一家大大小小几天没有饭吃，只好跑到乐吾家里来借米。

乐吾看他们饿的不得了，心里很难过，就请他们坐下。自己和妻子跑去把米缸打开一看，只见缸底下余下一升多米。他的夫人说："这点米只够我们吃一天，倘要分给人，自己不是也要饿死吗?"乐吾说："我们今天还有这一点米，总算比他们好。他们好几天没有吃饭，我们哪能看他们饿死不救呢？我们大家过了

今天再说，等到明天没有饭吃，再想法子。人家说得好，‘有饭大家吃’，我们饿就大家一同饿，死就大家一同死。不如分一半给他们罢。”

他的夫人听了这话，很以为然，马上就把米量出来，两家平分了。

吾 穷 邻 居 死 余 够 比 法 子 难 罢

# 三十二　是谁偷去的

黄大家里只有他一个人，平日里省吃俭用，有钱就积起来。过了好几年，居然余了三十两银子！他因为有要事出门去，不便把银子拿着走，只得放在家中。又怕给人家偷去，就想了一个方法，把银子埋在墙底了，上面用泥土盖好了。他还不放心，在墙上写了七个大字："这里无银三十两。"写好就动身去了。

对门有个杨二，平时知道他积了钱；一看墙上的字，就疑心他埋了银子。他马上把墙底下的泥土弄开，细细地看了一看，果然有银子在里头。他快乐的了不得，就把银子一起偷去了。

他怕黄大回来，要疑心他，也照着黄大的方法，在墙上写了七个字，就是："对门杨二不曾偷。"

偷 省 俭 埋 墙 土 盖 疑 曾 积 银 因 便

# 三十三　讨饭的开学堂

山东有个好人，叫做武训。他日里讨饭，晚上做工，每天余下来的钱，都积在一块。积了好多年，就把他所有的钱拿出来开了一个学堂。

以后他还是这样的苦讨苦做，银钱也越积越多。他都拿来开学堂，开了一个又开一个，一共开了三个。

学堂里的先生有时候不用心教书，武训就跪在先生面前，苦求他们尽力；有时候学生不用心读书，他也跪在学生面前，苦求他们发愤。先生和学生见武训这样认真，没有一个人不为他感动。

他的三个学堂开到如今还是很好的。武训虽然死了，他的精神可是要活到千万年的。如果我们个个都有武训的精神，还怕国家不进步吗？

武 训 讨 跪 愤 感 精 神 尽 虽 活 越 每

# 三十四　尽力中华

一

听我们同唱中华，中华，中华！
听，君不闻亚东四万万声的中华，中华！
都同气同声的同调同歌中华，中华！
来，三呼万岁中华，中华，中华！
听，君不闻亚东四万万声的中华，中华！
都同气同声的同调同歌中华，中华！

二

看我们唤醒中华，中华，中华！
看，君不见亚东四万万人的中华，中华！
同种同胞同志同心的中华，中华！
来，发愤尽力中华，中华，中华！
看，君不见亚东四万万人的中华，中华！
都振起精神来振作振兴中华，中华！
同心尽力中华！

# 尽力中华

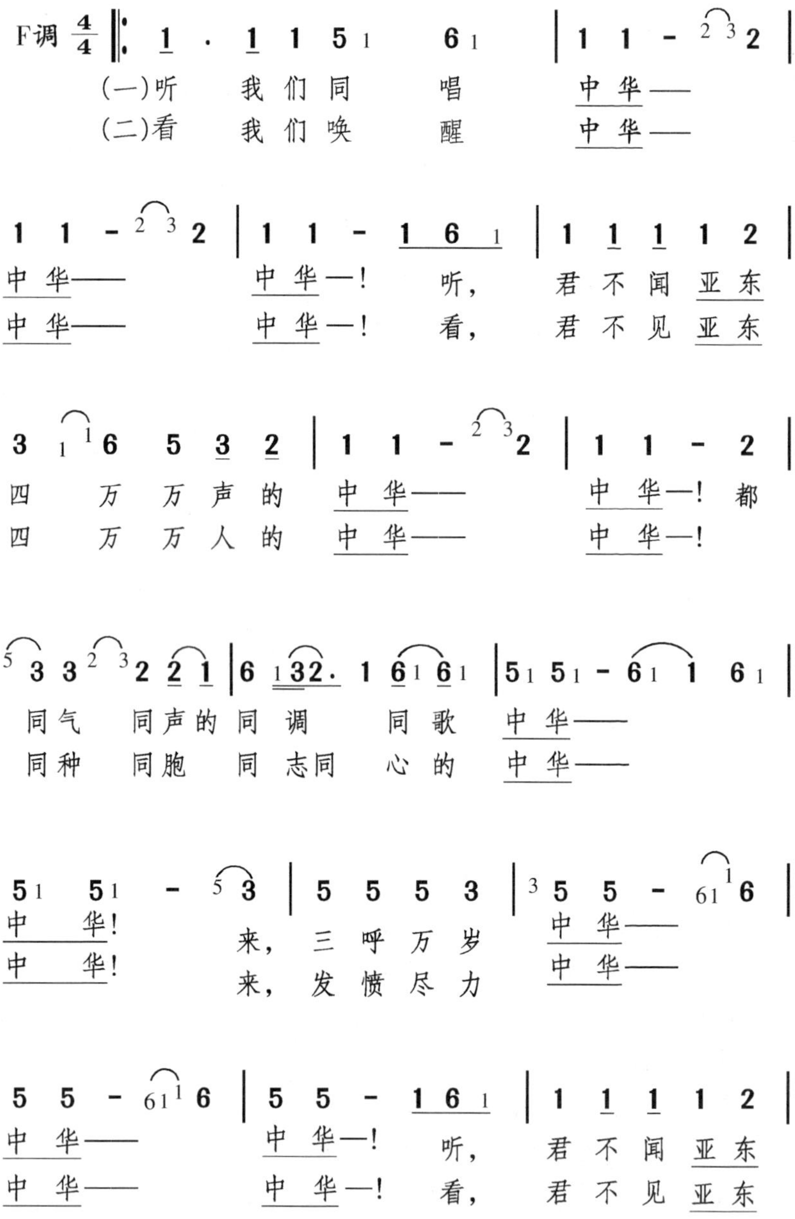
F调 4/4
(一)听我们同唱 中华—— 中华—— 中华—! 听，君不闻亚东 四万万声的 中华—— 中华—! 都 同气同声的同调同歌 中华—— 中华! 来，三呼万岁 中华—— 中华—— 中华—! 听，君不闻亚东
(二)看我们唤醒 中华—— 中华—— 中华—! 看，君不见亚东 四万万人的 中华—— 中华—! 同种同胞同志同心的 中华—— 中华! 来，发愤尽力 中华—— 中华—— 中华—! 看，君不见亚东

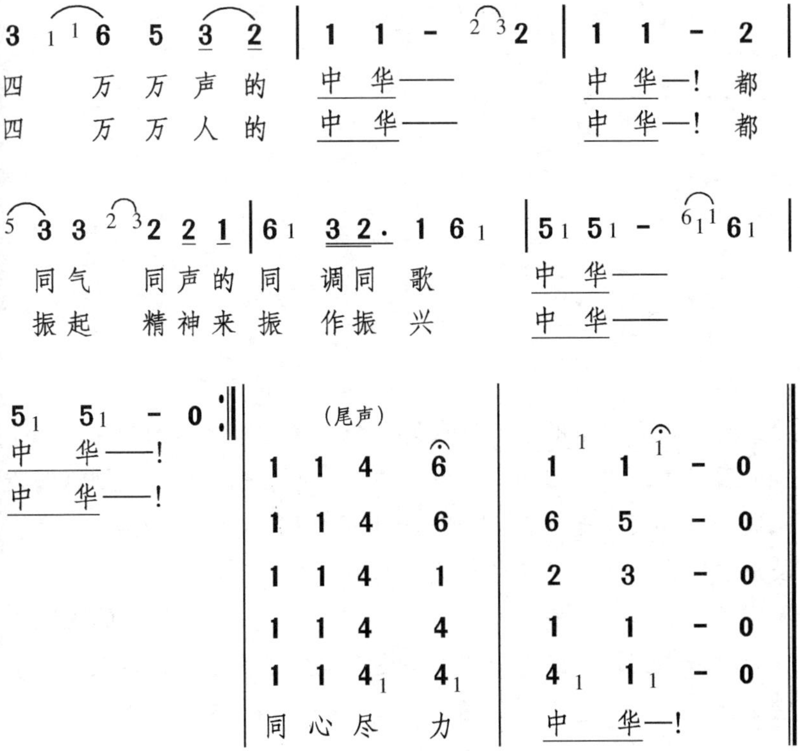


唱君闻亚调呼唤醒种胞志振作兴

# 三十五　事要预防

有一个人家里的烟囱是直的，四面还放着好多的柴火。一个客人看见了这事，就劝这家里的主人说："先生！你快把烟囱改做曲的，还要把柴火搬开。如果不是这样，怕要失火呢。"客人虽是这样说，主人可是没有把他的话放在心上。过不多时，这个人家果然失火！一家的人大呼："救火！救火！"邻居的人同心尽力的把火灭掉，最出力的连头皮都烧焦了。事后，主人杀牛杀猪请酒，为的是感谢大家的功劳。所有救火的人，都一一请到了，烧焦头皮的，坐在上面，其余的人都照着功劳的大小，一一的坐下。只有那个劝他改烟囱搬柴火的客人没有请来！这个主人不知道早听了这个客人的话，就用不着救火的人了！

预 防 烟 囱 直 曲 失 灭 皮 焦 酒 功 劝

# 三十六　老实人卖牛

一个主人叫他的老家人把条牛牵出去卖，并对老家人说："我这条牛去年生过肺病，如果有人要买，你要老实对他说，不要给人家上当。"老家人说："是。"他就把牛牵出去卖。

走了一天，卖不出去。等到太阳下山的时候，才有一个农夫来买他的牛。说好了价钱，农夫就把牛拿过来细细的看了一看，觉得没有毛病，就一面收下来，一面拿钱给老家人。

老家人拿了钱回去，一路走，一路想，越想越觉得难过。为什么呢？他觉得没有把牛生过肺病这句话对农夫说明白，总有点

不对。一来是欺农夫，二来是欺主人，三来是欺自己的良心。想到这里，他就跑回去，把牛的病一五一十说给农夫听，并和农夫说："你如果不要买，我可以把银子还给你。"农夫听见这句话，自然是不要买了。

看看天色已晚，老家人牵着牛走回家去，把这回事的经过，细细的对主人说了一遍。主人说："你真是个老实的人!"

这个主人是谁？就是司马光。

条 牵 并 肺 病 实 阳 价 觉 欺 良 路 经

# 三十七　荒年不怕

好多年前有个人，名叫王振东，很有先见之明。他平时余了钱，就拿去买些米积起来：越积越多，足足有了几千担。人家都不知道！

有一年不下雨，麦子和稻子，一点收成也没有。米价飞涨。后来有钱也买不着米了。别人都只好听天由命的等死，振东先生可是早有预防。

他看见这种苦况，就对着自己说道："我几年来余积下来的米，如今可以行个方便了。"他就把自己所有的米分给穷苦的

人家。

后来不够，又在别处买了很多的米来，照人数的多少，平分给大家。所以他们都好好的过了这个荒年。

后来这些人要报他的恩，振东对他们说："报恩的话，实在是不敢当。拿我有余的米、麦、钱、财，救人苦难，只是我本分要做的事。"

名 王 之 些 担 稻 麦 命 恩 荒 况 涨

# 三十八　愚公移山

太行、王屋两个山，方七百里，高一万丈。有个九十多岁的老人，叫做愚公，正对着这两个大山住家，觉得进出很不便当！

他就和家里的人，开了一个会，对他们说：“我想和你们尽力把这两个大山平掉去，你们看如何？”大家都说：“好！”只有他的夫人不大赞成，就对他说：“用尽你的力气，就是很小的山，也是移不掉的，何况这样的大山呢？就是你能把他平掉，这些泥土、石头，放到哪里去呢？”大家都说：“放到海里去！”

会开过了，愚公就带了他家里的人，去敲石头，搬泥土，送到海里去。邻居有个孩子，年纪很小，也跑去帮他们的忙。

智老知道这事，就对着愚公笑，劝他不要干。愚公叹了一口气说：“你连个小孩子也不如！要知道，我虽然快要死，还有我的儿子活着；儿子会生孙子；孙子又会生儿子；孙子的儿子，又会生儿子。子子孙孙，是没有穷尽的！这两个山虽大，可是不会长起来的。搬了一块，就少一块，一代一代干下去，还怕不能把他们平掉吗？”智老听了，无话可说。

愚 公 移 屋 赞 海 孙 纪 帮 智 干 代 高 带

# 三十九　七步成诗

曹操的儿子曹植，很有文才。后来，他的哥哥做了国王，一心要害他。一天，曹植来看看他的哥哥，他的哥哥就想难为他，说道："弟弟，你的诗是有名的，如今要你走七步路，就做成一首诗。如做不成，便不放你。"曹植心里又气又急，才走了七步，就做成一首好诗：

煮豆燃豆萁，豆在釜中泣；

本是同根生，相煎何太急！

这首诗，把豆比自已，把豆萁比哥哥，把根比他们的父母。他哥哥听了，心里觉得很难过，便不再去和他为难了。

曹 操 植 煮 豆 燃 萁 釜 泣 根 相 煎 急 首

# 四十　为什么不知道自己的事呢

观音寺门口，坐着一位先生，墙上写了五个大字：“第一仙命相。”两面还有一副对子，是：“谈谈而去；问问何妨。”看的人也不知多少！都说这位先生是“活神仙”。

他一天到晚测字、看相、算命，忙的吃饭也没有功夫，所以收进来的钱，有七八千文之多。他家里很有余积，住的地方，也是高楼大屋。

那天早上十点钟的时候，第一仙戴了一副眼镜，穿了一身蓝布大衫，正坐在观音寺大门口高谈命相：“这个生得不好，那个人长得不错；这个命是要发财的，那个命是要生儿子的。”大家正在那里赞叹他的本事高明，能知道过去未来。

忽然来了一个少年，很急的对第一仙说：“你家里起了火，快快回去罢！”大家都吓了一跳。第一仙马上就跑到家里去，一看家里并没有失火的事！

后来回到观音寺去，人家就来问他：“你为什么不知道自己家里的事呢？”

寺 第 仙 副 而 测 楼 未 位 戴 穿 镜 蓝 衫

# 四十一　除三害

周处少年的时候，无恶不作，乡里的人，看见他就害怕，可是心里都恨他。他自己以为有勇力，一意横行，全不知道人家对他怎样。

一天，他听得乡中年老的人说："这乡里有三个大害，如果不能除掉，一乡的人是没有太平日子过的！"周处问他："有什么三害呢？"他说："第一是南山上的老虎，时常出来吃人；第二是长桥下的大蛟，时常兴风作浪；第三就在眼前那个横行乡里的少年！"

周处明明知道第三样是说他的，他就一心一意改过，要代乡人除去这三个大害。他便一人入山，先把那个老虎射死；再到水里去斩蛟，三天才得成功。两害除了之后，他自己就去拜陆云做先生，一心求学去了。

乡里的人看他变得这样好，也就爱重他了。

周 勇 恨 横 除 虎 桥 蛟 浪 射 斩 陆 重

# 四十二　雪中钓鱼

渔翁生活，有一种自然的风味，很是可爱。从前有一位先生，做了一首江雪诗，把雪中钓鱼的事，写得很有兴味。我们可以读读。这首诗是：

千山鸟飞绝，万径人踪灭；

孤舟蓑笠翁，独钓寒江雪。

我们读了这首诗，可以想想：那大雪天气，山上不见飞鸟，路上不见行人，独有一只小船，一个渔翁，穿了蓑衣，戴了箬笠，在江上钓鱼。这时候好像世上只有他一个人了，这是何等独立的精神。真是平常的人做不到，想不到的。

鸟 绝 径 踪 孤 舟 蓑 笠 独 钓 寒 雪 箬 渔 翁

# 四十三　他真要买人吗

曾公亮住在京城里的时候，听见邻居小屋里，有一个老人，一个少女，哭声很哀，便走过去问个明白。

那老人道："我因为用了官家的钱，无法归还，官里又要得急，只得把亲身女儿卖与一个商人。现在已经收了身价，明天早上就要分别了。"说着又大哭起来。

公亮就说道："你这女儿，倒不如卖给我罢。"那老人看看曾公亮是个诚实君子，心里十分喜欢。当时商量了一回，就拿钱

还了商人，再把女儿卖给公亮。公亮付了银子，就对老人说："我明天不住在这儿了，三天之后，就要回去。那时我叫好了船，在水城门外等候，你可把女儿送到船上去。"

等到第四天，那老人和女儿同去问曾公亮的船，找了半天，找不到。后来听见人家说，曾公亮的船已开去三天了！那老人才明白曾公亮不是要买他的女儿，乃是要救他的女儿的。

曾 京 城 哭 哀 官 归 现 与 欢 喜 诚 女

# 四十四　埋蛇免害

孙叔敖九岁的时候，带了锄头到野外去游玩。到了一处，见石洞中忽然游出一条两头蛇来，叔敖正要逃走，忽然想到人家说过，“看见两头蛇是要死的。”如今我看见了，性命一定不保。倘是我不把这蛇打死，别人见了，不是又要受害吗？叔敖就拿起锄头，把蛇打死，把这死蛇埋在地下，免得别人看见。

叔敖回到家里，一见母亲，就大哭起来。母亲问他，他才说出埋蛇的事。并把“见了两头蛇，必定要死”的话，哭诉了母亲。

他的母亲回答他说：“好孩子！你不要怕。你行了好事，必有好报。你既然把两头蛇打死埋掉了，免得人家受害，你自己是一定不会死了。”

蛇 免 叔 敖 锄 逃 性 定 受 必 答 既 诉

# 四十五　我待他还是很好

吉林省的乡下，有个绅士，一天立在门口，面前来了一个农夫，现出很饿的样子，向他讨点饭吃。他对农夫说：“没有。”农夫又问他可以不可以给他点水吃吃。他很不高兴的说：“水也没有！快给我滚！”

过了好多时候，这绅士到山里去打猎，走错了路，东奔西走，十分着急！忽然看见前面一所草屋里头，有个人走出来，对他说道：“天晚了，山中有虎，今晚不如住在我这里罢！”绅士

听了这话，欢喜可知，当时就住了下来。

那人烧茶做饭给他吃，拿被给他睡，待他十分周到。第二天早上，那人走了很远的路，送他回去。正要分别的时候，绅士把他细细的看了一看说："我好像见过你的。"那人说："不错。我就是从前在你门前讨水吃的农夫，你记得吗？人生在世，能有几年。我劝你下回待人好些。"

绅士听了这话，很受感动，以后就变好了。

吉 林 待 绅 士 立 滚 猎 奔 远 像 被

# 四十六　田兴（一）

六合来安一带，来了好多老虎，吃的人也不知道多少！大家吓的不得了，也没有一个人能想法子。忽然来了一个好汉，听见老虎吃人，就很气的说道："我走的地方，那里还能让这个东西横行呢？"他就空手躲在山里，没有几天工夫，打死了七个大老虎！地方上的人知道了，就杀猪杀羊的来请他，县官也拿银钱和绸缎来谢他，那个好汉都不要！

后来一人传十，十人传百，大家只知道这个好汉的本事，而不知道这个好汉的名字，都以为可惜。县官就把这回事报到京里去，朱洪武听了赞叹道："这一定是我的布衣老友田兴干的！"

就叫人在他打死老虎的那个地方立了一块石碑，上面写着：“大明洪武三年九月山东田兴打虎处”。

原来这个田兴，当朱洪武起兵的时候，立的功也不知多少。朱洪武得了天下就大封功臣，田兴不愿受封，跑去做生意。朱洪武时常要找他，总是找不着！

合 安 汉 绸 缎 传 朱 洪 碑 原 封 臣 友

# 四十七　田兴（二）

田兴自从打死了七个老虎，还是来往六合、来安一带做生意。

朱洪武知道了，马上派人去接他来。他又怕朱洪武要把官给他做，还是不来。朱洪武没得法，就亲自写了一封信，叫人送去给他。信里面有几句话说的是：

“我们两人，虽不同父母生，却比兄弟还好。从前的患难和现在的安乐，虽是不同，但我们的感情，万不因此而变的。兄弟也不过偶然作皇帝，并非一作皇帝，就要把兄长当臣子看待。但

愿你只念兄弟的感情，不问君臣的名分，快快来罢！”

田兴得了这信，就跑到南京去。朱洪武带了文武百官亲自出来接他，相见之下，好不快乐！他两个人住在一处，同亲骨肉一样。

可惜田兴到了南京，只有一年，就去世了。朱洪武哭的很哀，对大家说：“二十年来，和我共患难，而不共富贵的，只有我的兄长一个人！”

派 接 患 交 情 偶 皇 帝 非 念 骨 富 贵

# 四十八　粗米饭

粗米饭，
开锅香，
天天吃惯身体强。
何用鸡鸭与牛羊？
贫家百日费，
富人一顿光！
看得人家不饱糟与糠，
何忍美酒肥肉独自尝？

锅 香 惯 体 强 贫 饱 糟 糠 忍 美 肥 尝

# 四十九　席下明珠

林绩进京过考，路上在一个客店里住宿，正在睡下的时候，觉得席下有块东西，打开一看，不是别的，就是一百个明珠。他心想必定是过路客人忘掉的。第二天早上，他问出来前天有位姓黄的大商人，住在这房间里。他就对客店主人说："前天住在这里的黄先生，如果再来，我有话对他说。这里是我的通信处，他来的时候请你交给他。"

林绩回到房里后，自言自语的说："还不妥当，客店主人难保不把我的话忘掉。"他想来想去，得了一个法子，就拿起笔来

向墙壁上写道：“某年某月某处人林绩在此住宿”。写好他就去了。

黄商人果然找到客店里来。主人果然忘记把林绩的话告诉他。幸亏墙壁上的字给他看见了，他就去找林绩。找到之后，林绩问个明白，把明珠交还给他。商人要送他一半，林绩不受。

珠 绩 考 宿 房 间 妥 笔 某 亏 通 壁 幸

# 五十　范大夫

范大夫是越国的忠臣。当越国打败仗，越王被吴国活捉了去，范大夫一心要为国雪耻。他想尽了方法，把越王弄回国来，再帮助越王整顿国政。

没有多少时候，越国就成了一个很富强的国家，不但雪了国耻，并且把吴国灭掉了。范大夫功劳虽大，但他最想得明白。吴国灭掉之后，他就丢掉大官不做，坐了一只船出游去了。

有人说范大夫后来又会生财。他欢喜养鸡、养猪、养牛、养马、养羊。他一面兴实业，一面做生意，过不了几年，就成了一

个富翁。但他又不愿做富翁。他把所有的钱都分给穷苦的人。他前后发了三回财，三回都散给人家用。他很明白：钱这个东西是生不带来，死不带去的，贪多何益！



范 忠 败 仗 吴 整 耻 捉 政 最 养 丢

# 五十一　三个问题

一个国王，忽然想到：什么是最重要的时候？什么是最重要的人？什么是最重要的事？他把三个问题请全国的人解答，没有一个人能够答得满意。

后来他去问一个隐士。这个隐士正在门口种田，国王也就帮他种田，并且把三个问题说了几遍。隐士只是不答。那时前面忽然跑了一个人来，满身流血，跑到国王面前就倒在地上。国王和隐士代他止住了血，送他到房里去睡下。

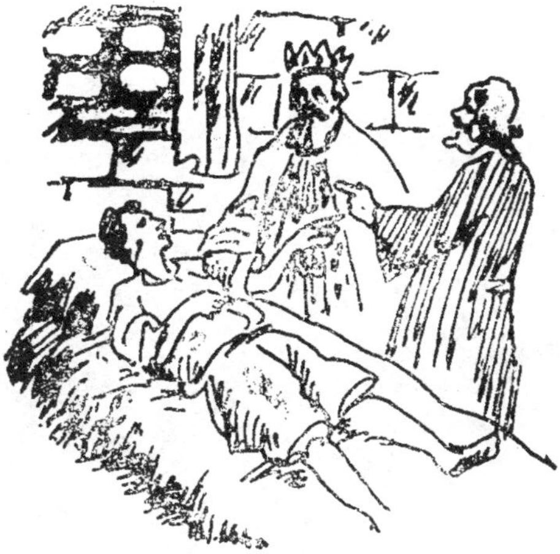

第二天早上，国王起来，看看那个人，那个人对着国王说道："请你宽恕我！你杀了我的兄弟，我是来杀你的，不料被你的卫兵杀伤了，逃到此地。如果你不代我止血，我一定死了，我今后愿意为你尽忠。宽恕我罢。"国王听了，满心欢喜！国王再求隐士答他的三个问题。

隐士说："你的问题已经答了！"国王说："怎样？"隐士说："你昨天若不帮我种田，就不免危险。若不救那个伤人，就不能和解一个仇敌。所以你要知道：最重要的时候，就是现在；最重要的人，就是你对面的人；最重要的事，就是待人好。"

题 解 隐 血 恕 卫 伤 险 仇 敌 料 遇 宽

# 五十二　好马和宝刀

一个老人，买了好马十匹，宝刀一双，和他的三个儿子说：“你们三个人出外，三个月回来！把路上所做最得意的一件事报告我听。我要看哪一个所做的事最好，就把好马和宝刀给哪一个。”他的三个儿子听了，就动身出去。

到了三个月，他们都回来了，老人就问他们每人所做最得意的事。

长子说：“一个人把一包明珠放在我这里。他并不知道有多少珠子，我若拿他几个，他也不知道。但他回来的时候，我原封

还了他。”老人听了说：“这是该做的事。若是你暗地里拿他几个，你想你像一个什么样的人呢？”长子听了这话不错，就退了下去。

次子接着说：“一天我看见一个孩子落在水里，我救他起来，他家里的人要重谢我，我没有受。”老人说：“这也是该做的事，若是见死不救，你心上过得去吗？”次子听了，也没说话。

最小的儿子说：“一天我看见一个病人睡在危险的山路上，一个翻身就要跌死。我走上前一看，原来这人是我的仇人，我几次想杀他，都没有机会；这回我若弄死他，真是不费一点力气。我不愿暗里害他。我把他唤醒，送他回去。”老人不等他说完，就很郑重地说道：“那好马和宝刀，该给我知道正义的儿子！”

宝 匹 双 暗 义 危 翻 机 落 该 次 郑 刀

# 五十三　哑孝子

哑孝子，云南人，没有人知道他的姓名。他家里只有老母一个人。他对母亲最孝顺。老母觉得饿了冷了，他都能预先体会，不必母亲说的。

他劳苦做工，省俭度日。有时人家送点东西来给他吃，他必定要先给老母吃了，自己才肯吃。有时母亲偶然动了气，他就在老母面前玩玩把戏，要弄到母亲笑了才算，所以乡人说他很有道德。

后来老母去世，乡邻正要代他捐钱办丧事。孝子牵了乡人的衣服到一个井边，手指着水里，乡人知道他的意思，就在井里找着好多钱起来，丧事的费用都够了。有人说："孝子每天回家必丢一钱在井里，经过几十年，就积了这样多。"

等到母亲的丧事办了，孝子就出外去，不再回家。



哑 孝 姓 顺 冷 度 德 丧 服 井 办 捐 肯

# 五十四　郑和下西洋

明朝的时候，还没有海轮船，我们要想出洋，非坐民船不可。但是海里的风浪这样大，坐民船出洋，是很危险的。永乐三年，有一位郑和先生造了大船六十二只，带了三万七千人，出去飘海。他经过东海、南海、印度洋、红海，前后出洋七次，到过四十三国，连非洲他都到过。他到一国就在那一国传布中国的文化，很受各国的欢迎。各国并且派人同他一路到中国来进贡。郑

和是个最有冒险精神的人。还有一个好处，就是他每逢到一个地方，都以好意待他们，并不欺负他们。所以那时候各国都说中国是以德服人的。



朝 轮 飘 印 红 永 化 迎 贡 冒 逢 负 且

# 五十五　性命要紧

夏天有两个大害，就是苍蝇和蚊子。蚊子吃了病人的血，又飞到没有病的人身上，把病传过去。夏天的疟疾，大半是由蚊子传来的。苍蝇最不清洁，时常在毛厕里玩，弄得一身很脏，又来到我们饭菜里或瓜果上，把饭菜瓜果全弄脏了。我们吃了，就要发痧、泻肚子，有时性命都要送掉。蚊子每年要传六代，每代要生四五百个小蚊子。苍蝇每年要传十二代，每代也要生四五百个小苍蝇。它们传起病来，真是快得很，它们都是害人的，都是我们的仇敌。所以我们要同心合力的把蚊子苍蝇一起灭掉，免得受它们的害。

夏　苍　蝇　蚊　疟　疾　厕　脏　痧　泻　肚　瓜　清　洁

# 五十六　孔夫子（一）

孔夫子是周朝鲁国的人。鲁国就在现今山东省内。他生的时候，离开现在（民国十二年）已经有二千四百七十四年了。当时天下很不太平，所以他一心一意要改良社会，平治天下。他在鲁国做官，只有三个月的工夫，就把国内的风俗改变了好多，鲁国也一天一天的振作起来了。后来有一国用美人计，送了好多的唱歌的女子给鲁国的宰相，宰相就无心去办正事，孔夫子只好走了。但是他还想到别国去做事，所以带了许多学生，周游各国，可惜都不能用他。他就回到家乡，一面做书，一面教学。他教了三千多学生，其中出了七十二个贤人。我们所读的《诗经》、《书经》、《易经》、《礼记》，都是孔夫子所修订的。

鲁 省 内 离 社 治 修 俗 宰 贤 礼 订 许 各

# 五十七　孔夫子（二）

孔夫子是中国的圣人。一生做人总不离“忠恕”两个字。“忠”就是帮人做事从头到尾都肯尽心尽力。“恕”就是处处能体谅人。自己不愿做的，就不要给人家去做；自己不愿受的，也不要给人家去受。他做事不怕难，人家以为不可救药的时候，他还是拼命的去干。所以有人说他是一个“知其不可为而为之”的人。他读书做事到高兴的时候，连饭也忘记吃了，忧愁也丢开了，甚至于自己老到什么地步也不问了。“发愤忘食，乐以忘忧，不知老之将至”，这就是他的真精神。近来有人做了一首诗，讲孔子的好处。现在写出来给大家看看：

知其不可而为之，<br>
也不知老之将至；<br>
认得这个真孔子，<br>
一部《论语》都可废。

圣 谅 药 拼 忧 愁 愤 将 至 部 废 食 尾

# 五十八　害了谁

福建省有个富翁，名叫毛不拔。他宁可把金银财宝埋在地下，不肯拿来做公益的事用。一次，乡里的人要办个学堂，因为他不肯出钱，就办不起来。一般小孩子没有学堂进，天天不学好。后来就有几个孩子专门做贼。一天，他们听见毛不拔收了五千块钱租钱回家，大家就约好了，把这些钱一起偷了去。又有一次，中华卫生会要在他的乡村里提倡消灭苍蝇的法子，要请他出钱买些灭蝇药，他不肯出。那年夏天，有个卖西瓜的到他的门口来，西瓜上站着许多苍蝇，他的儿子看见西瓜，一定要吃。毛不拔就买了一块给儿子吃。儿子吃了之后吐泻不止，当天晚上就死掉了。他只有这一个儿子。是谁害死的？现在儿子死了，留下这些钱给谁呢？

福　宁　拔　益　吐　约　般　提　倡　消　村　站　专

# 五十九　孟夫子

孟夫子也生在山东。他生的时候，孔夫子死了将近一百年了。孟夫子看见各国天天打仗，那不打仗的，也都喜欢用阴险的手段来欺人，心里觉得很难过。所以他拼命反对打仗。他说：各国争城争地，杀人无数，打仗真是一种大罪过。会打仗的，都应该受最重的刑罚！他又说：我们应当爱人，应当讲公理。他周游列国，总把这些话，和各国的国王说，却没有人肯听。孟夫子以为一国之内，最贵重的就是人民。国王做事总要顺从人民的意思。全国的人都说某人可用，方才可以用他；全国的人都说某人可杀，方才可以杀他。国王万不可照着自己一个人的意思去杀人用人。所以大家说孟夫子是中国第一个提倡民权的人。

孟　段　反　争　罪　应　刑　罚　理　权　列　却　阴

# 六十　孟母

孟母就是孟夫子的母亲，是世上很贤德、很能干的一个女子。

孟夫子所以能够做圣贤，全靠小时候母亲教得好。孟母对于儿子的教育非常留心。他知道小孩子最欢喜看人家的榜样，人家做什么事，他就去学。所以看了好榜样，就学做好事，看了坏榜样，就学做坏事。孟母因为邻居榜样不好，所以三次搬家。后来搬到一个庙的近边住家，孟夫子就学会了种种礼节，孟母心中欢

喜，就在那里长住了。孟夫子小的时候，不大欢喜上学。有一天，学堂里还没有放学，他就跑回家来，不肯再去。孟母就把自己所织的布剪断，叫儿子来看。他说："一匹布织了一半，把他剪断，再要连起来，就不容易了。读书也是这样，中途而废，未免可惜。"孟夫子被他感动，从此痛改前非，发奋求学，后来就成了一个大贤人。

靠 育 留 榜 坏 庙 近 断 痛 织 途 奋 节

# 六十一　墨子



墨子是二千多年前的人。他生在宋国，就在现今河南省内。他劝人，不要问亲疏，不要讲国界，大家都应该互相亲爱。他做了一篇文章，叫做：《兼爱篇》。他说："天下为什么不太平？就是因为世界上的人大家不相亲爱。强盗只顾自己，不爱别人，所以去抢别人的东西；做贼的只顾自己，不爱别人，所以去偷别人的东西；带兵的只顾自己，不爱别人，所以天天打仗杀人，去争自己的权利。如果人人相爱，哪里会有偷盗、杀人、打仗的事体呢？所以人人相爱，天下自然太平了。"他一生做事，只要于人家有益，无论自己吃多少苦，他都愿意去做。他真是世界上一个好人。

墨　宋　疏　互　篇　章　兼　盗　顾　兵　抢　界　贼

# 六十二　选举议员

黄中正为人极清高，家道虽苦，却很快乐。所以人家说他是个“贫而乐”的君子。

一次本省要选举省议员，他也是一个有选举权的人。他对于本省政治，本来是关心的；每次选举的时候，他要在百忙中偷空去投一票。这次本乡杨越和谢兴两个人，为了要做议员，竞争的很厉害。杨越本来是个政客，这次就用金钱运动。谢兴本来是很好的，看了杨越这样运动，怕自己要失败，也就用起金钱来运动了。

谢兴等到夜里，跑到黄中正这里来说：“这次我很想你举我。如果你投我的票，我要送你四百块洋钱。”黄中正想到“饿死事小，失节事大”的话，就叹了一口气，对谢兴说：“因为你向来很好，这次本想投你一张票，但是你自己弄坏了。我的票不是钱能买的。不要说四百块钱，就是把全世界的金银财宝给了我，也不能买我的票。这一张票代表我的人格。只有高尚的人格，能得我这一张票。你下回要改改才好。”

谢兴受了他的感化，再不用金钱运动了。

选 举 议 员 贫 投 竞 运 表 格 尚 极 张

# 六十三　选举省长

黄中正因此格外为本省的人所敬重。过不多时，用不着运动，就自然而然的被选为省议员。那时他的本省正是第一次实行省长民选。督军夏武要想兼任省长，第一步就要收买议员。议员们这几年来经过黄中正一般人的感化，大半都不受金钱运动。夏武没有法子，只好用武力。他派了几营兵，把省议会围了三围，军人大声喊叫说：“不选督军做省长，你们就没得命。”黄中正和大家议员演说：“利害关头看人格。我们有断头议员，决没有

卖票议员。”一直围了三天三晚。议会里的米粮正在断绝的时候，黄中正的朋友司马良已经带了兵到城下来赶夏武。夏武只得移兵去和司马良打一仗。省议会的围也就自然的解了。后来夏武打败了仗，给司马良活捉了去。黄中正就同议员们从事省政的建设。

督 任 营 围 决 粮 赶 设 喊 演 敌 利 朋

# 六十四　岳飞

宋朝有一个大将，姓岳名飞，文武全才，忠心报国。金人来攻宋朝的时候，他就带兵和他们对敌。他连战连胜，把金人的胆都吓破了。后来金兵看见“岳家军”一到，就不战而逃。

岳飞的兵不论到什么地方，都不惊动百姓。有一回一个兵在百姓家里拿了一点小东西，岳飞知道了，立刻就重办他。因此百姓都爱敬岳飞，称他做“岳爷”。

有人问他，天下什么时候可以太平？他说：“文官不爱钱，武官不怕死，天下就平了。”皇帝看他的功劳大，要想给他一所房子，他不肯受。他说：“国仇未报，要家做什么！”

岳飞正把金兵打得东奔西散的时候，京里的奸臣忽然一天之内拿了十二道金牌叫他回去。后来又用计害他，把他拿交法庭问罪。他脱开衣服，背上露出“尽忠报国”四个大字。可恨奸臣把他害死，宋朝失了这个大将，就一天不如一天了。

攻 战 胜 惊 牌 奸 庭 脱 背 爷 刻 论

# 六十五　王春江

王春江，河南人，最会做生意，发了一百多万的家产。一天，他对他的夫人说："我们已是五十多岁的人了，这些财产，总得要想个法儿处理处理才好。"夫人说："我对于这件事已经想了好久了。我主张两个儿子每人五十万，余下的三万、两万我们拿来养老，一万给女儿，你看如何?"王春江说："老大现在已能自立，无须再给他钱。老二和小妹妹现在年纪还小，我们要教他们成人，不过不能重男轻女，每人都要教育费一万元才够。

我们两个人留一万块钱生利息过活，足足够了。其余一百万元，我要拿来做三件事体：（一）乡下人进城不便当，我要修一条大路通到开封。（二）我们这里时常有旱灾，我要在附近各村庄上开许多水井，使得大家有好的水吃，好的水用。（三）我要在十里之内，做到‘人人能读书，全乡皆君子’的情形。这百万元就想这样用法。儿子我是爱的，但是钱财不能给他们太多，免得他们损德。”夫人听了这话，也很以为然。大儿子本来和父亲一样，很有自立的精神，情愿一个钱不要。王春江就拿这些钱按他所说的事一件一件的去做出来。

产 男 息 件 旱 庄 皆 损 按 使 足 形 妹

# 六十六　诸葛亮

诸葛亮生在汉朝将亡的时候。他住在河南南阳，一面耕田，一面读书。他的学问很好，才具也很大。刘备亲自到他家里去了三次，一定要请他出来办理国家大事。他就定计联合孙权在三江口打败了曹操的八十三万人马，做成了天下三分的局面。后来刘备死了，他的儿子阿斗做皇帝，诸葛亮做宰相，把国里的政事办得井井有条。做官的不敢要钱，百姓不愿懒惰。他叫兵士和百姓同在一处种田，所以国家虽然常有战事，百姓没有受多大的痛苦。他发明“木牛”“流马”各种新东西。他所摆的八阵图更加好，他是一个大忠臣，立定主意为国尽力，到死方休。他无论大事小事都是小心去做。所以大家都说诸葛亮一生做事成功全在“谨慎”两个字。

诸 葛 刘 局 懒 惰 摆 阵 休 谨 慎 具 亡 阿

# 六十七　王安石（一）

王安石是江西人，生在宋朝，离现在已有八百多年了。他做宰相的时候，拼命改良政治，推行新法。他筹了一笔钱，预备在农家“青黄不接”的时候，借给百姓用，免得他们出很重的利息，向富翁们借钱。农民借了国家的钱，去做耕种的资本，等到秋天有了收成，再把钱归还国家，所借的钱叫做“青苗钱”；这种法子就叫做“青苗法”。

王安石看见民间常有水灾，所以他把旧有的河道，重行开通，使各处的水都有出路，水灾就可减少。他又筑了许多水坝，到干旱的时候，可以把水留住，免得农家没有水用。

他又觉得国家收的田税方法不好，所以派人清丈百姓的田地，照着土地的好坏、出产的多少，分做五等，再定收税的数目，这个办法也是很公平的。

推 筹 备 青 资 苗 间 筑 坝 干 税 新 旧

# 六十八　王安石（二）

王安石又看见国家养兵太多，经费不容易筹，所以提倡改办“保甲”。“保甲”的办法，就和现在的农团、商团差不多。他要百姓组织团体，操练武艺，保护自己的家乡。太平的时候，大家种田过日子；到了有事的时候，就出来保卫国家。有了这种保甲，军费可以减少，地方上的土匪也就不敢出来了。

在宋朝的时候，百姓个个都要把一部分的时间去替公家当差。王安石立了个新章程，叫他们出几个钱，就可以免当差使，省得耽误他们自己的事体。公家就拿他们所出的钱，来雇人当差，大家都觉得便利。

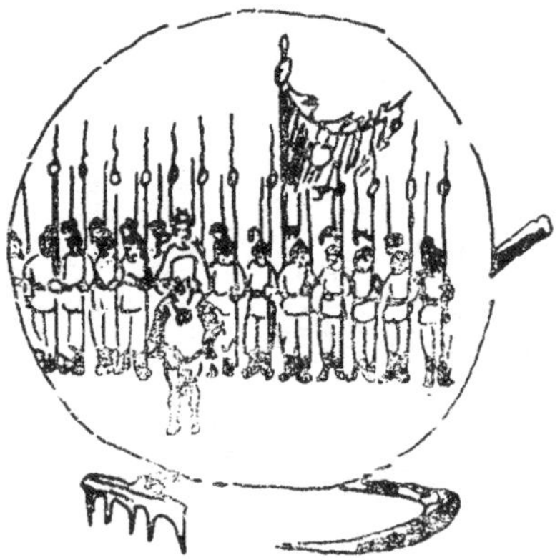

王安石的新法本来很好，可惜那时候的读书人都不赞成他，所以行不动，他只好辞了宰相不做。后来又有许多小人，借了“新法”的名，来做种种坏事，真把王安石的好意辜负了。

甲 差 组 练 护 程 耽 误 雇 匪 辜 团 辞

# 六十九　国旗歌

中华五族同疆域，东亚之东称大国。
国旗飞扬呈五色，看取红黄蓝白黑。
红比血，黑比铁，为我人类除害敌。
蓝比天，白比日，气通天日见忠节。
黄金世界在面前，万众一心同努力。
故国自来六千年，共和民国新建设。
国旗到处扬光辉，爱国儿女心正热。
但愿中华万万岁，全球万国称第一。

旗　疆　域　呈　扬　黑　铁　努　辉　热　故

# 七十　总统

选举总统的日期已经到了，黄中正和夏勉都被推为候选总统。国民在投票以前，要求他们宣布政见。黄中正说："总统是人民的公仆，应该依着人民的公意，办理国家事务。我的目的，是要替国家建设一个好政府。好政府的意思：第一，要有法治精神，就是铁面无私，事事依法办理；第二，要有公开的办法，就是开诚布公，把国家大事，明明白白的告诉国民；第三，要有详细的计划，凡事要打算得清清楚楚，按着次序，一步一步的进行。至于在政府里面办事的人，都应该记得孟夫子三句话，就是'富贵不能淫，贫贱不能移，威武不能屈'。一定要这样，才算是

好人，才能做好官，才可以到我们政府里去办事。”夏勉没有什么政见，只知道利用政党，扩张势力，说出来的话，没有什么道理，所以国民都很愿意选择黄中正做总统。夏勉只得了几票。黄中正做了总统，极力替国家办事，把他所讲的话，句句都实实在在的做出来，国民非常敬爱他，第二次又举他做总统。

统 勉 仆 务 计 划 楚 序 淫 贱 威 党 扩 势

# 七十一　五族共和

我们晓得中华民国是个五族共和国。五族就是汉人，满洲人，蒙古人，回回人，西藏人。共和就是大家和和气气尽忠报国的意思。五族的人民同心合力的管理国家的事体就叫做五族共和国。我们五族好比是五个兄弟。大家都要相知，相敬，相爱。大家都要一心一意的爱护中华民国。不管怎样，我们五族的人，只可有一条心，不可有五条心。若是各人有各人的心，就免不了你抵制我，我抵制你，国家必定要乱了。这好比是五羊过桥，桥上只可一只一只的过去。如果五只羊大家对着走，你不让我，我不让你，一定是要跌在河里淹死的。我们五族的人，各有各的长

处，各有各的短处。我们若是原谅彼此的短处，看重彼此的长处，就自然而然的变成亲兄弟一样了。所以要想中国一天好似一天，我们五个弟兄都要同心合力的来担负中华民国的责任。

晓 族 蒙 古 藏 管 兄 乱 桥 河 淹 抵 制 似

# 七十二　有赏有罚

彭刚直公带领长江水师，赏罚严明，铁面无私。有一回他出来查江，看见一个打鼓的士兵在船上睡着了，就想去偷拿他的鼓。那兵忽然惊醒，立刻拿了一根棍子打将过来。没有打中，兵就大声恶骂，并骂及父母。那个兵并不晓得来偷鼓的就是彭公自己。公暗记了兵的号头就回去了。

第二天公把兵勇叫来，对他说："我夜里偷鼓便是贼，你能打贼，可算勇敢。但骂人便无人礼了，现在我给你二十千钱赏你勇敢，打你二十军棍罚你骂人。"说了就照这样做去。从此全体军人不敢骂人了。

赏　彭　刚　查　鼓　号　棍　及　敢　私　此　恶

# 七十三　春游

清明那一天，正是微雨之后，天气初晴，飘着淡淡的云，吹着轻轻的风。学校里放了假，学生们都洗洁了身子，端正了衣服，好不畅快。一路走去，满地芳草青青，到处绿树成荫。那野外的空气，自然比人家屋子里好得多。看看枝头的花开，正像笑的样子儿。听了树上鸟声，非常清妙。那天游的人很不少。只见学生们，三五成行，大家携着手，一面游行，一面唱歌。他们唱的是春游歌。现在把它写了出来，给大家唱唱。

云淡风轻，微雨初晴，假期正当清明。
既整我衣，既洁我身，出游以畅心情。
芳草青青，绿树成荫，此间空气清新。
花向人笑，鸟向人鸣，携手且歌且行。

微 初 晴 淡 畅 芳 假 绿 妙 携 鸣 端 枝 野

# 七十四　你要害人的性命吗

痨病是要传染人的。生痨病的人的痰里都有痨虫。痨虫是很小的，一根针杪上可以放五百个。我们眼睛虽然看不见，但是用显微镜看的时候，它们如同一根一根的小棍子。这些小棍子似的虫，住在痰里，落在地上，干了，就和灰尘一起飞在天空里去。人从天空里把它们吸到鼻子里，从鼻子里吸到肺里。它们在我们的肺里就五花八门的舞起棍子来。过不了几个月，就把一个好好的肺打得这里一个洞，那里一个洞。等到肺没有了，人才死。真是苦得很！我们要不要害人呢？不要害人，就不要随地吐痰！

鼻 痨 染 痰 虫 针 杪 睛 显 灰 尘 吸 舞 随

# 七十五　佛

佛生在印度。他是一个国王的太子。国王非常喜欢他，十七岁就替他娶亲，又起了一所很好的王宫给他住，服侍他的人又多。他在这里过日子，真是可以没有忧愁了。

有一天太子出宫游玩，走到东门看见一个老人，走路的时候，连气都接不上来。他觉得老了真正可怜。后来走到南门，又看见一个病人，睡在地上，满身生疮，叫苦连天。又到西门，看见一家死了人，父母兄弟、妻子、儿女，围着痛哭。实在可悲得

很。最后走到北门，看见一个出家人，独来独往，一点牵挂也没有。他就觉得人生在世，如果想离开生老病死的种种痛苦，非修行不可。所以他就要离了王宫，逃到山里修行，天天坐在树底下静想，过了六七年就成了佛。

他不贪世上的富贵安乐，丢了太子不做，一心一意想要普渡众生。他的教训，就是“慈悲”两个字。他情愿自己到地狱里去代替世人受苦，所以许多人被他感化了。

佛 娶 静 侍 怜 疮 悲 宫 挂 狱 慈 普 渡 众

# 七十六　顾亭林先生和他的母亲

顾亭林先生是江苏人，生在明朝末年，离开现在已经两百多年了。他很有才具，差不多“无书不读”，尤其留心有实用的学问。他劝国里的人都要出来问一问国家的事体。他说：“天下兴亡，匹夫有责。”这句话的意思，就是说国家的强盛和衰败，国民人人都是要担负责任的。

顾先生的母亲，非常爱国。明朝亡了，他就不愿再活，所以绝食而死。死的时候他对儿子说：“你是明朝人，应该设法重兴祖国。”顾先生一生奔走，吃尽了苦，都是要想实行他母亲的两句话。他跑到长白山底下去开垦，结交天下有义气有胆量的人，

要想一同起事。虽然没有成功，中国数百年来最有效力的秘密社会，就从此成立了。

顾先生经营实业，积了许多钱，预备充军饷，又定出了钱庄的办法，来操纵全国的财权，与他的政治运动，相辅而行。他的眼光实在远大。这是他个人对于国家所尽的责任。

亭 苏 末 责 盛 衰 垦 胆 秘 密 纵 辅

# 七十七　耶稣基督

耶稣基督是西方的圣人。一千九百二十三年前，生在犹太国（依照民国十二年推算）。他聪明过人，热心救世，带了许多门徒，到各处传教。他要世界上的人个个“爱人如爱己”。他说：“你想人家怎样待你，你就应该怎样待人。”他觉得人生在世，不可只顾自己，应当服侍别人。“为人服务”是人生最重要的责任。

有一回，耶稣要替他的门徒洗脚，门徒都说：“这是万不敢当。”耶稣说：“我今天怎样服侍你们，就是想你们将来怎样服侍别人。我来是服侍人的，不是要受人服侍的。”他觉得世界上

的人，无论男女老少，富贵贫贱，都是平等。如果能够真心悔改自己的罪过，人人都可以进天堂。

有一个少年去问耶稣怎样方可以进天国。耶稣说："你应当守诫命。"少年问："诫命是什么?"耶稣说："就是不可杀人；不可淫乱；不可偷盗；不可妄作见证；要孝敬父母；又当爱人如己。"耶稣传教三年，信他的人非常之多，他常常责备假冒为善的文士和犹太教的教士。所以他们都恨他，并且天天想谋害他，后来把他钉死在十字架上。但是他的精神长生不死。基督教也是一天发达一天，成为世界上很有力量的教会。

耶 稣 基 聪 徒 脚 悔 守 妄 证 钉 达 诫 善

# 七十八　中华民国的政府（一）

中华民国的政府，是依着人民的公意而组织，为人民的公益而设立，由于人民的公举而掌权的。国家的主人就是人民，所以叫做“民国”。

全国有个中央政府，内容分为三大部：（一）立法机关，就是国会，专管制订法律的事体。国会分为两院：就是参议院和众议院。众议院的议员是由人民选举的。参议院的议员是由各省省议会及国会选举法中所规定的各团体选举的。（二）行政机关，由大总统国务员和中央政府所任命的官吏组织而成。一切政事，都由他们执行。国务员由大总统取得国会同意加以任命，合组国

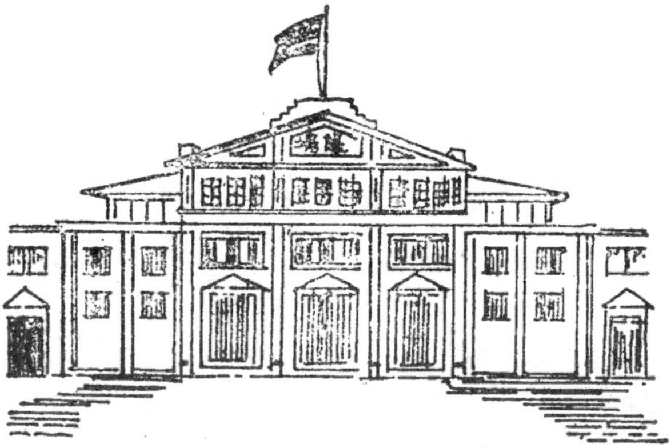

务院。其余行政官吏，或由大总统任命，或由各国务员委任。（三）司法机关，就是大理院，各级审判厅和各级检察厅，他们专管打官司和办罪的事体。大理院院长是由大总统特任的。其余法官或由大总统任命，或由司法总长荐任。

掌 央 律 院 参 由 规 吏 级 审 判 厅 察 检 或

# 七十九　中华民国的政府（二）



大总统执行国会所议决的法律，任命官吏，发布命令，都要有国务总理副署，才能发生效力。大总统代表全国接受外国来的公使和专使，并且统领全国海陆军，他可以宣告特赦，或减刑。大总统任期五年，可以连任一次；如果任期未满，中途出缺，就由副总统代理。

参议院议员任期六年，每两年改选三分之一；众议院议员任期三年，每三年全体改选一次。国会所做的事体很多，最要紧是通过预算。预算的意思，就是每年政府应该用多少钱，要预先计算好了，做成议案，在两院通过，政府就照国会所通过的预算用

钱，不准用过预算。一切法律，都要国会通过，再经总统公布，方才有效。国会有监督行政官的责任。行政官所做的事，国会可以责问，或者投票表示不信任他们。

司法官是一种终身职务。除非做错了事体，或者自己不愿意再做了，才可以免去他的职务。因为要使司法独立，不受政治的牵制，所以不准政府随便免他们的职。有这种办法，司法官才能铁面无私，很公平、很严正的判断案子。

执 令 署 宣 缺 案 监 终 职 特 责 示 计 严

# 八十　茅草屋

茅草屋，新建筑，门对远山田野绿。
开我南面窗，深林走野鹿。
开我北面窗，黄鹂鸣翠竹。
开我西面窗，牧童牛背歌清曲。
室无污泥几无尘，空气清新阳光足。
但愿官绅兵匪不扰门，让我早起耕作夜安宿。
君不见街头庙角多穷民，无家可归哀哀哭。
哪得国泰年丰政清明，安居乐业民多福？

茅 窗 深 鹿 鹂 翠 牧 童 室 几 扰 泰 福 丰

# 八十一　瓦特

瓦特是发明蒸气机关的人。他自幼就喜欢用思想。据说他几岁的时候，看见水壶盖掀动了，他就觉得很奇怪。后来他的大发明，也就是从留心小的地方得来的。

瓦特是苏格兰的人。他的父亲生意失败了，家里很穷。他十八岁的时候，到英京去学手艺。因为他的身体很弱，不过一年仍旧回到家乡来了。但是他很聪明，并且细心，所以他的手艺却学得很好。

他回到家乡，就在格拉司科大学做了一名机器匠。后来有一

个蒸气机关坏了，叫他修理，他就自出心裁，把当时的蒸气机关大加改良。因此各种工厂和轮船火车，都来用蒸气机关了。所以我们现在蒸气机关是瓦特发明的，实是确当的话。

讲到现在的新发明，用处的大，利益的多，再没有胜过蒸气机关的。现在世界的人都崇拜瓦特也是应当的。



瓦 蒸 据 壶 掀 弱 仍 匠 崇 器 确 英 奇 厂

# 八十二　佛兰克林

佛兰克林是二百年前美国最有名的一个大人物。他曾帮助华盛顿造成现在的美洲合众国。又曾著过好些书，所以大家都晓得他是一位大政治家、大文学家。

我们现在要说的，却是他研究科学的一件故事。大家晓得夏天大雷雨的时候，那种轰声闪光，多么可怕，所以我们的祖先，都说雷有雷公，电有电母。上天若是发怒，就有雷公电母出来吓人了。可是在西历一千七百五十二年的夏天，佛兰克林曾放一个风筝到空中，把天上的电气引到地下，证明那天上的电气，和我们平常用来点灯通信的电气，原来是一件东西，并没有什么神秘。佛兰克林死后，有人在他的墓碑上刻了几行字说："他从皇帝手中夺来了政权，从天上夺来了电气。"这两句话，实在可以表扬他平生的功业。

造 研 究 科 雷 轰 闪 电 怒 历 引 墓 祖 灯

# 八十三　建设在民意上的中华民国（一）



清朝末年的时候，孙文提倡民族革命，党人都有杀身成仁百折不回的精神；到了民国前一年，全国人心里都布满了革命的种子。那年十月十日，武昌军队首先起义，设立中华民国军政府，推黎元洪为都督。

全国国民希望革命成功，如同大旱求雨一样，所以四方响应，势如破竹。民国元年元日，各省代表在南京设临时政府。公举孙文为临时大总统。后来清军大将段祺瑞也赞成共和，袁世凯设法与民军议和，清帝不久就退位。袁世凯继孙文为临时大总统，把政府移到北京。我们回想当时的情形，觉得建造共和，是国民万众一心的要求。因为这件事是出于民意的，所以成功。

队　希　望　祺　退　仁　革　折　袁　凯　响　临　共　继

# 八十四　建设在民意上的中华民国（二）

中华民国既是民意造成的，当然不是个人的私意所能摇动的。袁世凯为人，雄才大略，本可有为；可惜他心不知足，既做了总统，又想做皇帝。当民国四年的时候，北京忽然有许多人承袁氏的意旨，组织了一个筹安会，主张君主立宪，并请袁世凯登位，改国号为洪宪。这种造反的运动，国民当然是不赞成的。过不多时，蔡松坡在云南起义护国，四方响应，袁世凯才晓得民意不可违背，只好取消帝制。他气的不得了，不久就气死了。民国六年，张勋拥护清帝复位，又是违背民意。段祺瑞起兵讨逆，张勋逃走，民国终归是摇不动的。就这两件事察看，我们觉得民意的力量，真是强大无比。顺民意的一定成功，逆民意的一定失败！

北 雄 略 承 氏 旨 宪 登 蔡 违 勋 拥 逆

# 八十五　守法

亨利第五是英国一个英明君主。当他做太子的时候，行为很不好。一天，他的宾客犯了罪，被法官捉到监狱里去。太子怒，命法官立即将客释放。法官回答说："法官执法，不是因为王亲国戚可以减轻的。"太子更加发怒，亲自到法庭来夺回客人。法官不许，且警戒太子，不要胡闹，免得自己犯法。太子越发大怒，要上堂打法官。法官命左右的人捉太子说道："太子有罪，也该进监狱。他的罪在轻视国法，不在得罪了我个人。"他又对太子说："太子将来是要做国王的，倘现在自身犯法，将来何以制服别人呢？"

太子自觉惭愧，谢了法官，勉强进到监狱里去。后来亨利第五登了王位，法官来见他，王称他忠直，教他掌全国的司法。

宾 犯 狱 释 戚 警 戒 捉 左 右 胡 夺

# 八十六　空气

先生问学生说："天地间有一件东西，随地都有，但是眼睛看不见，耳朵听不见，鼻子嗅不着，舌头尝不出，你们想是什么东西?"许多学生想了好久，都答："不知道。"先生又说："你们在课堂里，觉得很暖，摇着扇子，就觉凉快，这是什么缘故?"就有一个学生答道："这是凉风。"先生又说："扇子里本没有风，这风从那里来的?"学生都想不出来。

先生就继续说道："原来我们屋子里，充满着许多空气。扇摇气动，就成了风。空气这个东西，无处没有。空气热了，我们就觉得暖；空气凉了，我们就觉得冷。我们的鼻子，一息不停的

吸着呼着的，也就是空气。早上在空地上吸气，很觉爽快，这是空气清新的缘故。晚上在室中觉得气闷，这是空气污浊的缘故。把人关在箱子里，几分钟就要闷死，这是空气断绝了的缘故。所以空气对于人，比吃饭更要紧。最好屋外多留空地，多种花木；屋内多开窗户，常使空气流通，我们的身体，就能健康了。

嗅 舌 课 暖 扇 凉 缘 爽 浊 箱 户 康 健 停

# 八十七　契约

张子和是陕西一个小商人。他一生勤俭，积下了好些钱财。后来他想买一所房屋，订明屋价八百元，先付定洋一百元，和卖主立下一张契约，限一个月内交易。

一天他的朋友王仲达去看他，他十分高兴，便说起买屋的事情。仲达是学过法律的人。子和对他说："我这次虽然定约买屋，但到底什么是契约？怎样才算成立？还不甚明白，请你告诉我，好吗？"仲达回答说："契约是两个意思表示的合致。所以契约的成立，必须具备两个要件：第一，须有二个以上意思的表示；第二，各意思表示的合致。比如你这次买房屋，卖主讨价，就是卖主的意思表示。你还价就是买主的意思表示。这便是二个以上的意思表示。卖主先要一千元，你还价八百元，卖主也应允了，这便是各意思表示的合致。你们买卖两方意思既是合一，所以契约成立。"仲达又说："有些契约，是用文字书写的。像你们所立的预定卖买房屋契约和将来卖主所立的杜绝契都是，但是日常买卖，多有只凭口说的，譬如到店家去买双鞋子，他要价三元，你出二元半，他答应了，这也算做契约。普通人都以为契约要字据的，这是错误的见解。并且契约的种类很多，如赠与，借贷，雇佣，等等都是。"

子和对仲达说："我现在明白契约的意思了，谢谢你的讲解。"

## 出卖市房杜绝契

立出卖市房杜绝契　　今因正用愿将祖遗市房一所共　进开间上连天空椽瓦下连地基以及后面余地四面出路阴沟天井一切在内共计官地　亩　分　厘　毫坐落　省　县　区　图　字圩　号浼中说合卖与　　　管业议定绝价洋　　　元正当日收足无误自卖之后任凭买主收册过户完粮管业永与出卖人无涉此系出卖人自己名下承受祖遗之产日后如有房族等人争执混闹应由出卖人自行承当与买主无涉此系两愿各无翻悔恐后无凭立此出卖市房杜绝契存执为据

附房屋图样一纸　　基地官单一纸

四址　　东至　　南至　　西至　　北至

立出卖市房杜绝契人

年　　月　　日

中人

地保

勤 契 致 允 凭 赠 贷 佣 鞋 陕

# 八十八　法治精神

桃应问孟子说："当舜做皇帝和皋陶做法官的时候，如果舜的父亲杀了人，皋陶应怎样办呢？"孟子说："没有别的办法，只有照平常人一样，把舜的父亲拘拿治罪罢了。"桃应又问道："舜为何不禁止皋陶呢？"孟子说："皋陶是依着法律行事，舜怎能禁止他呢？"

我们看了这一段谈话，可以知道法律的尊严，并且我国上古早就有了这种观念。但是我国从前的法律是由政府定的，人民没有参与之权。因此法律的基础也不稳固。政府要改就改，要废就废，久而久之，连政府底下官吏也学着榜样，对于法律随便出入。做百姓的遇着好官，还可以享受法律的保护；若是遇着不好

的官吏，就只有听从他们鱼肉了。在这种情形之下，虽有法律却等于无法律，只可称为人治，不能称为法治。

民国成立后，我们有了国会。国会里的议员，都是人民举出来的代表。所以的法律，都应当由他们议决，再请政府公布施行。照这样规定的法律的基础，就格外有力量，不是一个人或少数人所能变更或废止的。无论政府、人民都要受法律的拘束，都要得法律的保护。这就叫做法治。我们要维持这制度，必须人人具有法治的精神。

桃 舜 皋 陶 拘 禁 尊 稳 肉 束 久 施 固

# 八十九　君子国游记（一）



齐湘州，湖北襄阳人，做了一篇君子国的游记。这游记说：我一次乘了一只船去飘海，遇了大风，飘了三天三晚，才看见陆地。上岸一问，原来此地叫做君子国。我就请了一个人领我去游历一番。

我走进国门，看见的都是几十丈阔的大路。我大发游兴，就叫领路的人代我雇了一部汽车，都，都，都的去。路上经过了千山万水。山上都有森林，大的树要两三十个人的手连起来才能把它围一围。领路的人说："君子国里从来没有大水，就是因为有这些树林。下大雨的时候，这些树都把水吸收去了。"我们所经

过的江河，也有很好的铁桥，不必过渡。那天午刻，我们到了一个乡村，肚里饿得很，就下车去吃中饭。村里非常清洁，也很有条理。村里的人看见我来都现出欢迎的意思。他们大大小小，男男女女，都是很康健、很快乐的。一个讨饭的也没有。大家望着我只是笑。我吃饭之后，要付饭钱，店主硬不收。他说："你是外国来的客人，我们应当尽主人之情。"我没有法子，只得把本国的出产当礼物送了些给他，他就收下了。我们彼此道谢后就告别。汽车才出村庄，后面有一个人拼命的一面赶，一面大声喊叫说："客人失掉东西！"我们等他跑来，看看他手里，不是别的，就是我的一个金表。来的人还了金表，就跑回去。我拿钱谢他，他也不受。我们只好开车进发。

齐 湘 州 湖 襄 乘 岸 历 阔 汽 森 午 硬

# 九十　君子国游记（二）

从这里去，走了两三点钟，都是田地。路上只见农人一面种田，一面唱歌，真是快乐得很。领路的人说："我们很重看农业，我们大总统任满之后，也去种田。"

午后四点钟，到了共济城。这是一个工业最发达的地方。领路的人说："君子国所有的矿产，都是自己开采；所有的铁路，都是自己建筑，所有的物产，都要制成熟货，才可运输出口；所有原料，都是自己支配：所以能够经济独立。"我参观共济城的工厂，很受感动。第一，他们没有小孩子做工；第二，他们工厂里都很讲卫生，所以工人都有精神。

大约五点钟的时候，我们看见许多工人到公园里去运动、游玩。领路的对我说：“城里没有乡下好，我们不如到一个村乡里去过一晚。”我觉得这个意思不错，就向左近的一个村乡里去投宿。君子国里各村都有村长，由村里公正的人担任。吃过晚饭后，我们去拜访村长。走到门口，看见三个大字，写的是状元第。我想君子国里还有状元，这真是稀奇了。和村长谈过之后，才晓得君子国里的状元，和我们的不同。他们的状元只给发明家，不是过考可以得来的。无论什么人，只要他能够发明好的东西，增进人类的幸福，都可以得状元。这位村长，因为发明了消灭蝗虫的方法，大与民生有关，所以总统给了他一个状元的功名。村长又告诉我，他的乡里个个人都能识字、读书，都有正当的职业。谈了好久，我们才回到客店去安宿。路上的人家都睡了，大门还是开的。领路的说：“因为大家开门睡觉，所以这个村乡叫做不偷村。”

济 矿 采 制 熟 货 输 支 配 状 增 蝗

# 九十一　君子国游记（三）

我也疲倦了，到了客店里，一睡就睡到天亮，觉得一阵一阵和美的乐声，送到耳朵里来。问问，晓得君子国的人民早起都要唱国歌，真是可以感动人。我们吃了早饭，就坐汽车向京城进发。路上看见好多兵队，非常严肃。我们就停下来和一个军官谈谈。我问："你们国家这样太平，也用得着兵吗？"他说："我们都是国民军。我们国里个个人都会武艺，上了二十岁，都要在国民军里服务。有的当兵士，有的当军医，有的当看护，各人有各人的职务。我们不去侵略别人，但是谁来欺负我们，我们是万众一心要和他们决斗的。我们的国民军百战百胜，所向无敌。我们的国民军有三不：一不贪财，二不害民，三不怕死。我们只为

公理战。公理在前，我们是当仁不让的！”我听到这里，看见一队兵士在那里练习放炮，轰然一声，把我惊醒。听见我的朋友正在那里高声地说：“我们未来的中国就应该如此！”原来我们四五个朋友，在那里谈国家大事，我坐在椅上睡着了，做了这一场大梦。可惜他们方才谈得高兴，拍起桌子来，把我的好梦惊破了。

疲 倦 习 侵 椅 梦 桌 向 斗 医 肃 拍

# 九十二　好家庭

一个人家里头最要紧的是和气。个个人都要相敬相爱。遇了不如意的事，就须彼此原谅，决不可吵嘴斗气。就生计一方面说，无论男女，人人都要自食其力。就是小孩子，也要想法子使他们渐渐的学自立的道理。如果人人能自立，家声是不会倒的。

家务事都要亲自过问。有些妇人当家，连油、盐、柴、米的价钱，都不知道，很是不对。一家的人，要分工，要互助。每天做事、休息，都有一定的时候。用钱必须有详细的预算。有余的时候，要节省、要储蓄。如此，倘有意外的事发生，就可以不怕

了。家里饮食起居，都要讲卫生，求清洁。一切陈设都要有条有理，合乎美术的原则。对于子女最要紧的，是要把他们抚养得好，并且教他们读书、明理、做好人。

储 吵 渐 陈 术 乎 于 妇 油 盐 详 须 彼 抚

# 九十三　中华民国疆域歌（一）

中华民国邻土多，听我唱个疆域歌。
直隶境内风景好，万里长城永定河。
山海关外是奉天，凤城遥接柳条边。
奉天东北有吉林，森林千里绿成阴。
吉林西北黑龙江，白山黑水道路长。
直隶之南是山东，孔孟都生此省中。
山东南境接江苏，东临黄海南太湖。
江苏之西是安徽，产茶产米土地肥。
安徽南面有江西，庐山鄱阳风景奇。

隶　境　景　奉　凤　柳　龙　秀　徽　鄱　庐

# 九十四　中华民国疆域歌（二）

浙江年年听海潮，西湖秀丽雁荡高。
福建更在浙江南，闽江环抱武夷山。
福建西南接广东，梅开庾岭晚霞红。
广西边塞有龙场，阳明遗爱莫能忘。
广西之西有云南，滇池柳色雨中看。
云南北去入四川，夔门剑阁隔云烟。
更从巴蜀下襄阳，湖北名城数武昌。
洞庭飞渡入湖南，七泽三湘雁阵寒。

荡 浙 闽 抱 夷 塞 霞 泽 瘴 滇 池 川 潮

# 九十五　中华民国疆域歌（三）



山西省有太行山，战史争传娘子关。
河南名都有洛阳，万花如锦月如霜。
潼关之西为陕西，华山秦岭与天齐。
又从陕西入甘肃，青海在西蒙古北。
新疆大河塔里木，河水包环大沙漠。
京兆境内设国都，西山遥对昆明湖。
热河绥远察哈尔，民国改为特别区。
更加川边与西藏，合成中华舆地图。

娘 洛 霜 潼 塔 兆 甘 绥 舆 图 藏 蒙 锦 沙

# 九十六　摇船歌

摇，摇，摇，摇，
计前程，路迢迢。
定方向，把舵操，
莫使东西随浪飘。

摇，摇，摇，摇，
风呼呼，雨潇潇。
渡上船，轻如毛，

乘风破浪见英豪。

摇，摇，摇，摇，
我鼓桨，你撑篙。
同舟共济，患难相交，
不怕骇浪与惊涛。

摇，摇，摇，摇，
劝众客，莫相抛。
潮平两岸阔，风急浪头高，
船翻大家命难逃。

摇，摇，摇，摇，
望彼岸，一箭遥。
出力莫怕劳，有功莫相骄，
到得岸上乐逍遥。

迢 舵 潇 波 豪 桨 撑 篙 骇 涛 箭 骄 逍

# 《平民千字课》编辑大意*

**一、这部书的宗旨是什么？**

1. 培养人生与共和国国民必不可少之精神态度；

2. 训练处理家常信札、账目和别的应用文件的能力；

3. 培养继续读书看报领受优良教育之志愿和基本能力。

**二、这部书是怎样编的呢？**

甲、拟定目标

我们为求比较的正确起见，特为请了几位哲学家、教育家、科学家、政治学家、历史学家把人生和共和国民应有之精神态度分析出来，再由我们选了数十条列为全书的具体目标。这种目标大概不外两类：一是发扬国民性的优点；二是补救国民性的缺点。因为本书篇幅有限，只能顾到精神一方面，至于那无数的常识技能势不能充分包含，只好等到编辑《平民丛书》时再行分别注意。

乙、选定常用字

东南大学教育科和中华教育改进社近年请了陈鹤琴先生主持编辑字汇。陈鹤琴先生用了一年半的功夫做了一本“字汇”，在一百万字当中发现一百零一次以上的字有一千一百六十五个字。

* 本文原载1923年10月22日上海《申报·教育与人生》第2期。

我们虽然没有把这一千一百六十五个字完全编入，但是这部书里面常用字之最大的来源就是这些字。

丙、每课之组织

1. 每课生字以十个至十三个为度，间有十四个的，系由于检查之误，发觉时已经难改了。这部书注重在课内运用生字；那在课内没有机会充分运用的字就提出来，依据复习原则，特别复习详细。方法在《教师指南》里说明。我们既是要培养继续读书看报和领受优良教育之基本能力，就不得不特别重视读的一方面，使学生对于领会力能够充分发达。至于写的一方面固然要教，但不是我们主要的目的。我们更要承认“写”也是帮助“读”的一个法子。如果时间充分，固然可以读写并重，无奈时间很短，写字稍有门径，即可自习；读时非充分训练不能达到自学的目的。这是我们偏重“读”的几种理由。这条道理应用在实际上的时候有两点：一是教学法，这点姑且不论；二是支配生字之次第。生字有难写难认的，有易写易认的。我们既定了重视“领会”的方向，我们就可以不照写字的难易分次第了。易写易认的字当然要尽先学习，就是难写易认的字，也不妨叫他早些出现。不过认之难易与写之难易还是凭着主观和自己的经验去判断的。以后修改课本之前，对于认字、写字之难易，定要有一番缜密的试验。

2. 分量依据经验。本书为适应学者之经验起见，做了一个大胆的试验，这试验就是打破国民学校教科书的限制。本书每课的生字和课文比我们平常所想的要丰富得多。我们深信青年虽不识字，但是他们的经验是很丰富，只要书上所写的是他们已经会说的，只管多多的发挥并无妨碍。我们的问题是依据大家讲得出听得懂的，把他写出来，使他会看会写就是了。付印的时候，已经有了三班两星期的试验，尚未发现多大困难。原想多设班次作较长期的试验，无奈南京开课在即，不得不急急付印。至于更加正确的试验，只好等到后来了。

3. 性质依据切身及共同需要。这部书所选的教材，一方面极力顾到一般人民切身的需要，使教育成效可以速现，并使一般人民对于教育之信仰可以坚固；一方面顾到全国共同的需要，偏于一方面的从缺；但虽为一方的情形，而彼此有交换沟通了解之必要的，也是要顾到的。

4. 运用文法的变化。这部书虽不教文法，但是中国国语文法的种种重要变化都包含在里面，使得学生后来遇着这种文法可以了解。

5. 内容采用《平民文学》这部书，注重平民文学。除通常应用之书信、账目、契据、字条、单帖外，还加入平民诗歌、故事，培养他们的欣赏力并陶冶他们的性情。

6. 图画指示全课要义。图画是辅助了解课文和引起学习兴味的工具。我们要尽力使图画符合课文的精神并充分包含课文的情节；我们还希望借图画逐渐的培养些美术观念。

**三、这部书是为谁编的？**

这部书是特为十二岁以上不识字的人民编的，所以对于这些人最为合用。年龄小些老些的人也可学，但是要觉得困难一点。如果符合这个年龄的标准，就是在私塾里读过书的学生，再读这种课本也是很有益处的。不过头一本要学得快些。

**四、这部书要多少时候才教得了？**

这部书一共四本，每本二十四课，共计九十六课。每天大约用一点钟就教得了。每天上一课，只要十六个星期就可以把全书学了。

# 编辑《平民千字课》的一点说明*

中国是赖债国，又是土匪国[①]，大多数人都饥荒极了，不但肉体上，而且精神上。我和朱经农先生就是担任的厨子。第一主旨是要使他们吃的刚好，不多不少；第二是要合乎卫生；第三是要有味。书中有诗歌、故事，就为的是要有味；而请哲学、史学、政治、科学、教育各专家定出目标，就为的是要合乎卫生；至于多少，更是酌量审慎，不肯草率的了。

## 注释

① 指当时北洋军阀政府统治下的旧中国。

* 本篇系陶行知1923年8月22日讲话，摘自《第一次平民教育会议记事》，载1923年10月《新教育》第7卷第2~3期。

# 中华平民教育促进会启事*

本会所编辑之平民千字课，拟于三个月内作全部之修正。希望各地办理平民教育同志，对于千字课应行修改的地方，发表意见。如蒙根据学生反应上之观察，详为指教，更为感激。倘有成篇课文见赐，一经选录，当斟量酬报，但每课字数，须以一百五十字为限，并须用语体文著作。一切意见及课文稿，均请于阳历五月底以前寄到北京羊市大街本会编辑部。

**附：朱经农致孙伏园函**

伏园吾兄：

陶知行兄日前来沪，议定登报征求教育界同人对于修正平民千字课之意见。拟定启事一纸，嘱函吾兄，代登晨报。此事关系平民教育前途甚巨，希望吾兄即为发表。匆上，即请撰安。

弟朱经农上

四月十五日

* 本篇及附信原载1924年4月22日《晨报副刊》。

# 儿童天文学活页指导

（函授教材）

## 编者按

陶行知于1932年6月创办儿童科学通讯学校，分高、初两级，旨在用多种形式培养科学人才。《儿童天文学活页指导》是陶行知为该校高级班编写的函授教材，由陶宏制图，1933年出版。

# （一）儿童天文学



## 坐飞球游天

小朋友！我带你上天去游一游吧。我们有个现成的飞球，它一面向前飞，一面自己旋转。照它的腰部算来，它每分钟自转一七.三英里，一天一夜自转二万四千九百英里。这个球不但会自转，而且会飞，它飞得更快，每秒钟要飞一八.五英里；比大战时德国轰炸巴黎的炮弹还要快一八倍。我们坐在这个飞球上游天，二十四小时中能飞一百五十九万八千四百英里。一年三百六十五日五小时四十八分四十六秒，它该飞多少英里？请算一算。（报告[①]一）孙悟空一个筋斗翻十万八千里，折成英里只是三万六千。我们坐在这个飞球上飞他一天一夜，孙悟空要翻几个筋斗才能赶上我们呢？小朋友不要害怕，这个飞球十分平稳，你也用不着买票，你还可以把你的爸爸，你的妈妈，你的弟弟，你的妹妹，你的朋友、亲戚一起请来坐飞球游青天，不化一文钱。这个飞球便是我们的地球，你看它是多么巧妙的一个东西啊！我们天天乘着这个飞球在天空中打转，连眼睛也不打开看一看，岂不是最可惜的一件事吗？

## 看天必须知道的几何形

你若有功夫，可以把下面的几何形认清楚。它们对于你作看星的工作是有很多的帮助，如果你觉得没有兴趣，暂时可不必完全看，先把头三条认识一下，该不能算是费事吧。总之我不愿意叫他们阻碍你看天，只要你愿意看天，就不看这些图也不要紧。

（一）这里是甲乙两点好比是两颗星：

（二）从甲点画一条直线到乙点是这样：

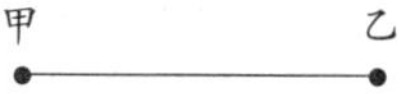


（三）从甲点画一条直线到乙点并伸长一倍到丙点是这样：

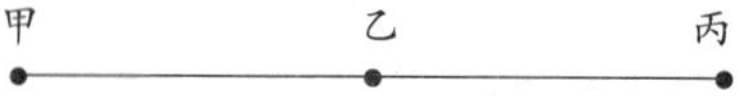


（四）甲乙丁三点联成一个三角形是这样：

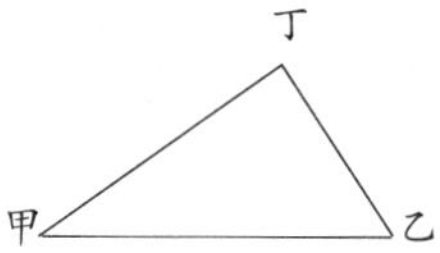


三角形内有一角是九十度的就叫直角三角形：

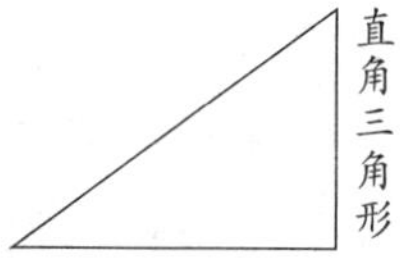


三角形内每个角都小于直角（即90度），就叫锐角三角形：

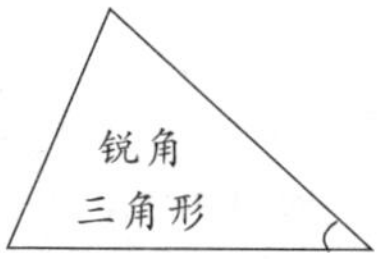

三角形内有一角比直角大的，就叫钝角三角形：

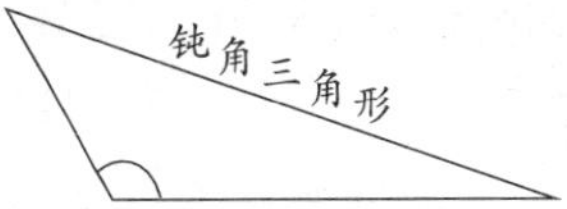


三角形的三条边相等，就叫等边三角形：
（等边三角形中三角亦相等，所以也叫等角三角形）

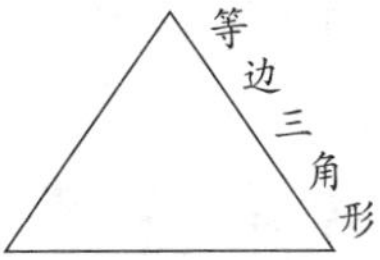


三角形内有二边相等叫等腰三角形：
（等腰三角形内二对角相等）

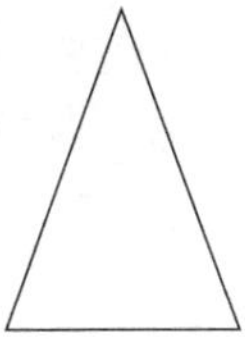

等腰三角形

二线之间距离相等的叫平行线：

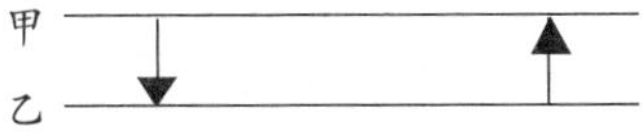


四边互相平行的四边形叫平行四边形，如下图：

平行四边形

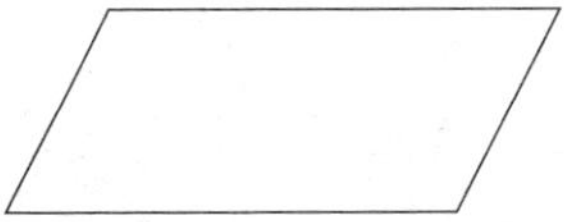

宽长不等之平行四边形其四角均为九十度者，叫长方形：

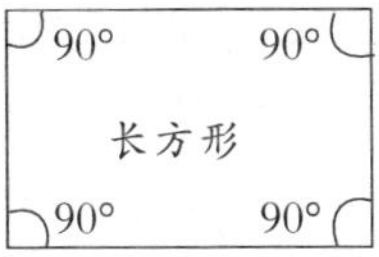

平行四边形其各角为九十度而四边均等叫正方形：

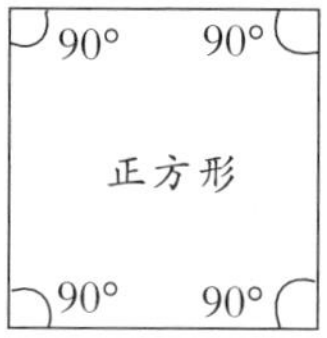


下图是多边形中的一种，五边都相等，即其角也都相等，叫正五边形或正五角形：

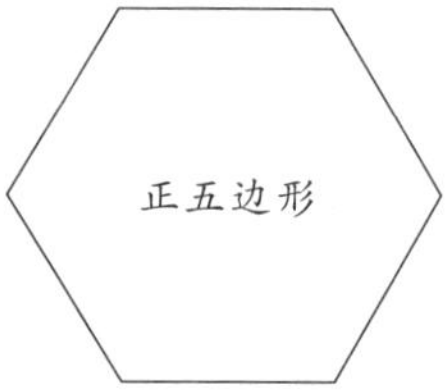


圆的四分之一，即九十度，就叫象限。

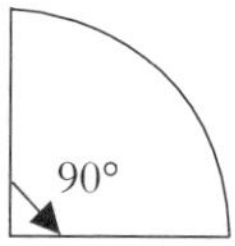


圆的六分之一，即六十度，就叫纪限。

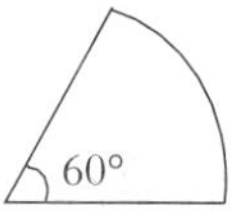


这一个圆的图：

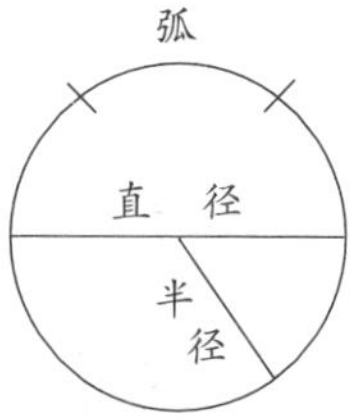


1. 穿过圆心到圆周两头的直线叫做直径；
2. 直径之半叫半径；
3. 圆周之一段叫做弧。

## 先看天球

我们四面一望，觉得自己是站在一块伟大天比的圆面上，四面铺开到天边的尽头。再抬头旋转一望，您立刻觉得这圆面连您自己是罩在半个伟大无比的空球里，您是站在圆面的中心，同时是站在这空球的中心。这圆面叫做地平面；这空球叫做天球。我们无论在什么地方，只能看见天球之一半，另一半是在脚底下，被地平面遮盖了看不见。

试从您的头顶出一条垂线，一直冲上去，冲到天球之一点，叫做天顶，再伸长这同一垂线，从脚底穿过地心，与地底下的半个天球相接触，这相接触之点，叫做天底。

您看太阳下山之处是西方，对角是太阳起山之处，便是东方。您顺着右手向东方，左手向西方站在那儿，您的脸孔便是朝着北方，您的背脊便是靠在南方（右手俗称为顺手，即是吃饭时拿筷的那只手；左手俗称反手，即是吃饭时拿碗的那只手；偶然看见有人用右手拿碗左手拿筷，那是极少数之例外）。你顺着左手向东方，右手向西方站在那儿，你的脸孔是朝着何方？你的背脊又是靠着何方？（报告二）

## 找 北 斗

您把脸儿朝北，把第一图翻过来，盖在前额，便在天空中可以找出七个星，和第一图仿佛。这叫做北斗七星。你是在何月何日何时看北斗？你看时斗柄是朝何方？（报告三）天枢、天璇、天玑、天权四星合成一个斗杓的模样。玉衡、开阳、摇光三星便像一个斗柄。只要您右手向东，左手向西的站着便是脸儿朝北，一望就可以望见这个伟大的北斗。西国有个星座叫做大熊座，北斗便是大熊的肚子和尾巴。

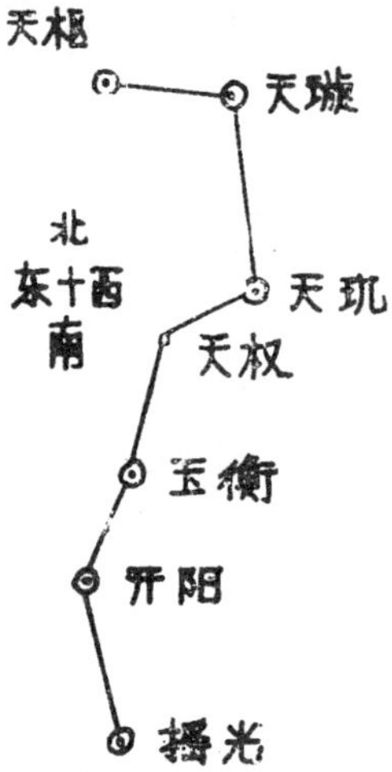


第一图

开阳离我们是七十二光年之远，其余的几个星离我们是在九十光年与一百光年之间。光年是什么？请待我说来。

## 光年与星的远近

恒星离我们远近是用光年来算的。光年是光在一年中所走的路程。这是用时间来代表距离，我们日常生活有时也用时间来估计远近。比如你问我的家住在多远？我可以回答你，十五分钟就可以走到，或是一顿饭的时候就可以走到。天文家用光年来计算星之远近也是这个道理。光在一秒钟内走一八六二八五英里，六十秒为一分，六十分为一小时，二十四小时为一日，所以一日有八六四〇〇秒，一年有三六五.二五二三六日，光在一年中走的路是186285×86400×365.25636英里，便是等于5880000000000英里。说个整数，一光年差不多是六兆兆英里，或六万万万英里。恒星离我们最近的是四光年有零，最远的有些星云离我们至少有一万万光年。请问四光年是多少英里？一万万光年又是多少英里？开阳离地球又有多少英里呢？（报告四）

# 量　天

您在《儿童的度量衡》上册里，看过有一节是量角度。天是用角度来量的。我们看天，若先把角度弄明白，那就很便利了。一个圆圈是三百六十度，圆圈无论是大是小，都是三百六十度。一个铜子儿的圆周是三百六十度，那伟大无比的地平圆也是三百六十度；一个小皮球上所画的各种圆是三百六十度，那伟大无比的天球上所画的各种圆也是三百六十度。因此我们知道半圆是一百八十度，四分之一圆叫做象限，是九十度。六分之一圆叫做纪限，是六十度。每一度可以分为六十分，每一分又可以再分为六十秒。周天三百六十度，若化为分，共有几多分？若化为秒，共有几多秒？（报告五）

所以地平圆是三百六十度，我们看得见的而罩在我们头上的半个天球是一百八十度。我们从地平面极东点靠着天球画线，经过天顶通到地平面上极西点所成之半圆是一百八十度；我们从地平面上任何一点，靠着天球画线经过天顶通过地平面上正对一点，都是一百八十度。从天顶垂一直线下来直到地平面中心，便把通过天顶之半圆都平分为两个象限，即两个九十度。所以从天顶到地平面之东界是九十度，到地平面之西界是九十度，到地平面与天球交界之任何点都是九十度。

照这个标准说来，从天枢星到天权星是十度光景，从天枢星到天璇星是五度光景。月亮圆而高悬在天空的时候的直径，平均长半度光景。从地平面的东界经过天顶到地平面的西界，要用几个月亮一个个的靠着排列起来，才能恰好排得满满的？（报告六）

您有空的时候，尽可以用这些量天尺把天上的东西量量，要不了多少时候就明白了。

## 找北极星

北斗中之天枢与天璇二星，在西国叫做指极星，因为用这两个星可以很容易的把北极星找着。天枢、北极星相距二十八度又四分之三。如第二图：你从天璇画条直线到天枢，伸长五倍多，遇着一个二等星，便是北极星，因为它是最近北极而容易看见的一个星。北极星，西国称为小熊第一星，在小熊的尾巴尖。北极星离我们是四百七十光年，比太阳要亮二千五百倍。它每天绕一个小圆圈，以一度又四分之一为半径，在这小圆圈里，用大天文镜看有二百个星。小熊七星除北极星和前肚二星外，都很小，不易见。前肚二星，一较大叫做帝，一较小叫做太子。问从北斗、天璇出一条直线到天权，伸长几倍可以遇到什么星？（报告七）看第二图，你可以知道：小熊和大熊的尾巴所指方向是颠倒的，帝与太子现在叫做护极星。但在三千年前，这个帝星就是那时的北极星，所以得到帝的名字。如今老皇帝退位，倒做了新皇帝的保镖者，不是很有趣的吗？

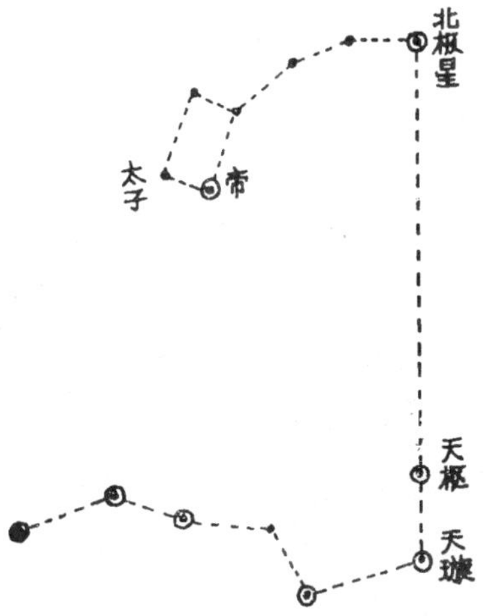


第二图

## 北 极

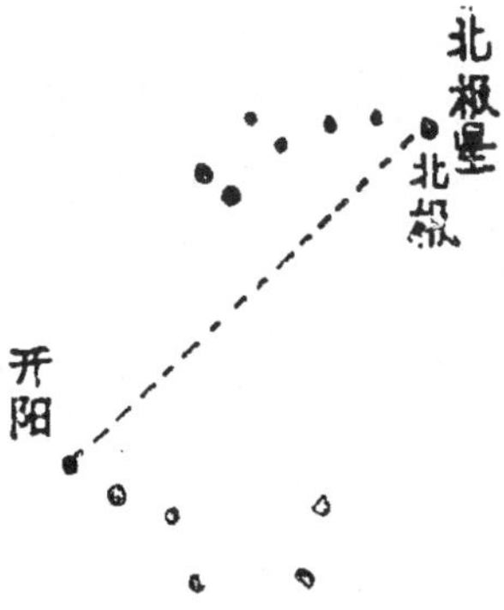


第三图

北极星离天球北极一度又四分之一，你若从北斗之开阳星画条直线达到北极星，则此线必在离北极星一度十五分之处通过北极，如第三图。（两个半月亮并排恰好是一度又十五分）你留意看几点钟，只见北极四周的众星绕着北极运行不息，看不出北极本身有什么变动。如果你从黄昏后看到天亮前，只见离北极远的地方，一个个的星从东方渐渐升上，靠西方的星一个个渐渐下山，而离北极近的众星，只是绕着北极运行，并不没入，终夜可见。北极星逼近北极，每天只绕北极转一个小圆圈。在肉眼看来，北极星几乎是钉在那儿，一动也不动。北极星为什么看去好像不动？四周的众星为什么绕着它打转？

你试到豆腐店里去磨一磨豆腐，便知道这里面的奥妙。你绕着豆腐磨从西磨到东，便见四周的物从东向西走。你见物动，其实是你动，不是物动。当你绕着磨而走的时候，试一看那正对磨子中心上面的天花板的中心是丝毫不动。我们所看见的众星运行，并不是众星运行，而是地球运行。地球从西到东旋转，故地球上的人觉得众星从东到西旋转。地球旋转以南北二极为轴，地球南北二极为一设想之直线，穿过地心，向正南正北无限引长，与天球相遇，在南的叫做天球南极，在北的叫做天球北极。如第四图，甲为地球；子为北极，午为南极；子′为天球北极，午′为天球南

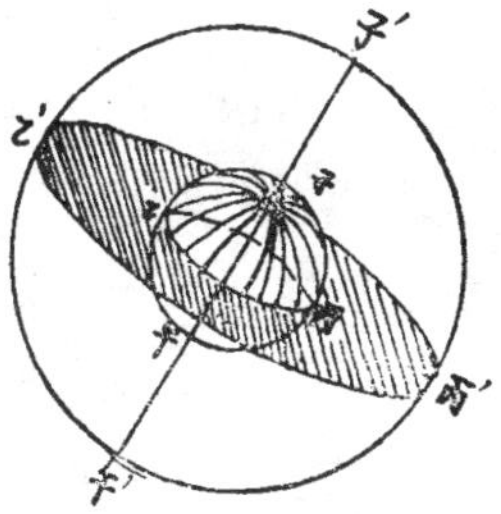


第四图

极。平分地球南北两极的大圈乙丙为地球赤道。地球赤道无限引长与天体相遇之乙′丙′大圈为天球赤道，天球赤道与天球两极相距各为九十度。我们在地球赤道以北的人，只能看见天球北极，靠近天球北极的北极星，之所以不觉得有行动，是因为它是差不多正对着地球北极之旋转轴，好似那正对豆腐磨中心上面之天花板中心，磨磨的人不见它动一般。

## 定子午线与星之中天

你拿两根竹竿：一称为定表，一称为游表。先插一根在地上作为定表，次游移第二根竹竿使它与定表和北极星成一直线，再将游表插下。定表与游表都该用锤线比准，使它们垂直，不偏不倚，如第五图。于是，游表在北叫做北表，定表在南叫做南表，

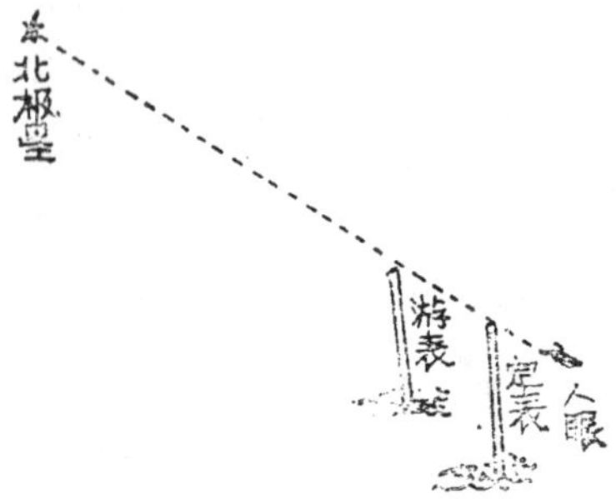


第五图

从游表到定表的直线向北无限引长，可以通到北极星；向上无限延长，可以冲着天顶，这条线可以称为准子午线，它比真正的子午线或者要差一点，但是最多只差一度又四分之一。北极星绕北极运行，每晚有一时刻走至北极正南或正北，若在天文年历上查明北极星中天正确时刻再行插表，那么，定表在正南，游表在正北，二表间之直线，便是真正子午线，或叫做南北正线。若手边无竿，想简单试-试，可请两个人做活的窥表：一做定表，一做

游表。你在他们的头上看过去就行。两棵树也可依样做成子午线。北极星夏至子时在极东，冬至子时在极西，你若照第六图在夏至与冬至二晚子时立表测定，可以正确，古人便是这样测的。定表之体与地平为垂线，夏至子时用游表甲与定表向北极星相望参直成一线，若星渐移向东，则把游表甲跟它向东移动，到它不再东去为止。冬至子时用游表乙与定表向北极星相望，参直成一线，若星渐向西移，则把游表跟它向西移动，到它不再西去为止。最后从定表望两游表，各以直线相联，成三角形。因此三角形为等边三角形，平分顶角即平分底线，故通过底线中点与定表尖顶之线，便是南北正线或称为子午线。

从北极、南极通过任何观察地之天顶与天底之大圈，叫做子午圈。子午圈即是子午线上各点之无限引长在天球上所画之大圈。与子午线正交于天顶之线，叫做卯酉线，又叫做东西线。卯酉线与子午线正交分成四个九十度的角。

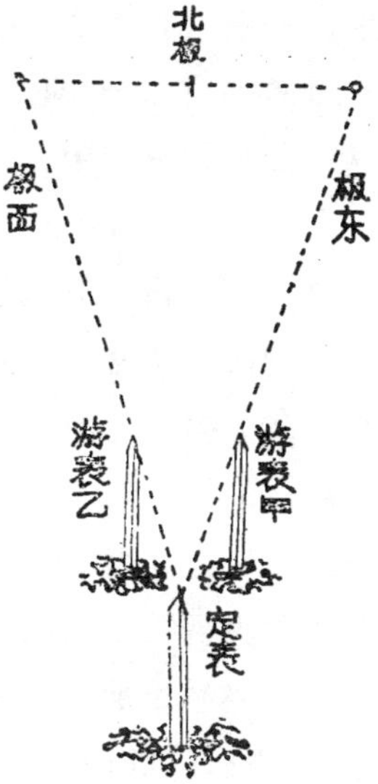

第六图

子午线定准之后，你可用两尺长的大竹筒，两头打通，向外的一头，用一根丝线做直径，扎在筒上，使平分筒口为两个（半圆），再将这竹筒使筒口丝线配准子午线，安在一架上，使竹筒能上下转动。你把筒心上下移动，随便什么星，只要走到筒口丝线上，便是走上观察地之子午线，便叫做中天。

这竹筒叫做窥管，它便是一个没有镜头、不能放大的望远镜。如果你不会做也不要紧，只要你把那两竹竿安准在子午线上，也可以观察星宿中天。你若看北天星宿中天，须站在南表之南；若看南天星宿中天，须站在北表之北。又怕子午表被人移动，你看的时候，须用开阳、北极星联线上离北极星一度又四分之一处参直线正，便无大错。

## 常耀之星

你去攀一次山，就可以看出纬度与北极出地高的道理。你在山底时，留心看一棵树，当你一步一步的走上去，你先看见树杪，继看见树身，最后才看见树根。假使这棵树是旋转的，你看到树杪，便可看到树杪的四周；树身、树根的四周也是同样的看得见。你的近处若没有山，可以找一个大庙，在那石阶上做观察。你自己家的楼梯上，也可以试他一试。你若有机会到杭州韬光、北平颐和园碧云寺、南京明孝陵中山陵、武昌黄鹤楼和山东泰山南天门去试一试，那是更有趣味了。

你若懂得这个道理，便能懂得为什么靠近北极星的许多星是终夜不落，老是绕着北极打转。你若从广东到北平，到东三省，到蒙古，一路只见这些常耀之星是逐渐加多；你若从蒙古回到广东，一路只见这些常耀星逐渐减少。地球赤道的纬度是零，由赤道北走，纬度逐渐加高，好比上楼梯一样，上得越高，则常耀之星看得越多。后来我们要证明北极在地面上的高度是等于当地的纬度，那么在北纬四十度的地方，它的北极出地高也是四十度。离北极四十度以内的星是绕着北极运行不息，好比是北极拿了四十度的半径，日夜的在那儿打圆圈，因此离北极四十度以内的星只是绕着北极打转，永不落山。又比如北纬三十度的地方，那么北极出地高也只是三十度，只有离北极三十度以内的星是终夜不落。近地平之处大气较厚，星光扩散较多，故实际所见常耀之星不能如此之多。我们走到赤道时，北极与南极皆在地平上，高度为零，终夜常耀之星是一个也没有了。你若走到北极之下，北极成了天顶，此时它的出地高是九十度，故离北极九十度以内的星是终夜不落。这就等于说，北极之下，个个星都是终夜常耀在北纬四十度的地方，常耀之星如第七图所列：

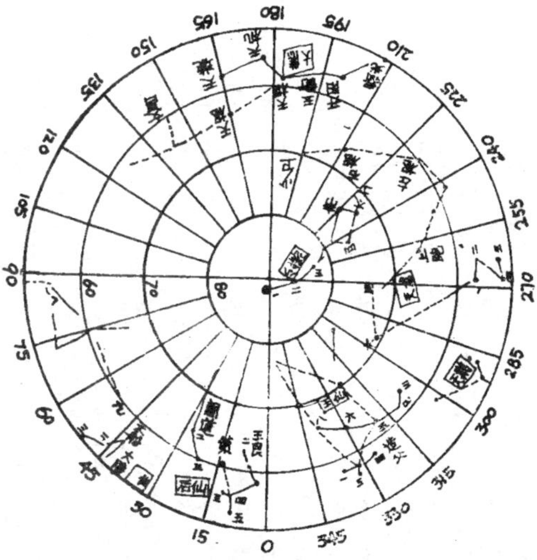


第七图

## 找仙后星座之方法

试从北斗中之天权量出一直线通过北极星并引长一倍的时候，遇到一个星叫做王良四（仙后座α）。王良四、王良一、策、阁道三、阁道二五个星合成一个笔架的样子，西国称它为W。见第七图。遇到北斗在极北，一部分看不见的时候，这笔架却在南边，我们正好用它替代去找北极星，王良四与北极星之间有一个小星叫做王良二（仙后座）。从王良四出一直线通过王良二引长它，便找着北极星，找到北极星，便好找北极；找到北极，便好定子午线。

王良一比较是一个近星，离我们是三十二光年。你们玩跷板的时候，知道跷板两头的人是这个上来，那个下去，那个上来，这个下去。天上的星也像正在那儿玩跷板，这个W与北斗便老是玩这套把戏，北极星好一比是跷板中间的一个圆轴，不是吗？

## 找仙王

你从勾陈一（即北极星）出一条直线到王良一，这条线在五分之二的路程上遇着少卫增八，少卫增八与天勾八、上卫增一形成一个三角形，架在一个平行四方形上，这平行四方形是上卫增一、天钩八、天钩五、造父一所联成。

这个星座里有一个极著名的变光星，就是造父一，西名叫做Delta Cephei，汉译为仙王第四星，它最亮时星等为三.七，最暗时星等为四.六；变化一周为五天八小时四七分三九秒。这种星的变化自成一类，叫做仙王式变光星。它们由极小光变为极大光所需之时间常短于由极大光降为极小光之时间；所短之时间约为二分之一或三分之一。这种星出现于星团星云之中，因此天文家便借它来量星团或螺旋星云之距离。

因地球两极移动，少卫增八在公元四五〇〇年，上卫增一在公元六〇〇〇年，天钩五在公元七五〇〇年都要轮着做北极星。

## 找天龙

天龙星座的形势恰像一条龙，它的尾巴是在大熊与小熊之间，从天璇出根直线到天枢伸长一倍，正达天龙的尾巴尖，即上轴。从北斗之开阳画条直线到太子，在半路上恰通过右枢。右枢西名叫做天龙第一星，在四千年前是做过北极星。你若以太子星为圆心，以太子右枢之距离为半径，画个半圆，便仿佛成了天龙的身段，龙头是天棓之首四星，龙身离龙头比龙身离小熊后肚四星（包含帝与太子）是差不多一样的路。天棓三、天棓四星较亮，可与天津二、天津一、天津九穿成一条直线。大角、摇光、天棓四可以联成一个等腰三角形，而以摇光所在处为顶角。

## 找鹿豹

这个星座只能在一月、二月、三月、十月、十一月、十二月去看。从四月到九月的图上，没有把它列入，因为接近地平，非肉眼所易辨别。就在它占了最优形势的一月，也只能看见四个星。你若从天龙座的上弼出一直线通过北极星伸长一倍，差不多就可穿过它的三个星。三个星中的第一个星是少卫，第二个星是八谷三，第三个星的中名未定好。你若从造父一出一直线到仙后星座之阁道二，伸长二分之一，使遇着它的第四个星传舍九。这个座你可以等到一月再找吧。

我现在要请你在地图上查一查，报告你所住地方的纬度是北纬多少度？（将来我要教你们自己测出你看星的地点的纬度和北极出地高，而不必去看地图。）我还希望你将亲眼看得见的常耀之星报告出来，常耀星图中有哪几个星你看不见？还有哪几个是你所看见而没有列在常耀星图之中？（报告八）

## 星之等级

恒星之等级叫做星等，古代希腊人依星光之强弱把星分为六级，以光度最强者为一等星。后人研究出来，一等星之平均光力恰为六等星之一百倍，于是等级差五级，则光力差百倍，故每级相差为二倍半。天文家乃以六等星为单位，其光辉大一百倍的为一等星，比一等星光辉小二倍半的为二等星；比二等星光辉小二倍半的为三等星；比一等星光辉大二倍半的为零等星；比零等星光辉大二倍半的为-1等星；比-1等星光辉大二倍半的为-2等星，余可类推。

你可以利用天龙头比较织女一，天津四，练习观看星光的等级。织女是零等（0.2），天津四是一等（1.3），天棓四是二等

(2.4)，天棓三是三等（3.0），天棓一是四等，天棓二是五等。照这个标准，请你随便列举十个星并把它们分成等级，这十个星中须包括北极星、天枢。（报告九）

## 看星之四法

看星有四法：一是站在那儿看；二是睡在草地上看；三是用镜子返照着看；四是在江上、河上、海上坐船向水中看。我知道，你老是站着看觉得有些单调，所以又介绍三个有趣的法子给你。我有一次和几位朋友睡在虹口公园草地上看星，觉得半个天球是我的蚊帐，一个个的星儿像游火虫一样在帐外逍遥。还有一次我在西湖里游船，以湖上人看湖中天，的确很是有诗意的一回事。你若拿镜子看天，就好比是把星宿拿在你的手中，但水里、镜中看天是与站看卧看不大相同，你看了几回，请你把不同的地方写出来。（报告十）

## 月令星图

你看每月的星图，那大圆圈是看天者之地平线之无限延长，又叫做天届。圆心是看天者之天顶，即北纬四十度之天顶。纬度较高的地方，常耀星要多加一些，南方出没星是要减少一些；纬度较低的地方，常耀星要减少一些，南方出没星会增加一些。靠近南方有两条曲线：一为天球赤道，它的一端有赤字为记；二为天球黄道，它的一端有黄字为记。天球赤道是平分南北两天球之大圈，天球黄道是人看太阳一年中在天球上所行之路。你拿图看天时，须把圈翻过来，朝下盖在额前，左手持着图之西向，右手持着图之东向，你便可以对看北方的星宿；左手持着图之东向，右手持着图之西向，你便可以对看南方的星宿。

这些月令的星图是每月一张，我们平常过日子是用太阳日；

但是星象之运动是用恒星日。平均说起来，太阳从今天中天到明天中天是二十四小时，但是天上任何一星从今天中天到明天中天是二十三时五十六分四秒。恒星日比太阳日每天短少三分五十六秒，说个囫囵数是短少四分钟光景。所以恒星每天比前一天提早四分钟出现或中天，十五天便提早一小时出现或中天，三十天便提早两小时出现或中天，所以任何一星本月底比本月初要提前两小时出现。因此每月的星图在月初用是以午后十时为准，月中用是以午后九时为准，月底用是以午后八时为准。比方你在八月一日用图看天，最好是在下午十小时，十六日最好是在下午九小时，月底最好是在下午八小时。余请类推。但是我们所谓小时，如果依据各地太阳中天时刻算起，那就不必更正。在交通便利的地方，行车办事都要有公共的时间，钟点不由各地方自定，于是产生了一种标准时，这种标准时在某地带以内是一律遵守，不得参差。我们中国所采标准时有五：一为长白时，以东经一二七度半为标准；二为中原时，以东经一二〇度为标准；三为陇蜀时，以东经一〇五度为标准；四为回藏时，以东经九十度为标准；五为昆仑时，以东经八二度半为标准。如果你们所用的钟表是根据上列任何一种标准，而你看天的地点又不恰在标明的经度上，那么你将钟表上的时刻与恒星时比较时，该有一种修正。地球自转系自西而东，若你的钟表是采用中原标准时，而看天的地点是在东经一二二度半，那么便须加早十分钟；若你的看天的地点是在一九七度半，那么便须减迟十分钟，因为经度每差一度，则时间上是约差四分钟。

我们每月发表这些星图是根据《天文年历》、《古今图书集成》、《历象汇编》、《乾象典》、《星辰部汇考》与《历法典仪象部汇考六之九》和巴顿著的《星座指南》（Barton：A Guide to the Constellations）所造的。大多数是数星联成一个星名，用实线联成的是中国原有星名。用虚线联成的是西国星座名。西名写在长方形内，以示不同。譬如八月星图南向房宿一、房宿二、房宿三、房宿四，用实线联成房宿，心宿一、心宿二、心宿三，用实线联成心宿；尾宿二、尾宿四、尾宿五、尾宿六、尾宿七、尾宿八、尾宿九，用实线联成为尾宿：都是中国固有的星名。传说是一个独星。若在房宿，心宿，尾宿之间联以虚线，便成为西国之天蝎星座。余请类推。

每月的星图只是恒星图，行星如金木水火土等等一个都没有列上。其实，一个年年可用的恒星图上，决不能列一个行星。因为行星在恒星间的位置是移动得很快，著了上去，这图只能适用于当时，而不好年年使用了。所以你用每月星图看天，若在天上发见一个图上所没有的星，这星必是一个行星，或是一个彗星，或是一个新星。新星是突然出现的恒星。彗星即是俗语所谓的扫帚星。若是一个行星，你可以在《天文年历》上去找出究竟是一个什么行星。



**注释**

① 报告　即报告书，类似正式学校中之作业，见本文附。

**附：本校通告之一及报告书的格式**

## 本校通告之一

**敬请各位通讯学员注意：**

1. 各门功课内凡指明须报告者，均须报告；所有问题，均须回答。……可仅写答案，不必抄录问题；但方号必须写明，不能错误。

2. 报告书须一律照背面所印的格式，将学号、姓名、通信处，写在头上，以便查阅。

3. 每门功课须分开报告，以便分发各科指导员批阅；不可将二门或数门功课之报告书连写在一张纸上。

4. 报告书须一律横写。

5. 各门报告书须按月做好汇集装入本校所寄之特别信封内，上面书明学员之姓名及通信处，贴足邮票，寄至本校。

校长丁柱中谨启

## 报告书的格式

年　月份的报告书

| |
|---|
| 学　　号<br>姓　　名<br>通 信 处<br>指导员评语<br>　　　　天　　文<br>报告本文 |

其他各门功课之报告，均照此格式，只须将“天文”改为“生物”、“气象”或“农艺”……

（原载《儿童农艺活页指导》第20、21页）

# （二）一月之星



## 御夫星座

这个星座中有一颗星叫做五车二的，是冬季夜间北天所见的星中最亮的，当然在南天还有天狼星比它要亮多了。如同夏季里的织女一样，它是和织女争光的一颗零等星，光度是0.2，织女还要比它亮0.1等，所以在天上也很容易找到，抬头稍偏东一点看，那颗顶亮的星便是它。或是，如果英仙座的A找着了，那么在它的东部有颗顶亮的星，那就是五车二。

你仔细注意把五车二连着它附近的四颗星正像是一个正五角形（五边形中五个角都相等的）。这便是五车，接近那颗顶亮的五车二还有三颗三等星，连起来是个小三角形那便是柱（请见本月份或上月份的星图）。构成五角形南边一角的二等星叫五车五的，却不是御夫星座的，而是金牛星座的。

五车二在天文望远镜里看去却是颗双星，但是它们却连得太密切了，离我们有43光年，比太阳要亮130倍。

柱一是一颗变光星，光度自3.3变至4.1，周期是9900天约在27年以上，在变光星中是周期最长的。

## 找金牛星座

从五车二向五车一画条直线延长出去，便到一颗和牛郎一般亮的毕宿五，把这颗星和附近的几颗星连起来正像一个捕鱼的叉子，所以叫做毕宿。据朱子说，毕就是捕鱼的叉子。但是也有说像网子的，因为毕也当网子讲，所以叫毕宿（图略）。他们连起来也像个英文的Y字，毕宿五附近几颗连起来像个V字，把V字下面有颗星（毕宿八）也连起来不成个Y字吗？

《史记》上说："罕车为边兵，主戈猎。"罕车就是指毕宿，那颗顶亮的毕宿五就叫边将。《尔雅》上写毕宿是浊星，毕宿五离我们有57光年，比太阳亮103倍，西名金牛第一星，又叫Aldebaran。这颗亮星和它东南面参宿四，参宿七，天狼三颗大星连起来正是一个大菱形，金牛座的V字西名又叫Hyades[①]。

金牛座除了有个毕宿外，还有一个昴宿，在毕宿的西北部有一团小星便是昴宿。或是从英仙座的卷舌二向卷舌四画条直线延长一倍便到有几颗小星密接着成为一团的地方，那团星便是昴宿。昴宿又名大梁，又名西陆，又名旄头。前人说在冬至前后太阳落山后，这时中天的星是昴宿（现在昴宿在太阳下山后中天的时候应当在阳历一月间即阴历十二月）。所以《尧典》上说"日短星昴，以正仲冬"。仲冬是阴历十一月，一年中差不多是昼间最短的一月，刚好天黑后昴宿中天，所以用昴宿的中天就可知道现在是不是十一月。但是现在不大灵了，因为现在的时候要比以前迟一个月，和七月流火应当改为八月流火一样。

西名有川七姊妹星座便是昴宿，又名Pleiades也是星团的一种。像这种星团叫散开星团，普通人看去有六七颗小星挤在一起，但是有人也能看到17颗，大望远镜看去有2千颗。其中顶亮的是昴宿六，光度是3.0，其次亮的只有3.8。这个星团离我们的距离有350光年。你别看它们的面积只是那么一团，实际直径也有35光年呢，这整个的星团还让一种云状的东西包围着的。

前面说过，和御夫座五车连成一个正五角形的金牛座五车五，这颗星据罗素教授说：它是含有一对面积和光度一样大小的星，就是他们的质量也差不多相等，一颗比我们的太阳重2.38倍，另一颗比太阳重2.84倍。都比太阳重，每个直径是2200000英里，这颗星是金牛一只角的尖头。

从毕宿八（金牛Y字的尾端）向毕宿五画条直线伸长一倍半便到五车五下面的一颗三等星，那便是天关，也是金牛座的，找猎户的参宿可以用这两颗星为准。

## 找鹿豹

北极圈的鹿豹星座现在的位置正好，你看怎样找才好（报告一请看《天文指导》第一期）。

## 找波江

这是这50多个星座中所占南北位置最广的一个，因为连起来像一条江似的，所以西名叫波江星座。一月里向正南看，在巨鲸座天囷的南面有一些星，照蓝图上的形式排列的便是波江，这条波江因为很长，所以我们只能看见一部分，余下的一小部分因为在天球赤道以南45度以外，所以不是我们在赤道以北中部的人民所见的。波江第一星是这个星座中最亮的一颗，在赤道以南58度，所以我们看不见。

**注释**

① Hyades　金牛座中的毕宿星团。

## (三) 五月之星*

(参见五月与六月星图)

### 室女星座

这个星座里面的星，是像有两条河流似的排列着，它们两条很近平行地排着。由北斗的把子向下画一道弧便到牧夫座最亮的大角星，再画下去便到室女座最亮的角宿（学名室女第一星，西名Spica），星等1.2，距离我们362光年，光辉比太阳要亮3600倍，推测它表面的温度有摄氏表19000度之多。这颗星和大角，五帝座一，猎犬座的常陈一，连起来便形成为一个大菱形，这个大菱形刚好在室女里，所以又有"室女座菱形"之称。它又和心宿二(大火星)，大角成一个大的直角三角形。左摄提和右摄提应当怎样找才好，你看它们是几等星？（报告一）请看图。秋分点应当怎样找？（报告二）原来赤道和黄道有两个交点处，一是春分点；另一便是秋分点。当太阳走到秋分点这一天，便是秋分；走到春分点这一天，便是春分。二十八宿的亢宿便在这个星座东半部和大角，角宿一成直角三角形的东次将，西国称它为"拾葡萄者"，因为在葡萄时节，它在日出以前就升出来了。

这个星座在黄道上约占450度宽，是黄道上的星座里最宽的

* 缺五月星图。原六月星图上房宿二应为房宿一，房宿三和房宿四应互换；今图已依据古今图书集改制，附文末。

一个。狮子座的五帝座一和室女座的东次将，东上相，右执法所成的一个粗形四方形里，有被称为“星云之地”的名字。因为这个里面所有的星云多极了，据赫瑟尔的发现有323个星云在那个地方。

## 乌鸦星座

在室女座角宿一的西南面，或从东次将向东上相画条线伸长出去便到一个类似梯形的四边形，那便是乌鸦星座，那四颗星便是二十八宿的轸宿。

## 海蛇星座

这个星座里含着一串长星，长得像条蛇似的，所以给它这个“海蛇”名称。它占了105度东西的宽，和天球赤道以北10度到以南35度之长，没有一个星座里所含的星散布得有它那么宽。这个星座里所含的一些星，它们的光都很弱，只有在狮子座轩辕十四下面的那颗星宿一还算亮些。它是一颗二等星，学名海蛇第一星，它是在这条动物的心部。你看星宿一是什么颜色？（报告三）星宿便是二十八宿之一。

二十八宿里还有个叫张宿的也在这个星座里，它在星宿的东面，巨爵星座翼宿的西面，其中所夹的几颗星都是张宿。但是在靠近三角形的巨爵星座那一颗星，它和巨爵星座连起来成个平行四边形的，却不是张宿而是翼宿五。要把张宿完全看见，五月已经迟了一点，最好能在三四月时看它。因为这个非常的星座要想完全把它看到眼里，五月是最适当的时候，所以我们在五月里说它。但是这时海蛇的西半截里有些小星已经到西方去，肉眼不容易看见。所以要看这些小星应当在前一两个月看。海蛇的头，即二十八宿的柳宿，因为在海蛇星座的极西，所以更应当早看，三月星图把它们画得很详细。海蛇的尾巴平一的旁边有一颗很小的变光星，由4.0变到9.8，再回来需425天，肉眼不常看见。所以中国关于天文的古书上没有记载，因此我们不知道它的中名，它的学名是R.Hydra①。

## 后发星座

所谓后发就是皇后的头发，是外国传说上一位叫做柏利南丝（Berenic）的皇后的。它是在牧夫星座大角星的西面，室女座顶北的那颗叫东次将的北面，这是一个很小的星座，要在天色清朗而又没有月亮的晚上才能看见。这是一个星团，除了在图上画的两颗星外，其余的都集在它俩的西面；或在狮子尾巴五帝座一到猎犬座的常陈一这条线的半途上。据推测它们离我们在300至400光年之间。用平常的望远镜可以看见有二三十颗小星集合着，靠近天河两极的地方有许许多多螺旋状的星云在一起散布着。天河的北极就在这个星座里，有100个以上星云集在那儿，它们所占的面积只和满月时的月亮所占的差不多。可是很不幸，这些星云就用小的望远镜都看不见，何况我们的肉眼？

## 猎犬星座

这又是另外的一个小星座，在北斗把子下面，其中最亮一颗叫常陈一，它和角宿一，五帝座一，大角三颗大星形成一个菱形，叫做“室女座的菱形”。虽然，室女座它自己也有一个粗形的菱形：即由角宿一，角宿二，东上相，东次将四星所连成的。

有一个最美丽的螺旋星云在这个星座里，从开阳到常陈一之间，在近开阳的地方，它的番号是3575。由常陈一到大角之间有一个番号是36.6的星团，渡过这个星团，光要走470光年。这个星团里的星在一千以外，其中有1/7是变光星，周期都是半天。

他们的光变得很快，7分钟就相差两倍。

## 注释

① Hydra　长蛇座。

## 附：六月星图

1号夜9时
15号夜8时
30号夜7时

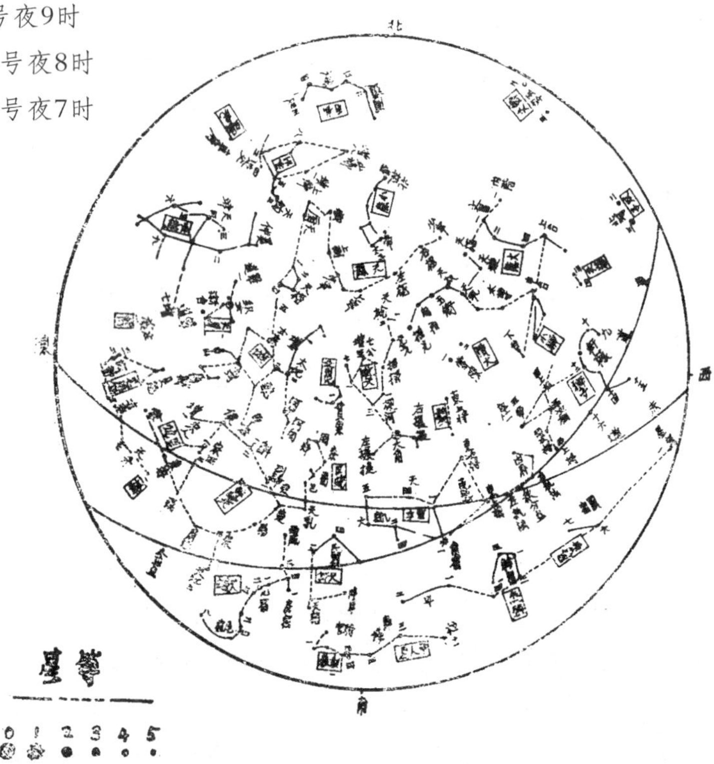

# （四）六月之星*

（参见六月星图）

## 天秤星座

这是在室女座东南的一个星座，它的形式很像一个正五角形，二十八宿的氐宿在这儿。最上面的一颗星是氐宿四，在它的西南和它一样亮的是氐宿一，这两颗三等星是这个星座里面最亮的星。氐宿四的星光是绿色的，肉眼所见的绿色星只有它一个。氐宿一正位在黄道上，稍偏北一点，可以利用它帮助我们认定黄道的位置。天秤座南部的一些星有些人是把它们列入天蝎星座的，尚希注意。

## 豺狼星座

这个星座位在天秤的南面，虽然大部分的星都在地平线上，但是因为太在北半球的南面了，所以不大容易看清楚。

## 半人马星座

豺狼星座的西面便是半人马星座，这个星座的主要部分都在

* 六月星图见《五月之星》的附图。

北半球地平线下，所以不能看见，所能见到的也只有在它北部的几颗星，如图上所画的。其中最东部有两颗星挤在一起的，在上面的一颗叫骑官三是属于这个星座的；在下面的一颗叫骑官四却是属于豺狼星座的。

## 牧夫星座

牧夫又名赶熊者，它的熊便是大熊星座，为了便利它的赶熊工作起见，所以它又养了一条猎狗，这条狗便是猎犬星座。这个星座里的星布置得又成一个风筝，不是吗？提起这个星座最有名的，要算到里面那颗中名大角，学名牧夫第一星（Alfa Bootes），西名Arcturus的大星了。你看要怎样找它才好？（报告一）找到以后，细看看它是什么颜色？（报告二）北半球上所见到的星，除去天狼最亮外，要算御夫座的五车二，天琴座的织女和这个星座里的大角。要叫我们肉眼去评判它们三个谁最亮是很困难的，因为它们的光色都不同：织女蓝的，五车二黄的，大角的光色要问你自己观察的结果。大角的直径是25500000英里，是太阳的29.5倍，体积是太阳的26000倍，是一颗很大的星，距离我们有41光年，光辉是太阳的112倍。1817年哈雷（Halley）先生发现它和天狼，南河三颗恒星自古代以来它们的位置是变动的，因此它们也就是最初被发觉恒星是动的，不是绝对固定的星。

## 北冕星座

北冕是紧接着牧夫星座东面的一个星座，由它的主要的星连起来便形成一个半圆，像一顶王冕似的，因为在北面所以叫北冕。中国管它叫贯索。贯索中间那颗最亮的星叫贯索一，它离我们将近60光年，发出来的光比太阳亮38倍。

## 小熊星座

小熊星座在6月里看最合适，详情见天文指导第一期第八页。[①]

### 注释

① 天文指导第一期第八页　指前载《儿童天文学》一文中《找北极星》一节，原载《儿童天文学活页指导》第1期。

# （五）七月之星*

（参阅六月七月八月星图）



## 持蛇夫和巨蛇星座

这两个星座是没有分离地连接着，意思就是一个持蛇者（希腊名Ophiuchus，[①]就是英文Serpent-holder[②]）在它的手里持着一条蛇。这条蛇虽没有海蛇星座那样长，但是它也不短。你看了星图以后，也许你会有这样的疑问："持蛇夫的西面不是有个巨蛇星座吗？怎么它东面还有一个巨蛇星座呢，难道他拿了两条蛇吗？"不，它们仍旧是一条蛇，因为是巨蛇的关系，在持蛇夫西部的是巨蛇的上半截，在它东部的是巨蛇的下半截，中间横过持蛇夫的身体，一个分开了的星座，只有巨蛇一个。中国所谓的春秋12国的星，都散在这两个星座里。北冕星座的南面那几颗星便是巨蛇的，持蛇夫最西面有两颗星，互相靠近的，上面一颗叫梁，下面一颗叫楚，都属于持蛇夫座的。拿这两颗可以画定巨蛇西半截和持蛇夫的界限，持蛇夫星座最北部那颗二等星，在这个星座里是顶亮的星，它的中名叫侯，是持蛇夫的头，它在牛郎织女的西面，和它俩成一个等腰三角形。

---

* 缺七月、八月星图。

## 武仙星座

武仙星座里没有什么很亮的星，它在持蛇夫的北面，北冕的东面，明星织女和贯索一的中间，我们看见有6颗亮星在北冕的东面形成一个粗形的“H”，或是一个倒搁着的“K”即“ꓘ”，在“ꓘ”的东边又是一个五角形的两个边。“ꓘ”的上一半和下一半又好像一只正在飞行的蝴蝶的两只翅膀。

在靠近持蛇夫座的有颗星，这是这个星座里最亮的一颗星，学名武仙第一星Alfa Herculis，中名帝座，是一颗带着红光的双星，光辉不规则的变化：自3.1至3.9，普通叫做“武仙座的大星团”（The Gteat Star Cluster in Herculis）的在这个星座里。它在ꓘ字直边的上半，自天纪三至魏的1/3的途上，是一个最美丽的球状星团。在良好情况之下，肉眼可以看见有一块朦胧的斑，离我们有36000光年。利撤教授（Prof. Litchey）在威尔孙天文台用60吋的反光镜，费了11小时的爆光；沙仆雷教授（Prof. Sharpley）数出在星等2l度以下的星有30000颗，他又计算这个大星团的直径有320光年。

## 天龙星座

七月看北极圈的天龙很合适，找法请参阅天文指导第一期第十八页。[3]在天龙头的东南有颗最亮星，你说叫什么？（报告三）

## 天蝎星座

天蝎星座在七月里的位置正好，详情请参阅八月之星。

## 注释

① Ophiuchus　蛇夫星座。

② Serpent-holder　巨蛇星座。

③ 天文指导第一期第十八页　即前载《儿童天文学》一文中《找天龙》一节，原载《儿童天文学活页指导》第1期。

# （六）八月之星

## 织女和牛郎

唐朝诗人杜牧之写了一首诗[1]说：

银烛秋光冷画屏，
轻罗小扇扑流萤。
天阶夜色凉如水，
卧看牵牛织女星。

小朋友，当清风徐来，月色如银，你在草地上铺着一张席子，仰天躺在上面，观看牵牛织女的神秘，那是多么够味的一件事啊！但是织女在哪儿，牛郎又在哪儿，你可找得出来吗？

相传织女是天帝的孙女，自从嫁给牛郎就懒得织布。天帝于是发怒，把他们俩赶了出去，一个分发到天河之西，一个分发到天河之东，每年只许在七月七相会一次。天河无桥可渡。乌鹊为他们的诚心所感动，飞来渡他们过去。

又有一说：一次有七个仙女在河里洗澡，其中一个即是织女，牛郎趁着织女不在意将她的宝衣藏了起来。织女不能上天，只得嫁给牛郎。牛郎有老牛，感牛郎一生爱护之恩，临死对牛郎说："你把我的皮剥下来装些黄沙，每天背在身上，能救你危难。”牛郎只得照办。牛郎与织女结婚三年，生了一儿一女。织女骗得宝衣，马上升天。牛郎急得无法，向背后一拍，正拍在牛皮包袱上，忽然腾云驾雾，牛郎便拼命的跟着织女追。差不多追上了，织女拔了头上金钗，向后面一画，画成一条大河。牛郎洒出黄沙，大河中就现出一条沙路。牛郎又沿着沙路拚命的追。织女看看又快赶上了，又把金钗一画，分出第二条大河，牛郎正在无法可想的时候，忽然有一个白须仙子出来调解：“你们缘分未尽。我劝你们一住河西，一住河东，每年七月初七相会一次吧。”这个牛郎织女都答应了。据说七月初七不下雨则已，如果下雨，就是他们滴下来的眼泪。

这些故事是有趣的。但是科学的小孩子决不相信有这么一回事。你可以在七月七日约几个孩子和乡下人轮流的看，看牵牛和织女是否渡河相会。有人告诉你一个好听的故事，你可以听，但是如果他要你相信他的话，你可以对他说：“请拿证据来。”

## 找织女

织女（Vega）既是这样一个有趣的星，我们怎样把她找出来见见呢？织女是天球赤道以北最光明的星。她其实是叫做织女一；西国是称她天琴第一星。她是在八月一日晚十时，十五日晚九时，三十一日晚八时中天。她的平赤纬是北三八度四三分一〇秒，所以中天的时候几乎是北平的人的头顶上。上海南京一带的人在这时刻只要向北抬头一看，看见一个最光明的星便是织女无疑。如果你犹豫不决，我再告诉你两个法子去找她。你曾用北斗之天璇与天枢二星去找北极星，现在你可以从天玑向天权画一条直线伸长九倍遇着一个最光明的星便是织女。你若把北极星、织女星、大角星联起线来便成了一个大三角形，几乎是两腰相等。

织女星离我们是二十六光年；她的光向地球上射要二十六年才射得到。她的光比太阳亮五十倍。我们的太阳是带着九大行星和我们一起向着织女星投奔而去，每秒钟行八英里半。地球自转之两极是常在变动，经过二五八〇〇年就在天球上画一个圈，所以靠近北极的星现在是勾陈一，再过一万二千年，织女便要成了我们的北极星。

织女在什么时候中天？请你将八月十五、二十、二十五、三十日晚上织女中天的时刻，即是走上子午线的时刻记下来。（报告十一）

## 找牵牛

我们既找着织女，便不能不见见牛郎（Altair）。牛郎叫做牵牛，又叫河鼓二。西国称它为天鹰第一星（a Aquila）。河鼓有三星，河鼓一和河鼓三传说就是牵牛织女生的一儿一女。你先看看图，从织女向河鼓二画一条直线，连河鼓一和河鼓三一起都穿过。你照此法在天球上从织女一向东南画条直线，如穿过三个靠近的星，那中间最光明的星便是牵牛。还有一个法子可以用：牵牛、织女和天津四联起来，就成功一个等腰三角形，牵牛为角顶，离织女与天津四大约都是三十五度光景。

牵牛离地球是十六光年。如果它离我们和太阳一样近，它的光比太阳要大九倍。

天鹰座流星群的放射点在牵牛之东五度光景。你在六月七日至八月十二日时常可见流星从这个地方放射出来。

## 找大火

你在黄昏后，八月一日向南偏西五度看，八月十六日向南偏西二十度看，八月三十一日向南偏西三十五度看，可以看见三个横列的星，中间一个最亮，放红光，便是大火星。这三个星叫做心宿，大火就是心宿二。心宿西四星是房宿，像个弧挂在那儿，心宿之东，低下去像个尾巴样拖得长长的是尾宿。这都是二十八宿的有名星宿。你若在东南方找着一联三个星，中间的一个是红色，三星之西有弧形的四星做头，三星之东又拖着一条长尾巴，那么这个红色星便是大火无疑。《诗经》说的“七月流火”便是这个大火；说的“三星在天”、“三星在隅”、“三星在户”便是心宿。《尔雅》说：“大辰：房，心，尾也。”房、心、尾三宿的总名叫做大辰。商朝以这三宿定时辰。故叫做大辰。七月流火是怎样讲呢？流是下去。火是大火星。《诗经》的时代，七月里大火正在下落。现在北极因有了二千多年的移动，即以阴历算，是成为“八月流火”了。

大火西名Antares，为天蝎星座第一星（a Scorpio）。这个星离我们是有三百六十光年的路程。如果它离我们是和太阳一般近，它的光要比太阳大三千倍。它的体积的对径已经算出来，等于420000000英里，比太阳的对径要大四百五十倍。

## 找斗宿和箕宿

北斗七星，南斗六星，这是一般人都听讲过的。我们既会找北斗，也该去把南斗找出来。南斗在二十八宿中是叫做斗宿。

你先看天象图，就知道在正南向有个星座，西名叫做射者（Sagittarius）②。这个星座是合斗宿、箕宿、建星而成的。你只要在心目中想象把那两条虚线除掉，便可以看出西边四个星象只撮箕样，叫做箕宿；中间六个星象只斗样，叫做斗宿。斗宿北面是建星。你既找着房宿、心宿、尾宿之后，靠东边一点便是箕宿，箕宿之东便是南斗。

冬至点是在箕宿之上，斗宿一之东。每年十二月二十二日太阳是在此处。

银河是像一个车轮，在这个车轮的平面上至少有1500000000个太阳，我们的太阳只是当中的一个。据夏甫列说，这车轮的中心，即银河系的中心，是在这个星座里。

## 注释

① 一首诗　即《秋夕》。

② Sagittarius　人马星座。

# （七）九月之星*

（参见九月星图）



## 找牛宿

你既找着了牛郎，便想连它的牛一起找着，是不是？这个并不难，你试从织女一画条直线到河鼓二引长三分之二的路程便遇着牛宿。牛宿之西是建星，建星之南是斗宿，这样一比，你也可以把它找着。平常人的目光看出牛宿是两个星，即牛宿一和牛宿二，一在南，一在北，彼此相隔，只有两度光景。眼光好的人可以看出牛宿是六个星构成的，《步天歌》①上说的"头上虽然有两角，腹下从来欠一脚"。便是指牛宿而言。牛宿二是一个双星，看去好像是两只角，用平常的望远镜看，牛宿一也是一个双星。牛宿之南，肉眼再也看不见别的星；如果看得见，那便是行星而不是恒星。

牛宿与周、秦、燕，垒壁阵之一部分，构成西国之摩羯星座。摩羯星座又叫做山羊星座Capricornus。牛宿便是山羊头。

## 找女宿虚宿危宿

女宿在牛宿之东，有四星，平常只有一个稍微看得清楚些，就是女宿一。女宿又名婺女，又叫做须女，古时迷信说它是管人



* 九月星图附文末。

间布帛裁制嫁娶之星。

女宿之东是虚宿。虚宿有两个星：一是虚宿一，属于宝瓶星座，一是虚宿二，属于驹星座。虚宿一西名Sadal Sund，即宝瓶第二星。阿拉伯人称它为最幸运之星，中国古人则说虚宿主死丧哭泣。同是一个虚宿，阿拉伯人见它就以为要走运，中国人见它就以为要倒霉，足见得这些话都是不可信。

虚宿之东是危宿，危宿有三星，成一三角形。危宿一属于宝瓶星座，危宿二和危宿三属于飞马星座。危宿一西名Sadal Melik，即宝瓶第一星。阿拉伯人称它为皇帝之福星，中国《观象玩占》则说它危宿三星主坟墓宫室祭祠，可见中西迷信又矛盾了。

危宿一之东是坟墓三星联成一串，坟墓三星逼近赤道，可以做认识赤道的一个很好的标记，坟墓一和危宿一是恰在赤道上。

坟墓三星与稍北另一星构成一个Y形的瓶子。宝瓶星座又名水夫星座（Aquarius）。这个Y形的东西就是水夫手右手拿的一个水瓶，好像向天池中倒水一般。危宿一是水夫的右肩，虚宿一是他的左肩，女宿是他的左手，和垒壁阵五、七及羽林军二十六、二十八构成整个的水夫星座。

## 找爱箭与情梭

你在影戏里大概看过那位风流小天使吧。他的名字叫做Cupit，我给他取了一个中国名字，叫做风月儿。传说他是一个又白又胖的小孩儿，身上生了一对翅膀，带着弓箭，专门对着青年们的心窝射，谁被他射着，谁就要害相思病。

这支箭传说是在天上，我们把它找出来好不好？从辇道增七到河鼓二大约是一半路程光景，你可以看见四个星。那就是风月儿的爱箭，西国的箭星座（Sagitta）有一说是因此而得名，这个星座中国叫做左旗。

我上次说过，织女回天的时候，牛郎急得跟在后面追，织女怕他追上，忙着把她织布的梭子向牛郎摔来，没有摔中，这个梭子传说还在天上，你愿意看看吗？在河鼓二东北十度光景有五个星，西名叫做海豚，中名叫做瓠瓜和败瓜，便是织女想打丈夫而没有打着的情梭。画条直线到辇道增七引长二十度，或从辇道增七画条直线到织女画到箭头引长一倍，一找就找着败瓜一，便是梭之一端。

## 找北天十字架

织女之东，有好几个星，排列成一个弓形，这些星叫做天津，天津二，天津一，天津九构成十字架之一横，天津四，天津一，辇道增七构成十字架之一直，这一横和一直之交点是什么星？（报告二十四）

南天半球也有一个十字架，叫做南天十字架，这里看不见，我们这个十字架是在北天半球，所以叫做北天十字架。

天津四是一个一等星。它在织女一之东20度光景，织女一，河鼓二，天津四构成一个大三角。这个大三角几乎是个等腰三角形。河鼓二与织女一间之距离稍微比河鼓二与天津四间之距离短一些。天津四离我们是650光年，它的光辉比太阳至少要大1万倍，假使它离我们和太阳一般近，那么，它照在地球上的光是有1万倍大，我们还能活吗？

从天津四画一直线到底便是辇道增七。你若从织女画一条直线通到河鼓二，中途几乎碰着它，用高倍的望远镜可以看它是一个双星。

天津与辇道之一部分构成西国所谓之天鹅星座，或译为天鹄星座。天津四是天鹅尾巴，辇道增七是天鹅星的嘴，从天津一一直到辇道增七是天鹅的长颈。

你是在什么日子看北天十字架？它是在什么时刻中天？（报告二十五）

## 注释

①《步天歌》　书名，唐代王希明著。也有传说为隋代丹元子所作。书中将星空分为三垣（紫微垣、太微垣、天市垣）和二十八宿。编成七字一句的歌词，介绍各个星官。历代相传作为观天认星的指南。

## 附：九月星图

1号在夜8时

15号在夜7时

30号在夜6时

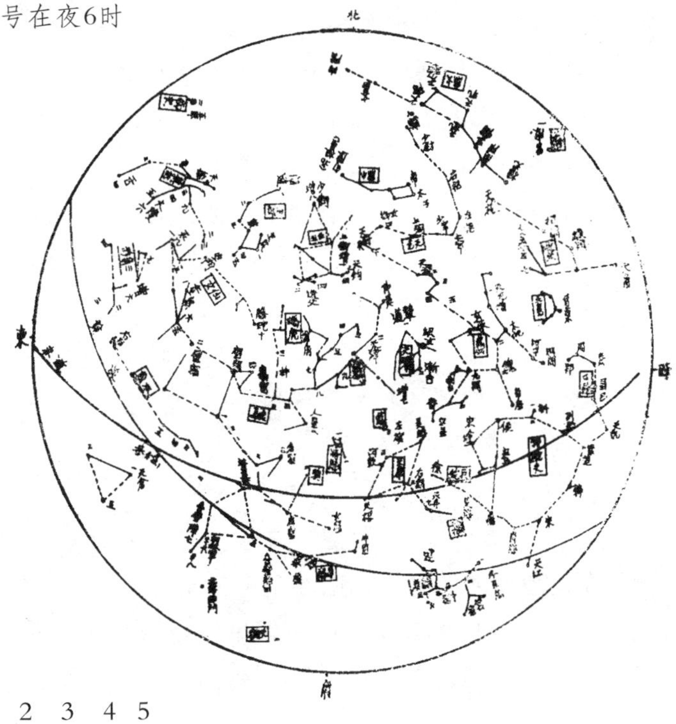


星等

0　1　2　3　4　5

# （八）十一月之星*

（参见十月十一月星图）



## 双鱼星座

这个星是在黄道上的星座里第二个光辉最弱的星座，仅次于巨蟹，但是它却是很重要的，因为它在黄道上却也占了不少地位呢。在“飞马座大四方形”下面，在春分点的东北，有一群星，形成一个不正的五角形，那便是叫所谓“双鱼的小圜”的。五角形最下面的两颗星在别的星图上都没有画，因为光太弱了。在这个星座的东面又有3颗星排成一个斜放的英文V字。如果找不着，可以由室宿二向壁宿一画条直线，伸长约三分之二，便到V西面一边的起点外屏一，再向东偏，画下去便到V字的底点外屏五，这样，再把娄宿西面那颗右更二联起来看，不就是个V字吗？

## 凤凰星座

这是在南鱼座北落师门东南的一个星座，十一月里在天空的最南面大星北落师门的东南，有一颗星便是凤凰星座的火鸟六，学名凤凰第一星。但是在宝瓶座和巨蟹座的南面，凤凰座的北面还有一个星座叫做雕刻室的，虽然完全在地平线上，但没有一颗

* 缺十月、十一月星图。

稍微亮得能见的星，所以在星图上略去了。

## 仙女星座

先把十月之星里“飞马座大四方形”找着后，就容易把仙女星座找着。仙女座的壁宿二就是四方形的东上角，别的亮星都散在它的东北。它的东北第一颗亮星就是二十八宿的奎宿九。在奎宿九的东北便是天大将军一，由仙后座W的王良一向王良四画条直线，伸长出去，第一颗遇见的亮星也是天大将军一。壁宿二，奎宿九和天大将军一就是这个星座里最亮的星。在奎宿七的东面紧接着的，星图上画有“×”记号的，便是鼎鼎大名的仙女座星云的地位。这是螺旋星云中最亮而最近我们的星云。在良好情况之下，无云无月，天色清朗的夜晚，肉眼可以在那儿看见有一块模糊像云似的斑。

根据韦尔逊天文台的哈波尔博士（Dr.E.P.Hubber of the Mt.Wilson Observatory）测量这个星云和我们的距离是900000光年，肉眼所见最远的东西恐怕要以这个星云了。了不得，这是怎样一个长的距离啊！今天我们所见的它是900000年以前的它呀！如果我们依比例把宇宙缩小，把太阳的体积缩小为直径1/1000吋的球体，那么我们地球便是1/100000吋直径的球体，要用世界上最高倍的显微镜，在距离1/10吋时才能看见呢。那么你猜现在仙女座星云离我们有多远啊？还有90000英里约合145000公里远呢！好伟大的宇宙啊！

这个星云你知有多宽？也不少呢！其中最宽地方的直径是45000光年。因它散布成螺旋形，所以叫螺旋星云。1924年，这个星云的外部和三角形座的一个星云分解为星，无数恒星体，它们成为另外的一群太阳系，组成另外的宇宙。足证恒星是由星云分出来的。罗素教授推算这个星云要比太阳亮1000000000倍，如果拿肉眼所见的星都集合起来，也抵不上它的光亮呢！

壁宿二西名Alperatz，学名仙女第一星（Alfa Andromedae），用分光镜去观察它，有一颗小黑星绕着它转，周期约100天，仙女座流星群的发射点在这个星座最东部的天大将军一那儿，出现时期是11月20至30日，最多时期是20至23日。这些流星的颜色怎么样？行动快慢，尾巴长短？（报告□□）

注意：不要忘记观看11月9日至20日出现的天空，三大流星群之一的狮子座流星群！详情请见四月之星[①]。

## 注释

① 四月之星 系《儿童天文学活页指导》之一。《四月之星》连同二月、三月、十月之星均系陶宏撰写。现将《四月之星》附后，供读者参阅。附文中的《三月星图》缺。

## 附：四月之星

（请参看三月星图）

陶 宏

### 找狮子星座

在南河三和北河三的东西，有一颗和它们一般亮而且和它们成一个等腰三角形的星，那便是狮子座的轩辕十四。轩辕十四的上面还有一颗二等星，那便是轩辕十二。把这两颗星上面的星和它们联起来，不是正像一把镰刀吗？这把镰刀便是“狮子座镰刀”，和“大熊座的斗”是一样著名，它不但像镰刀，而且还像一个问号，反立着。不是吗？构成这把刀的全部都是轩辕，从轩辕八联到轩辕十，不要联轩辕九；再依次联到轩辕十四，简直是一把中国镰刀。轩辕十四下面有两颗星，东面一颗是轩辕十六，西面是轩辕十五，在轩辕九上面那两颗较亮的轩辕四（和轩辕九一样亮）轩辕三却是属于天猫星座。

轩辕十四这颗一等星，西名Regulus，学名狮子第一（Aalpha Leo），恰好在黄道上略偏北，它离我们是56光年，比太阳亮70倍，轩辕十五却距离95.8光年。

以上所说的是狮子座的西半部，也就是狮子的头，有头必有尾，那狮子尾在什么地方呢？我们看，在镰刀东面是狮子腹，没有星，再向东，便可见一个直角三角形。这个直角三角形便是狮子的尾巴，其中最亮的一颗便是尾巴尖五帝座一，西名Denebola，学名狮子第二星（Beta Leo），它离我们是32光年，是阳光的11倍。

与狮子座最有关系的便是狮子座流星群，它是三大流星群之一，一和二在英仙与仙女。它出现的周期是三十二年，当它出现的时候好像下雨一般，所谓星雨的奇观出现期为十一月九日至二十日，其中最盛时期为十四日至十五日这个时候。要在早晨一时以后，狮子座才能出地平线。要到二时才能清楚的看见狮子座。去年据报载今年（22年）是狮子座流星群出现的时期（即卅三年轮到一次的），我们再等着看吧！其实不限定要卅三年，每年都可以看见一些，不过有多少的分别罢了。

## 找巨爵星座

这个星座并不显明，但是在没有月色，天气清朗的时候可以见到。从狮子座三角形的西上相向西次相画条直线一直伸长出去，便遇到一个像图上所画的小三角形，这便是巨爵星座。从狮子座到巨爵座中间一块很空的地方，这个里面有一个叫做纪限仪星座的，因为它里面的星最亮的光等都在5.2以下的，所以图上没有画。巨爵星座虽在地平线以上，但是容易看见的星也只有三四颗，星等4.4都在海蛇的中段北部，这几颗星中国名字叫翼宿。

## 找 小 狮

这是在狮子和大熊中间的星座只有三颗光亮很弱的星画在图上，它们是中台的一部分。

## 大熊星座

提起这个大熊星座，真是名闻全球，看它在星图上所占的面积有多大，其中一部分便是我们常说的北斗，所以只要北斗一找着，别的都好办。除北斗七星外，还有十四颗主要星从天枢向天璇画条线延长下去，便到太尊，再伸在下去便到有两颗在一起的下台。奇怪得很，在下台上面还有两对星在一起叫做上台和中台，在天玑下面的便是太阳守。拿星图向天上看看，文昌一和内阶一应当怎样找？它们的星等，依你看应当列入几等？（报告□□）

关于北斗的详情请参阅第一期天文学活页指导。

# （九）看土星

聪明的孩子，拿着八月的星图，仰天观察，不久就要怀疑了。他对南天看了几回说："斗宿之上是建星；建星之东是牛宿；牛宿只有两个小星可见，近邻并没有别的星，怎么在牛宿之南有这大的一个星？"

四周的星都是闪闪的，而这个星的光一点了不动！可见它是个行星，再用1932年的天文年历一查，知道它在八月至十二月里的赤经是二十时十二分五十三秒至二十时二十四分二十六秒有零，即离春分点三百三度至三百六度有零，赤纬是南纬二十度二十二分四秒至十九度五十分五十七秒光景，并且八月初旬是晚十时五十分中天，九月初旬是晚八时四十六分中天，十月初旬六时四十六分中天，十一月初旬黄昏后只能看见三四小时，十二月初旬黄昏后只能看见二小时即没落了。我们在同书中又查得牛宿一在这时期内的视赤经是二十时十七分有零，视赤纬是南纬十四度五十九分有零，金木水火土五个肉眼大行星中现在只有土星是在牛宿附近与牛宿几乎同时出现，中天，没落，故断定这个大星为土星。

土星要用二十九年半的时间才能绕太阳一周，行周天三百六十度，平均每年只能走十二度光景。它今年老是在斗宿牛宿之交界处徘徊慢慢的走着。所以只要你能看见牛宿便能看见土星。到了十二月底，牛宿看不见了，你也就不能看见土星了。土星是天文镜中最好看的一个星。如果你的附近有个天文台，你总得想个法子去见识见识。土星外面有一个奇怪的环。大的望远镜可以看出这环内外是有三个环子。这环的位置是依着一定的步骤逐年变更，周而复始。现将公元一九零七年至一九三六年之土星环的样子依多德新天文学上的图影印如下：

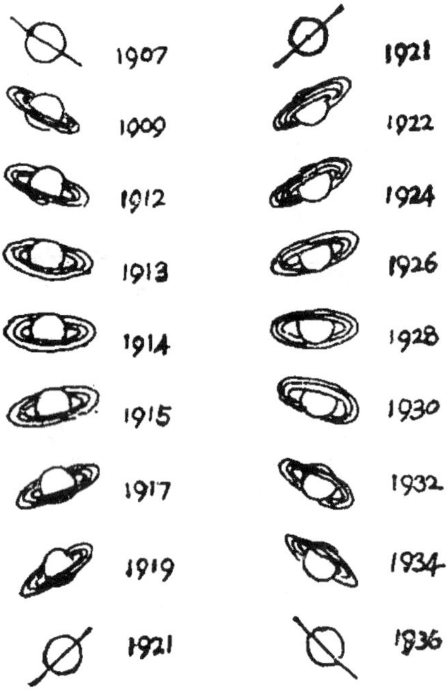


土星环　　三十年变相图

土星不但是有三个环，并且还有十个月亮绕着它走。这些你在大的望远镜中都可以看得出来。

土星体积比地球大七三四倍，质量比地球多九十五倍。它的直径是七一九三七英里。它离太阳之平均距离为八八六兆英里。

八月三十一日，九月十日，九月二十日，九月三十日晚上土星在什么时刻中天？（报告十三）

# （十）看金星



## 小先知妙算

“你看，现在东方出了一颗大星！这颗星是好久没有出来了。它一出来，就有真命天子出世。”乡下和城里没有知识的人都是这样说。

你信吗，这完全是胡说！我们告诉你吧，这颗大星叫做金星，又称为太白金星，九大行星中有六大行星是肉眼看得见的。这六大行星是金星、木星、水星、火星、土星，还有一个是什么？想一想！（报告十六）

这颗金星有时是太阳下山后出现于西方，叫做晚星，有时是太阳起山前出现于东方，叫做晓星。《诗经》说：“东有启明，西有长庚。”这启明与长庚只是一个星，这一个星便是金星，因为古人不懂得金星与地球绕日运行的关系，所以把他误认作两颗星。

金星的出现是算得出来的，如果有人和你说这些迷信的话，你可以告诉他，这颗大星曾在去年2月出现于东方，今年4月出现于西方，到了明年11月还要在西方出现，后年4月还要在东方出现咧。他如果要追问到底，你可以照下面的年月告诉他：

| 年份<br>晚晓 | | 二〇年 | 二一年 | 二二年 | 二三年 | 二四年 | 二五年 | 二六年 | 二七年 | 二八年 | 二九年 | 三〇年 | 三一年 | 三二年 | 三三年 | 三四年 |
|---|---|---|---|---|---|---|---|---|---|---|---|---|---|---|---|---|
| 金星出现年月 | 晚星 | — | 四月 | 十一月 | — | 七月 | — | 二月 | 九月 | — | 四月 | 十一月 | — | 六月 | — | 二月 |
| | 晓星 | 二月 | 九月 | — | 四月 | 十一月 | — | 六月 | — | 二月 | 九月 | — | 四月 | 十一月 | — | 六月 |

这个表有一个方法把它记牢，金星从这次晚上出现到下次晚上出现，或从这次早上出现到下次早上出现，是584天，大约是19个月零5天或6天光景。因为每次有5天或6天余下来，所以出现了4次之后，到了第5次便是余了1个月光景，所以前4次是每经过1年17个月出现，第5次算是要过1年18个月出现。你看上表在晓星一行里。从二月出现的一次算起，有4次是隔1年17个月出现，即二一年9月，二三年4月，二四年11月，二六年6月。从二六年6月出现后，就要到二八年2月出现，因为第五次是要隔1年18个月。晚星从二六年2月推算起，也有相类的结果。

你再看表还有一个简便的方法帮助你记忆，从这次晚星出现到下次晓星出现大概是两年，即二一年4月到二三年4月，二二年11月到二四年11月，这些年中只有一个例外，即二四年7月到二六年6月，相隔1年11个月。

表上所说出现年月，其实是看得最清楚的时期，要说普通的出现是早就出现了。在这些月份里从地球上看金星算是离开太阳的角度最远。离开太阳的角度最远，金星返照的光不致被太阳光遮盖，所以看得最清楚。

你可以和那些迷信的人说："我预言至迟某年某月金星必定在早上出现。用黑的白的写出来放在箱里，如果到期金星不出现，我请你喝茶，如果出现，你请我喝茶。"到了那时，你喝了他的茶，他头脑里的真命天子也被你打得连影子都没有了。

# 晚星与晓星

为什么金星有时是晚星，有时是晓星？金星绕着太阳运行，地球也绕着太阳运行。金星运行的轨道在地球运行的轨道里面，所以金星叫做内行星，如第一图，人在地面上观察金星运行。上合是行星走到太阳之上与太阳地球合成一条直线。下合是内行星走太阳之下与太阳地球合成一条直线。金星下合时是在太阳与地球之间，将背光之一面朝着地球，所以地球的人看它不见。金星上合时，虽是满面光明，肉眼仍是看它不见，又是什么缘故？因为太阳光恰在前面，把金星的光盖掉了。并且金星上合，离地球远到160000000英里，比下合时要远6倍又2/3（金星下合时离地球只有24000000英里）因为远，所以小，不易看见。上合下合时金星与太阳在地球上所成之角是零度，因为它们是在一条直线上，金星从上合点东行，金地日角渐渐放大一直到金点，大约是47度光景，称为最大东离角。从地面上看去，47度是金星离开太阳最大的角度，因为是在太阳之东故叫做最大东离角。从金点前进，离角渐小到下合时，又成零度。从下合再前进，离角又渐大，直到金点，不能再大。此时金地日角称为最大西离角。离角最大时，地面上的人看金星与太阳相隔亦最远，金星光度被太阳光度遮盖亦最少，所以这时金星是看得很清楚。地球自转，自西而东，金星在太阳之西，我们是先见金星起山，后见太阳起山，这时之金星必是晓星，先太阳而起山。金星在太阳之东，我们是先见太阳落山，后见金星落山，这时之金星必是晚星。在太阳光笼罩之下，

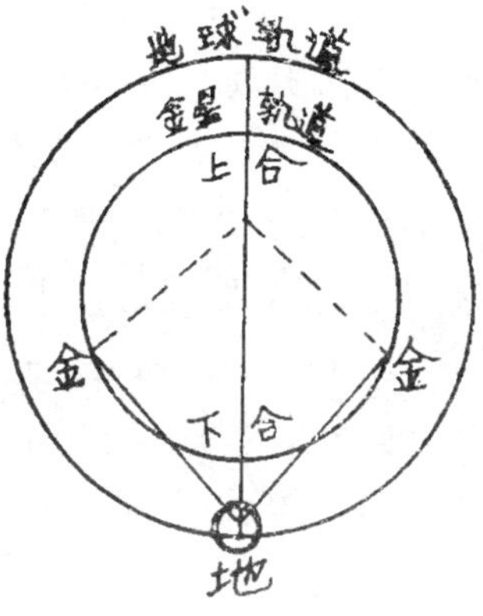


金星之上下合与离角

（第一图）

金星虽亮，也不易见。金星在太阳之西，必先太阳起山而先太阳落山，当然是在太阳起山前看它。金星在太阳之东，必在太阳之后起山而在太阳之后落山，当然是在太阳落山后看它。

## 会合周期与恒星周期

金星自己绕太阳一周叫做恒星周期。金星从这次靠近某某恒星到下次回到这个恒星原处是224.7日，所以金星的恒星周期是224.7日，浑算为225日。因为225日是金星真正绕太阳一周，所以又称为真周期。可是金星从这次与地球相合到下次与地球相合是584日。从这次上合日到下次上合日，或从这次下合日到下次下合日都是584日。从这次最大东离角到下次最大东离角，从这次最大西离角到下次最大西离角，也都是584日。这个584日叫会合周期，即金星从这次与地球会合到下次与地球会合所需的时日。人眼明明看见金星从这次最大东离角到下次最大东离角是584日，历代多少人看过，都没有多少差别，但这不是金星真正的周期而只是人眼看见的周期所以有时又叫做视周期。

你心里要问："真周期既是人眼看不出又是怎么算出来的呢?"从会合周期的584日算出来。金星轨道在地球轨道里，路程短，离太阳近，所以金星比地球走得快。金星与地球会合之后，自己要比地球多走一周才能与地球再会。无论轨道长短走一周，总是360度，地球走得慢，金星走得快，在584日里地球要少走360度，那么地球每天少走的度数是（360÷584)。同时，地球走一周是365.26日，每天所行度数是（360÷365.26)。金星走一周的真正日数是待求，可用甲字替代，那么金星每天真正运行的度数是（360÷甲)。如此，地球每天比金星少走的度数是（360÷甲）－（360÷365.26）整个算式列出来便成了

$$\frac{360^\circ}{\text{甲}}-\frac{360^\circ}{365.26}=\frac{360^\circ}{584}$$

所以

$$甲=\frac{365.26\times584}{365.26+584}=224.7$$

所以内行星绕太阳运行日数等于“地球绕太阳运行日数乘该行星会合周期”被“地球绕太阳运行日数加该行星会合周期”除。

这里面的道理，用下面4个图来表示，格外容易明白，如图（一）金星走到地球与太阳之间，使三者合在一条直线上，是为下合，从此金星在前面走，地球在后面跟着像只乌龟追兔子，老是赶不上。金星跑到金一，已是一周，地球还在地一，相差一大段，如图（二）。金星又从此前进，地球走到地二满一周有零时，金星已追到金二，恰是二周，如图（三）。现在是金星跟着地球后面追，好一比兔子追乌龟，一忽儿就追着，果然追到金三追着了，地球恰在此时走到地三与金星再下合。

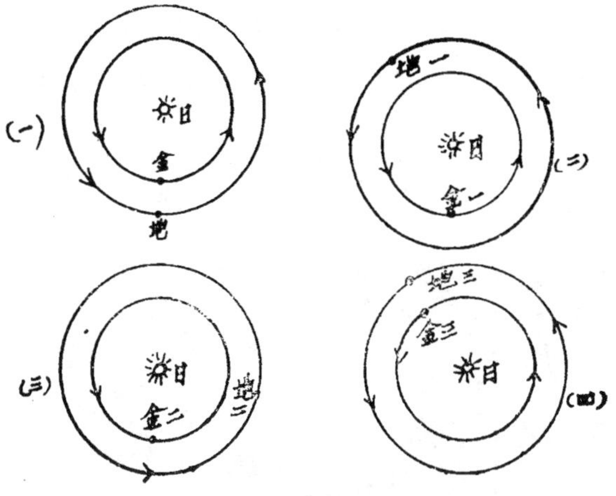


金星之周期

（第二图）

您去找甲乙两个小朋友，甲孩要比乙孩跑得快，甲孩做金星，乙孩做地球，找一位大胖子做太阳站在中央。请大胖子做圆心，用石灰绕着他画一个大圈叫做内圈，算是金星的轨道，再画一个更大的大圈叫做外圈，算是地球的轨道。甲孩子站在内圈上，乙孩子站在外圈上，使大胖子、甲孩、乙孩站成一条直线，甲孩要站在大胖子与乙孩之间，这是所谓下合的形势，次叫甲孩与乙孩预备照第二图竞走，一二三，跑！如果甲孩总是比乙孩跑得快就像金星与地球赛跑的光景，甲孩多跑几圈才走到大胖子与乙孩之间会合在一条线上？（报告十七）

## 金星之视行

金星之视行是很奇怪的，特别是在下合前后，你在地球上看它运行，它是时而顺走，时而逆走，时而走得缓，时而走得快，时而停留在一个地方，似乎一动也不动，其实金星本身只是一样的向东行，没有这些变化。其所以有顺、逆、缓、留诸现象，完全是因为金星靠近地球时彼此运行度数，快慢不等的缘故。如第三图中心小圈为日；日外稍大之圈为金星运行之轨道；金星轨道外更大之圈为地球运行之轨道；外边最大之圈为金星在天球上之

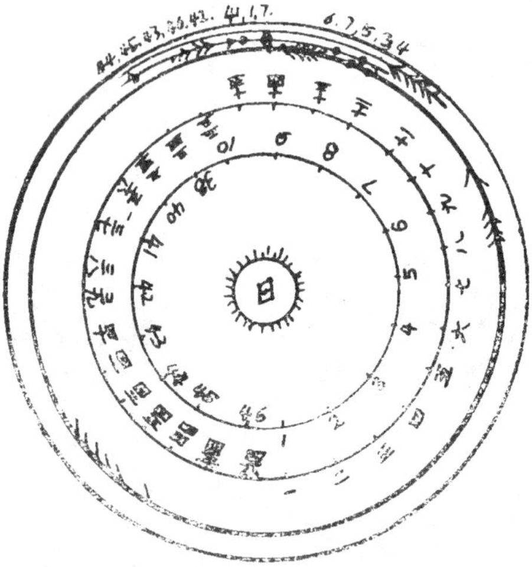


金星之视行

（第三图）

视行；箭头所指为金星视行之方向。你试把金星轨道分为18弧，每弧便代表20度，金星行360度要225日，行20度便要12日半，地球绕太阳每日行0.986度，那么12日半则行12.225度，约为12度，12度之30倍是360度，故试把地球的轨道分为30弧，每弧12度。由此可见地球行12度时，金星约行20度，同需12日半之时间。在584日之内金星是走46.74弧，每弧20度；地球走46.74弧，每弧12度。为画图便利起见概将0.74隐去，只将46，45，44……写在地球轨道之上，46，45，44……写在金星轨道之上，代表上一次会合周期之末段，并代表这一次下合前地球与金星所走之路程。金星在1，地球在一，适为下合，一，二，三……写在地球轨道下，1，2，3……写在金星轨道下，代表这次下合后地球与金星所走之路程，外圈上之1，2，3……是地球上的人看见金星在天球上所行之路，比如金星从41走到44，地球也从四一走到四四，而人看金星则在天球上从41走到44，因为金星本是从西到东的运行，你在天球上看它也是从西而东，故叫做顺行。金星过此以后，还是依着轨道前进，经由45，46，1，2，3而达到4，同时地球也由四五，四六，一，二，三，而达到四，人眼看见金星在天球上运行却是开倒车，从44，由45，46，1，2，3，而达到4，这叫做逆行。从此金星由5而6而7一直到44都是顺行。余如迟、留诸现象，在这个图上都可以观察出来，请问金星走到什么地方是留？走到什么地方是迟？（报告十八）

## 金星之位相

金星的相貌跟着它所在的地位而变，这因地位而变的相貌，叫做位相。你用天文镜看，便知道它的位相的改变，好像月亮一般，如第四图。金星在太阳之上与地球会合时好比是一个小小的团圆之月，从此向东走就渐渐的亏下去，到了最大东离角时，便是下弦，显出半圆之相，以后就变成蛾眉的模样，终于在下合时便以完全黑暗的背面朝着地上的人。下合之后，又渐放光明，由蛾眉而半圆，由半圆而团圆，便是重新上合了。

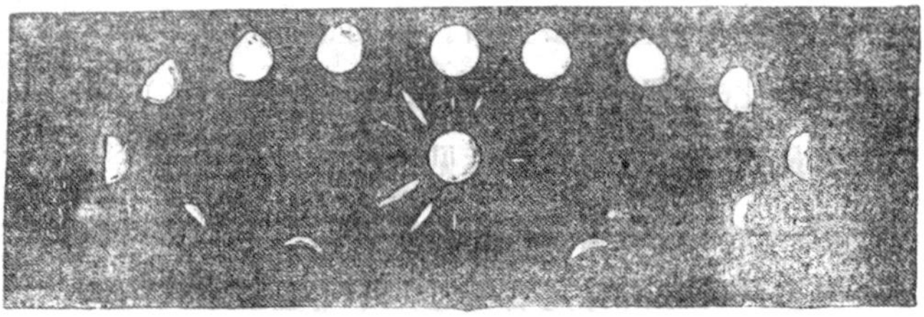

金星位相与大小之改变

（第四图）

## 最光明时之金星

金星在上合时虽是团圆，但离地球最远，看去最小，测量之下，直径11秒，到了东西两个最大离角时它就增长到25秒，它变成蛾眉时是40秒，下合时，它离地球最近，便是60秒（即一分钟）。金星圆时，离地太远，离日太远，故非用天文镜不能见，下合时，虽大却以背面向地球，也不能见。它最光明之时期，系在下合之前36日，或下合之后36日，最大东离角与最大西离角距下合都是71日，故金星惟现蛾眉相时为最光明，恰在最大离角与下合之中途，这时金星之视面积最大、光度亦最强。地球每天自转360度，每小时自转15度，故金星最光明时是太阳落山2小时后落山，或在太阳起山2小时前起山。这时金星之星等为-4.4，怎么叫做-4.4？请你把儿童天文活页指导里的星之等级一段再看一遍。那里面说比1等星光辉大二倍半的为0等星；比0等星大二倍半的为-1等星；比-1等星大二倍半的为-2等星；比-2等星大二倍半的为-3等星；比-3等星大二倍半的为-4等星。请问-4.4等星比-4等星大多少倍？请问金星最光明时比1等星大多少倍？比6等星光辉大多少倍？（报告十九）

金星最光明虽在中午也能见，你能从早上看它引导太阳经过中天，一直到落山。它在夜里照在人身上可以射出一个影子。日影，月影，你是看见过，今年金星最光明时已经过去了，明年千万不要忘记看一看这有趣的金星影。

## 金星过渡

金星以一个黑点在太阳面上经过的时候，叫做金星过渡。金星渡日必在下合时，金星轨道与地球轨道平面相交在两点成3°24′之角度。金星走上地球轨道平面时未必是下合，而下合时，金星又未必在地球轨道平面上，所以金星过渡是一个少见的现象。虽是少见却有年月日时可推。金星是过105.5年过渡一次，再过8年又过渡一次，过121.5年过渡一次，再过8年又过渡一次，以后又是过105.5年过渡，周而复始。以此类推，现将前6次及未来两次之渡日时期列下，以便参考。

**金星渡日表**

| | |
|---|---|
| 1631年12月7日 | 1874年12月9日 |
| 1639年12月4日 | 1882年12月6日 |
| 1761年6月5日 | 2004年6月8日 |
| 1769年6月3日 | 2012年6月6日 |

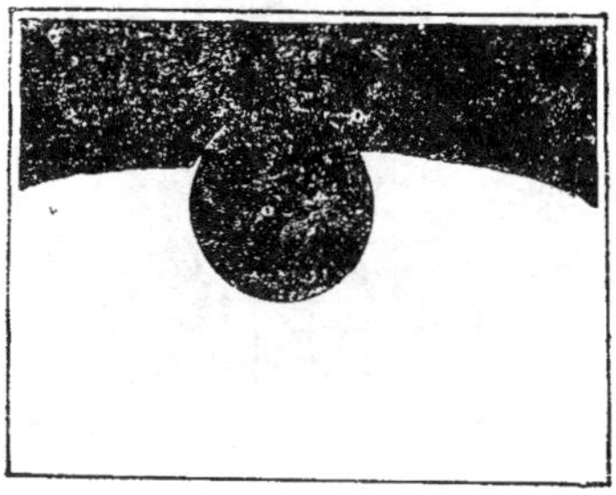

金星　渡日

（第五图）

你可以算一算，你要活到多少岁才能看见金星渡日。第五图是1882年金星渡日的情形。你看黑点上有一条白眉，乃是浮在金星上面的透光的云层。

金星渡日之所以引起以往天文家之重视，是因为他们要利用它来测量地球和太阳之距离，日地距离现在是有更巧妙的法子测量，等到将来再详细讨论。

## 金星上有人吗

金星虽是光明，却是和地球差不多大，它的直径是12190公里即7575英里。你查一查地球的直径是多少英里？（报告二十）

金星接受太阳之光与热是两倍于地球，它既受了这么多的光明，外面却不看见任何痕迹，可见它是被浓云所包裹。金星之热度要看它自转之速度而定。如果自转之时间很短，那末有这浓云所遮盖，表面温度当不致太高，倘若自转所需之时间与公转之时间相合，那末只有一面老是朝着太阳，热度必定很高，背面老是

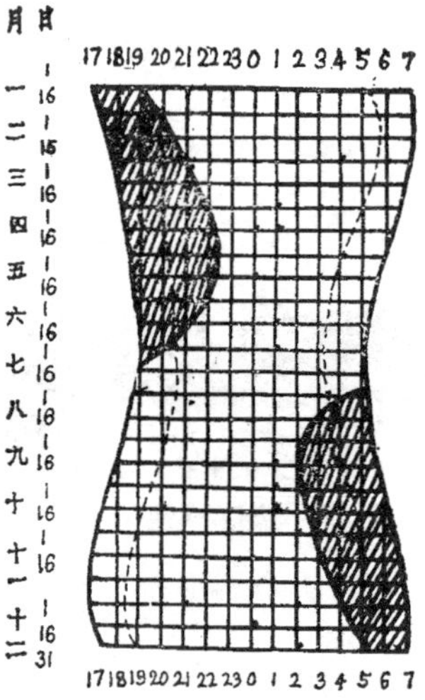


民国二一年金星出现之月日时刻

（第六图）

不见太阳，自然很冷，但是金星自转轴到如今还没有找着，自转周期也很少知道，所以这些事情还要等候充分证据才能够明白。因此，金星上有人无人不好拿温度来定。但用分光器来看金星之大气，氧气是绝无仅有。地球上之大气所以有丰富的氧气是因为地上有普遍的制氧厂，每一棵树，每一根草，都是氧气制造厂。金星大气中既找不着氧气的分光景，那末，金星上怕就没有草木，无草国和无氧世界里人能够生存吗？

## 金星本年之出现月日时刻

金星在民国二十一年中之出现月日及时刻可以在第六图里一查就知道，月份一行是从1月至12月，每一小方格之长度代表一个月。日子一行是每月1日与16日（只有2月是15日），12月另有月底31日。时刻是横列：零时是半夜十二时或子时，0时之左是黄昏后金星出没时间，如17时即午后5时，21时即午后9时，余可类推。0时之右是黎明前出现之时刻，如4时即午前4时，余可类推，每一小方格之横度代表一小时，从1月1日17时经过7月1日9时到12月31日17时之粗曲线代表太阳落山之时刻。在这曲线之右并与这曲线配合成弓背样子的曲线代表金星落山的时刻。弓里用斜线所画的面积代表太阳下山后金星出现之时间。从1月1日7时经过7月1日5时到12月31日7时之粗曲线代表太阳起山之时刻。在这曲线之左并与这曲线配合而成弓背样子的曲线代表金星起山的时刻，弓里用斜线所画之面积代表太阳起山前金星出现之时刻，左右两边的虚线所包括之部分是代表太阳落山后起山前之朦影所占之时刻。

你是在几月几日什么时刻找着金星？请把金星和它的四周的大星依你所看的部位画一个小小星图，这图至少要列入三个星，并要说明某星离金星大约有多少度、还要指出东南西北的方向。（报告二十一）

金星的光闪烁不闪烁，比土星的光怎样？比四周的恒星的光又怎样？（报告二十二）

## 什么时候再会

金星最近一次的下合是民国二十一年6月29日13时，东大距是同年4月20日15时28分，最光明是5月23日7时。西大距是同年9月8日6时，最光明是8月5日9时。金星之会合周期为584日。下一次之下合离本年6月29日13时，当为584日，即民国二十三年2月4日左右，东大距与西大距离下合各为71天，当在二十二年11月25日左右与二十三年4月16日左右。最光明的日子是下合前后36天，即二十二年12月30日左右与二十三年3月12日左右。而且在二十二年11月25日前后所看见的金星是在太阳下山以后，叫做晚星；二十三年4月16日前后所看见的金星是在太阳起山以前，叫做晓星。

请你参照上述方法把金星再下一次之下合，东大距，西大距，最光明的大约的年月日推算出来。（报告二十三）

# 算学的把戏*



## 一　加来加去是十五

一二三四五六七八九，
排成三行让人数。
直加是十五；
横加是十五；
对角加来也是一十五。
你若排得对，
中央必是一个五。

这是我们的老祖宗玩的一个算学把戏。现在已经传到欧美去了。几年以前，法国人还拿这个题目登报悬赏叫人猜。我有一位朋友猜中了，得了七十五个法郎的奖金。这个把戏，中国名字叫做《洛书》。你知道这九个数目字是怎样排列的吗？请你先排排看，万一排不出来，再看下面的排列法。

| | | |
|---|---|---|
| 四 | 九 | 二 |
| 三 | 五 | 七 |
| 八 | 一 | 六 |

* 本篇出自儿童科学通讯学校初级班函授教材《初级儿童科学活页指导》，1933年出版。

你在上面的排列里，可以看出：无论如何加法都是十五。上下直行的数相加如四加三加八是十五，九加五加一是十五，二加七加六是十五。左右横加，如四加九加二是十五，三加五加七是十五，八加一加六是十五。对角相加如二加五加八是十五，四加五加六也是十五。

相传大禹治水，有一只大乌龟，壳上背着这样一个图：

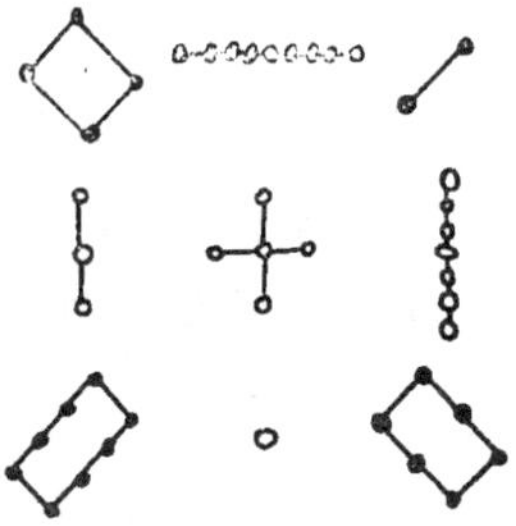

这个图就是所谓之洛书。照现在看来，这只是一个很好的算学把戏。那些神话是不可信的。

## 二　一剪成星

取一张小纸，用一个小铜板配着，剪成一个小圆如下图一。将圆纸齐中缝折成半圆，如下图二。

你要做几个角的星，就将半圆折成彼此相等的几块。五角星折五块相等的，六角星折六块相等的。比如你要做一颗五角星，

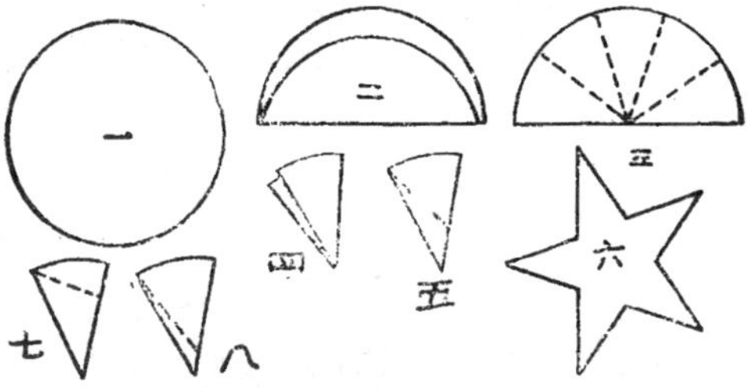

你可以先照下图三的样子把半圆画成或折成五块，彼此相等，都以圆心画起或折起，画好后，你就依照所画的线，顺次将半圆折起来，如下图四。折好后，你就依照上图五的虚线，把你折的剪一刀，掀开来就成了一颗如下图六的星。

如果你向离中心最远的地方剪去，如（七）所画的虚线，那成个什么样的五角形？如果向中心最近的地方剪去，如（八）所画的虚线，那又成个什么样五角形？试一试，请画图报告。

试剪一颗八角星。你是怎样剪法，请画图报告。

# 附：

## 自然学园<br>儿童书局合办通讯学校合同

立合同 自然学园（以下简称甲方）<br>儿童书局（以下简称乙方） 今甲乙双方合办儿童科学通讯学校其条款如下：

（一）由甲方担任编辑及指导由乙方担任印刷及分发活页指导

（二）一切学费初级每名每学期三元高级每名每学期六元均归乙方所得甲方概不过问但乙方每月供给甲方经常费一百六十元至合同期满为止此项经常费以高初级学生各伍佰名为限如高级超过伍佰名以上每月每名学生另加叁角伍分初级超过伍佰名以上每月每名另加壹角

（三）甲方每月供给乙方初高级活页指导稿约四万字至各门功课科学新知完成为止以后甲方只担任修正活页指导并继续供给科学新知及答复问题字数不限定

（四）甲方于每月一日交稿后乙方必须于其月廿五日以前出版

（五）学生入校求学乙方须通知甲方发给入学证修业期满由甲方发给文凭其入学证及毕业证印纸工本由甲方负担其寄发之费由乙方负担

（六）初级学生每学期所出之学费不得超过三元高级不得超过六元如欲更改须得双方同意

（七）通讯学校原有之活页指导（包括印刷费纸版铜版锌版及纸费，统照原价让与乙方以抵乙方丁柱中活页指导

户下　旧欠作讫

洋一千〇四十三元二角

（八）每期活页指导出版后乙方赠甲方五十份

（九）旧有学生一百三十名由乙方补发活页指导以满第二期为止

（十）通讯学校所编之活页指导为非卖品除科学新知科学问答单行本外在本合同有效期内甲乙双方均不得将活页指导无论单张或单行本出售合同期满后如乙方欲独办本校继续发行活页指导时应出二元一面的代价向甲方购得版权或由甲方向乙方抽取百分之十五的版税二者由乙方自择其一

（十一）本合同期满后如甲方欲运用旧有活页指导单独继续进行本校时甲方应出二千元的现金代价向乙方购得旧存纸版铜锌版及所存活页指导全部（不拘所存多少以实存为限）一经让与之后乙方即须停止发行

（十二）本合同以四年为期限四年后如双方同意得再续订新约共同继续进行在此期限内双方应绝对遵守

（十三）本合同一式两纸双方各执一纸存照行

中华民国廿三年十月廿五日立合同

自然学园代表　陶行知

儿童书局代表　张一渠

再批奖金统由乙方担任惟简章上第三十八条小发明奖一项以学员各满五百名后实行但乙方对于此项奖金每两级（在修业期内）至多共出二百二十元

又批四年后如果双方皆不愿继续进行通信学校之活页指导甲方得有全权分类发行单行本乙方得照原来形式发行活页但不得发行装订单行本彼此并不得要求取偿

又批乙方另贴甲方购书费洋五十元一次付清

代表　陶行知

代表　张一渠

（陶行知与儿童书局还印有出版《知行小品文》的合同）

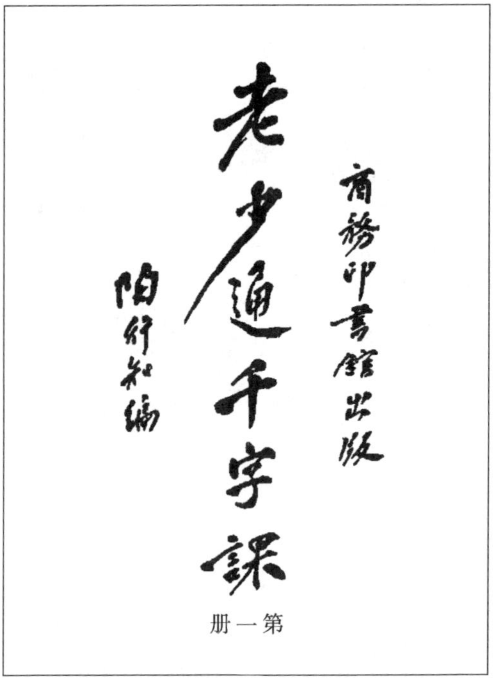
商務印書館出版

老少通千字課

陶行知編

第一册

## 编者按

本书是陶行知为推行普及教育编写的民众识字课本。全书共4册，每篇课文有汉字和旧式国语注音符号。1935年2月由上海商务印书馆出版。此次排印略去注音符号课文。

# 教师注意

一、这书叫作《老少通》，是老人家和小孩子通用的课本。

二、小孩子读了一课就可以拿一课去教家里的人或是邻居不能上学的人。这样一本书可以给两三个人用。教人的小孩子，我们称他为小先生。教师的新责任不是教小学生，乃是把小学生培养成小先生。鼓励你的每一个小学生都做小先生，每人至少教两个人。

三、这书的课文是用汉字和注音符号并写成的。学过注音符号的教师须将汉字与注音符号同时教人。没有学过注音符号的人可以单教汉字。但我希望个个教师都要努力赶快把注音符号学会；一学会就拿来教小先生，又教小先生去教别的人。

四、这书同时可作民众夜校或平民夜校的课本。这种学校的教师也要鼓励夜校学生回家去再教两个人。他们既是成人就不好称为小先生。但是即知即传人的责任是一样的应当负担。我们可以称他们为传递先生。

五、汉字重认不重写。鼓励学生用注音符号写信、作文。

六、教师应当培养学生之求知欲与求进欲。充分运用注音符号查字典认新字，以追取新知识。

七、这书每七课之中有一温习课，运用以前六课之生字造句写文。教师可利用这些句子，隐去一二个字叫学生填起来，鼓励学生另造别的语句或短文。

八、教师对于小先生或传递先生须负考核之责，要求他们将校外学生之作品按定期交来展览。

九、这书编者欢迎用后批评，以备修改。

十、这书共四册，中等天资之人，每天学一小时，四个月学毕后，可以看懂《老少通小丛书》及大众文库。

# 第一至四册课文目录

## 第一册

## 第二册

## 第三册

十五　不倒翁
十六　不平等条约
十七　做生日
十八　湖南民歌
十九　泥娃娃
二十　贵州儿歌
二十一　温习
二十二　四样东西
二十三　杨震不贪钱
二十四　保护栽的树
二十五　灯笼
二十六　国党旗
二十七　骂人先生驮人骂
二十八　温习

## 第四册

一　懒学生
二　新媳妇
三　小小兵
四　割草
五　摇船
六　卖油条
七　温习
八　百姓歌
九　梅香苦
十　下雨天
十一　伍歪嘴林小头
十二　小孩做工歌

十三　　好了歌
十四　　温习
十五　　好了歌
十六　　和尚吃鸡蛋
十七　　秤
十八　　为何只杀我
十九　　我们的运动会
二十　　农人苦
二十一　温习
二十二　一双手
二十三　一个县长做生日
二十四　倒美
二十五　火头
二十六　随地吐痰
二十七　中华民国的地图
二十八　温习

# 一　青菜豆腐

青菜。
豆腐。
青菜汤。
豆腐汤。
青菜豆腐汤。

ㄑㄧㄥ　ㄘㄞ　ㄉㄡ　ㄈㄨ　ㄊㄤ
青　菜　豆　腐　汤

# 二　婆婆说

起得早，
睡得早：
省油省灯草。

| | | | | |
|---|---|---|---|---|
| ㄆㄛ | ㄕㄨㄛ | ㄑㄧ | ㄉㄜ | ㄗㄠ |
| 婆 | 说 | 起 | 得 | 早 |
| ㄕㄨㄟ | ㄕㄥ | ㄉㄥ | ㄘㄠ | ㄧㄡ |
| 睡 | 省 | 灯 | 草 | 油 |

# 三　多谢

多谢你家茶，
多谢你家烟，
多谢你家板凳坐半天。

ㄉㄨㄛ　ㄒㄧㄝ　ㄋㄧ　ㄐㄧㄚ　ㄔㄚ　ㄧㄢ
多　谢　你　家　茶　烟
ㄅㄢ　ㄉㄥ　ㄗㄨㄛ　ㄅㄢ　ㄊㄧㄢ
板　凳　坐　半　天

# 四　七件事

一天开门七件事：
油盐柴米酱醋茶。

ㄧ　ㄎㄞ　ㄇㄣ　ㄑㄧ　ㄐㄧㄢ　ㄕ
一　开　门　七　件　事
ㄧㄢ　ㄔㄞ　ㄇㄧ　ㄐㄧㄤ　ㄘㄨ
盐　柴　米　酱　醋

# 五　四不可老

豆腐不可烧老；
鸡蛋不可煮老；
青菜不可炒老；
小孩不可学老。

| | | | | | |
|---|---|---|---|---|---|
| ㄙ | ㄅㄨ | ㄎㄜ | ㄌㄠ | ㄕㄠ | ㄐㄧ |
| 四 | 不 | 可 | 老 | 烧 | 鸡 |
| ㄉㄢ | ㄓㄨ | ㄔㄠ | ㄒㄧㄠ | ㄏㄞ | ㄒㄩㄝ |
| 蛋 | 煮 | 炒 | 小 | 孩 | 学 |

# 六　公道

你说你公道。
他说他公道。
如果有公道，
老鼠不怕猫。

ㄍㄨㄥ　ㄉㄠ　ㄊㄚ　ㄖㄨ　ㄍㄨㄛ
公　道　他　如　果
ㄧㄡ　ㄔㄨ　ㄆㄚ　ㄇㄠ
有　鼠　怕　猫

# 七　温习

（一）

公公　婆婆　家家　天天　事事

（二）

坐坐　说说　睡睡

学学　炒炒　煮煮　烧烧

（三）

老公　老婆　小鸡　小猫　小老鼠

（四）

你有事　他有事

公公有事　婆婆有事

家家有事　天天有事

（五）

青菜炒豆腐　豆腐煮鸡蛋

老鼠怕老猫　老公怕老婆

（六）

婆婆煮青菜，公公学煮青菜。

（七）

“开门！”
“公公，你早。” “小七，你早。”
“公公，你坐坐。” “谢谢你，茶可有？”
“有。” “鸡蛋可有？”
“有，有。” “你家可有老鼠？”
“有，有，有。” “可有小猫？”
“有，有，有。”
公公说：“老鼠怕小猫。”
小七说：“公公怕婆婆。”

# 八　懒姑娘

早不做，
夜慌张。
三顿茶饭，
忙杀懒姑娘。

| | | | | | |
|---|---|---|---|---|---|
| ㄗㄨㄛ | ㄧㄝ | ㄏㄨㄤ | ㄓㄤ | ㄙㄢ | ㄉㄨㄣ |
| 做 | 夜 | 慌 | 张 | 三 | 顿 |
| ㄈㄢ | ㄇㄤ | ㄕㄚ | ㄌㄢ | ㄍㄨ | ㄋㄧㄤ |
| 饭 | 忙 | 杀 | 懒 | 姑 | 娘 |

# 九　采茶

采茶忙又忙，
丢了茶筐赶插秧。
插了秧来茶要老，
采了茶来秧又黄。

ㄘㄞ　ㄧㄡ　ㄉㄧㄡ　ㄌㄜ　ㄎㄨㄤ　ㄍㄢ
采　又　丢　了　筐　赶
ㄔㄚ　ㄧㄤ　ㄌㄞ　ㄧㄠ　ㄏㄨㄤ
插　秧　来　要　黄

# 十　小孩不小歌

人人都说小孩小；
谁知人小心不小。
你若小看小孩子，
便比小孩还要小！

| | | | | | |
|---|---|---|---|---|---|
| ㄍㄜ | ㄖㄣ | ㄉㄨ | ㄕㄨㄟ | ㄓ | ㄒㄧㄣ |
| 歌 | 人 | 都 | 谁 | 知 | 心 |
| ㄖㄨㄛ | ㄎㄢ | ㄗ | ㄅㄧㄢ | ㄅㄧ | ㄏㄞ |
| 若 | 看 | 子 | 便 | 比 | 还 |

# 十一　老刘

老刘，老刘，
食量大如牛，
吃个老母猪
不抬头。

ㄌㄧㄡ　ㄕ　ㄌㄧㄤ　ㄉㄚ　ㄋㄧㄡ　ㄔ
刘　食　量　大　牛　吃
ㄍㄜ　ㄇㄨ　ㄓㄨ　ㄊㄞ　ㄊㄡ
个　母　猪　抬　头

# 十二　假妈妈

假妈妈，
养女如养猪：
谁个银子多，
可以买肥猪。

| | | | | | | | |
|---|---|---|---|---|---|---|---|
| ㄐㄧㄚ | ㄇㄚ | ㄧㄤ | ㄋㄩ | ㄧㄣ | ㄧ | ㄇㄞ | ㄈㄟ |
| 假 | 妈 | 养 | 女 | 银 | 以 | 买 | 肥 |

# 十三　空想

肚里饿，心里慌，
想些韭菜炒猪肠。
猪肠还在猪肚里，
韭菜还在韭菜场。

| | | | | |
|---|---|---|---|---|
| ㄎㄨㄥ | ㄒㄧㄤ | ㄉㄨ | ㄌㄧ | ㄜ |
| 空 | 想 | 肚 | 里 | 饿 |
| ㄒㄧㄝ | ㄐㄧㄡ | ㄔㄤ | ㄗㄞ | ㄔㄤ |
| 些 | 韭 | 肠 | 在 | 场 |

# 十四　温习

（一）

大头　大肚　大量　大门　大事　大人　大老　大姑娘

小女　小孩　小事　小人　小心　小门　小三子

老子　老头子　老人家　老家人　老母鸡　老母猪

酱鸡　　酱菜　肥牛

（二）

油在菜里　菜在饭里　饭在肚子里

小孩在门里　公公在家里

（三）

空肚子　空心菜　空心老

（四）

做小事　吃小米

（五）

一道起　一道睡　一道吃

(六)

不要　不可以　不三不四　不大不小

(七)

人小心大

(八)

你比他忙　他比你懒
你比他起得早　他比你睡得早

(九)

不知道　不知人事

(十)

做做看　想想看　比比看
做一做　想一想　比一比

(十一)

小三子：

娘在家里想你，你可知道？你在婆家想娘不？你的老公插秧忙不忙？你的肚子饿不饿？你事事要小心。肚量要大。门不可大开。不要懒。不要坐空板凳。青菜不可以炒黄。老刘吃小米，知人不知心。娘想看看你。烧些小菜你来吃。来不来？

娘

七.四

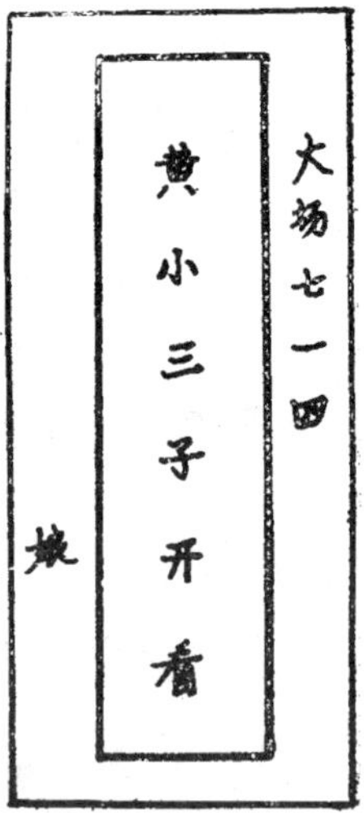

# 十五　金哥银哥

金哥会想不会做。
银哥会做不会想。
我把你们好一比：
一个是半斤，一个是八两。

| ㄐㄧㄣ | ㄍㄜ | ㄧㄣ | ㄏㄨㄟ | ㄨㄛ | ㄅㄚ | ㄇㄣ | ㄏㄠ |
|---|---|---|---|---|---|---|---|
| 金 | 哥 | 银 | 会 | 我 | 把 | 们 | 好 |

| ㄕ | ㄐㄧㄣ | ㄅㄚ | ㄌㄧㄤ |
|---|---|---|---|
| 是 | 斤 | 八 | 两 |

# 十六　跑下乡



少爷小姐跑下乡，
认不得稗子认不得秧：
拿着黄秧当稗子；
拿着稗子当黄秧。

| | | | | | | | |
|---|---|---|---|---|---|---|---|
| ㄕㄠ | ㄧㄝ | ㄐㄧㄝ | ㄆㄠ | ㄒㄧㄚ | ㄒㄧㄤ | ㄖㄣ | ㄅㄞ |
| 少 | 爷 | 姐 | 跑 | 下 | 乡 | 认 | 稗 |

| | | |
|---|---|---|
| ㄋㄚ | ㄓㄜ | ㄉㄤ |
| 拿 | 着 | 当 |

# 十七　吃糠

郎当一郎当，
三月还飞霜；
麦子长不成，
十人九吃糠。

| | | | | | | |
|---|---|---|---|---|---|---|
| ㄌㄤ | ㄩㄝ | ㄈㄟ | ㄕㄨㄤ | ㄇㄞ | ㄓㄤ | ㄔㄥ |
| 郎 | 月 | 飞 | 霜 | 麦 | 长 | 成 |

| | | |
|---|---|---|
| ㄕ | ㄐㄧㄡ | ㄎㄤ |
| 十 | 九 | 糠 |

# 十八　春雪

一片一片又一片，
两片三片四五片，
六片七片八九片：
飞入梅花看不见。

ㄔㄨㄣ　ㄒㄧㄝ　ㄆㄧㄢ　ㄨ　ㄌㄧㄡ　ㄖㄨ
春　雪　片　五　六　入
ㄇㄟ　ㄏㄨㄚ　ㄐㄧㄢ
梅　花　见

# 十九　中华民国

我是中华国民。
我爱中华民国。
中华民国，
现在虽是不得了，
将来一定了不得！

ㄨㄛ　ㄓㄨㄥ　ㄏㄨㄚ　ㄇㄧㄣ　ㄍㄨㄛ　ㄞ
我　中　华　民　国　爱
ㄒㄧㄢ　ㄙㄨㄟ　ㄉㄧㄥ　ㄐㄧㄤ
现　虽　定　将

# 二十　送礼

乡下人送去的礼：
是麦是米。
城里人送回的礼：
是尿是屎。

| ㄙㄨㄥ | ㄌㄧ | ㄑㄩ | ㄉㄜ | ㄔㄥ | ㄏㄨㄟ | ㄋㄧㄠ | ㄕ |
| --- | --- | --- | --- | --- | --- | --- | --- |
| 送 | 礼 | 去 | 的 | 城 | 回 | 尿 | 屎 |

# 二十一　温习

（一）

一二三，三二一，一二三四五六七，七六五四三二一，六五四三二一，五四三二一，四三二一，三二一，二二一，一个一。

（二）

豆花开，麦子长，豆腐青菜炒韭黄。

（三）

认认看，这是麦子还是韭菜？

（四）

你是中国人，我是中国人，他是中国人，我们大家都是中国人。

你要爱中国，我要爱中国，他要爱中国，我们大家都要爱中国。

（五）

你说是菜花好看，

还是梅花好看？

## （六）我爱的娘

我爱的娘：

你好！我在婆家是老想着娘的！乡下的稻都插好了。在婆家不比在娘家；一大早要起来做事，做事要做到半夜。可是吃的还好，豆腐青菜是老吃的。娘，吃小米的人不是老刘一个，我们还得小心，还有四天，我一定回家来看看娘。娘，我们又要相会了！娘说烧些小菜我吃，谢谢，我早想吃娘烧的菜了。公公说要上城里去买礼送娘，我说不要，可是公公一定要去买。

娘，你想我，我会来的。

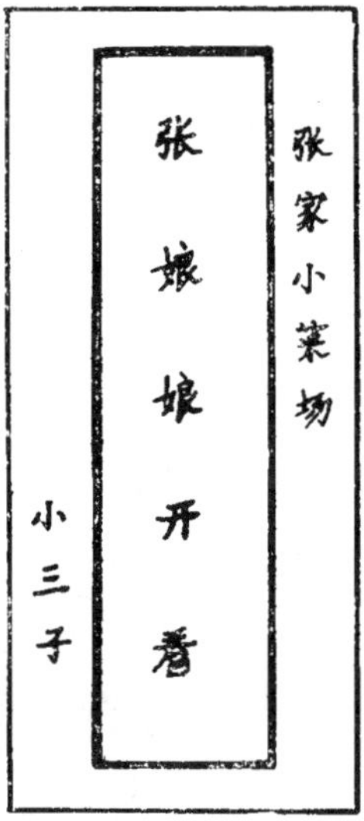


你的爱女小三子

二三．七．五

# 二十二　难上难

听我唱个难上难：
鸡蛋上面堆鸭蛋，
鸭蛋上面插竹竿，
竹竿上面晒衣衫。

ㄋㄢ ㄊㄧㄥ ㄕㄤ ㄔㄤ ㄇㄧㄢ ㄉㄨㄟ ㄧㄚ
难 听 上 唱 面 堆 鸭

ㄓㄨ ㄍㄢ ㄕㄞ ㄧ ㄕㄢ
竹 竿 晒 衣 衫

# 二十三　自立歌



滴自己的汗，
吃自己的饭。
自己的事自己干。
靠人、靠天、靠祖上，
不算是好汉。

ㄌㄧ　ㄉㄧ　ㄗ　ㄐㄧ　ㄏㄢ　ㄍㄢ　ㄎㄠ
立　滴　自　己　汗　干　靠

ㄗㄨ　ㄙㄨㄢ　ㄏㄠ　ㄏㄢ
祖　算　好　汉

# 二十四　穷人家

大雪纷纷下，
柴米都涨价。
桥凳当柴烧，
吓得床儿怕。

| | | | | | | |
|---|---|---|---|---|---|---|
| ㄑㄩㄥ | ㄈㄣ | ㄓㄤ | ㄐㄧㄚ | ㄒㄧㄚ | ㄔㄨㄤ | ㄦ |
| 穷 | 纷 | 涨 | 价 | 吓 | 床 | 儿 |

# 二十五　假朋友

假朋友，
交情肉与酒。
酒肉吃光了，
到处丢你丑。

ㄆㄥ　ㄧㄡ　ㄐㄧㄠ　ㄑㄧㄥ　ㄖㄡ　ㄩ　ㄐㄧㄡ
朋　友　交　情　肉　与　酒
ㄍㄨㄤ　ㄉㄠ　ㄔㄨ　ㄔㄡ
光　到　处　丑

# 二十六　势利狗

我是穷光蛋，
与你何相干？
可恨势利狗，
单咬破布衫。

| | | | | | | | | |
|---|---|---|---|---|---|---|---|---|
| ㄕ ㄌㄧ | | ㄍㄡ | ㄏㄛ | ㄒㄧㄤ | ㄍㄢ | ㄏㄣ | ㄉㄢ | ㄧㄠ |
| 势 | 利 | 狗 | 何 | 相 | 干 | 恨 | 单 | 咬 |
| ㄆㄨㄛ | ㄅㄨ | | | | | | | |
| 破 | 布 | | | | | | | |

# 二十七　发票

发上

洋油一箱　大洋二元六角五分

米一担　大洋七元五角

共收大洋十元一角五分

天成号发票

大场七三五号

民国二十三年九月三日

ㄈㄚ　ㄆㄧㄠ　ㄧㄤ　ㄒㄧㄤ　ㄩㄢ　ㄐㄧㄝ　ㄈㄣ
发　票　洋　箱　元　角　分

ㄉㄢ　ㄍㄨㄥ　ㄕ　ㄋㄧㄢ　ㄖ　ㄏㄠ　ㄕㄡ
担　共　十　年　日　号　收

# 二十八　温习

（一）

自己做饭自己吃。

（二）

靠势力吃饭的，不算是好汉。

（三）

草堆，堆肥，堆草，
把草堆起来。

（四）

我爱吃豆腐烧肉。
老婆子，烧些菜来下酒。

（五）

梅花处处开，雪花处处飞。

（六）

国难当头，如何得了。

（七）

一人做事一人当。

（八）

不要你的金，不要你的银，
单要你的心。

（九）

大朋友，小朋友，好朋友，
女朋友，大家都是好朋友。

收

九月三日

| | |
|---|---|
| 收公公 | 十元 |
| 收婆婆 | 二元 |
| 共 | 十二元 |

付

九月三日

| | |
|---|---|
| 买牛肉半斤 | 付一角六分 |
| 买青菜四斤 | 付一角二分 |
| 买鸡蛋十个 | 付二角 |
| 买米一担 | 付七元五角 |
| 买洋油一箱 | 付二元六角五分 |
| 买柴一担 | 付六角四分 |
| 共 | 十一元二角七分 |

| | |
|---|---|
| 收 | |
| 九月四日 | |
| 收娘娘 | 一元 |
| 收公公 | 一元 |
| 共 | 二元 |

| | |
|---|---|
| 付 | |
| 买青菜四斤 | 付一角二分 |
| 买酱油一斤 | 付　五分 |
| 买豆油一斤 | 付一角三分 |
| 共 | 三角 |

# 一　不合作的和尚

一个和尚挑水吃，
两个和尚抬水吃，
三个和尚没得水吃。

| | | | | | | |
|---|---|---|---|---|---|---|
| ㄏㄜ | ㄗㄨㄛ | ㄏㄜ | ㄕㄤ | ㄊㄧㄠ | ㄕㄨㄟ | ㄇㄟ |
| 合 | 作 | 和 | 尚 | 挑 | 水 | 没 |

# 二　坐车

大老官儿坐汽车。
小老官儿坐马车。
没得车坐的吃灰。

ㄍㄨㄢ　ㄑㄧ　ㄔㄜ　ㄇㄚ　ㄏㄨㄟ
官　汽　车　马　灰

## 三　坐飞机

坐飞机，
上天嬉。
一日一万里，
白云在脚底。

| ㄐㄧ | ㄒㄧ | ㄨㄢ | ㄌㄧ | ㄅㄞ | ㄩㄣ | ㄐㄧㄠ | ㄉㄧ |
|---|---|---|---|---|---|---|---|
| 机 | 嬉 | 万 | 里 | 白 | 云 | 脚 | 底 |

# 四　水

发风就皱皮，
落雨就生疮。
不可以生吃，
只可以烧汤。

| ㄈㄥ | ㄐㄧㄡ | ㄓㄡ | ㄆㄧ | ㄌㄛ | ㄩ | ㄕㄥ | ㄔㄨㄤ | ㄓ |
|---|---|---|---|---|---|---|---|---|
| 风 | 就 | 皱 | 皮 | 落 | 雨 | 生 | 疮 | 只 |

# 五　石榴

千姊妹，
万姊妹；
同床睡，
各盖被。

ㄕ　ㄌㄧㄡ　ㄑㄧㄢ　ㄗ　ㄇㄟ　ㄊㄨㄥ
石　榴　千　姊　妹　同
ㄍㄜ　ㄍㄞ　ㄅㄟ
各　盖　被

# 六　鱼网

四角方方，
落在长江；
双手举起，
眼泪汪汪。

| ㄩ | ㄨㄤ | ㄈㄤ | ㄐㄧㄤ | ㄕㄨㄤ | ㄕㄡ | ㄐㄩ | ㄧㄢ | ㄌㄨㄟ | ㄨㄤ |
|---|---|---|---|---|---|---|---|---|---|
| 鱼 | 网 | 方 | 江 | 双 | 手 | 举 | 眼 | 泪 | 汪 |

# 七　温习

**（一）认不得的问人**

一个字，

两个叉。

他认不得我；

我认不得他。

**（二）少了一个什么字？在空处写上**

风来了，□来了。

小学生拿着书儿回□了。

姐□花。双□空空。

和尚□水。千军□马。

ㄗ　ㄔㄚ

字　叉

# 八　钟儿有志

我有一双手，
敲钟种菜蔬。
为人倒夜壶，
不是大丈夫。

| | | | | | |
|---|---|---|---|---|---|
| ㄓㄨㄥ | ㄓ | ㄑㄧㄠ | ㄓㄨㄥ | ㄙㄨ | ㄨㄟ |
| 钟 | 志 | 敲 | 种 | 蔬 | 为 |
| ㄉㄠ | ㄏㄨ | ㄓㄤ | ㄈㄨ | | |
| 倒 | 壶 | 丈 | 夫 | | |

# 九　算命先生的真心话

世人糊涂可笑：
说是算命可靠。
大把银钱给我，
听我胡说乱道。

ㄇㄧㄥ　ㄒㄧㄢ　ㄓㄣ　ㄏㄨㄚ　ㄕ　ㄏㄨ　ㄊㄨ
命　先　真　话　世　糊　涂
ㄒㄧㄠ　ㄅㄚ　ㄑㄧㄢ　ㄍㄟ　ㄏㄨ　ㄌㄨㄢ
笑　把　钱　给　胡　乱

# 十　王老好开店



不赊不欠不算店。

赊赊欠欠不见面。

他在前面走，我在后面追，二人见了面。

他说："不方便。再等两三天。"

"再等两三天!?"

| | | | | | |
|---|---|---|---|---|---|
| ㄨㄤ | ㄉㄧㄢ | ㄕㄜ | ㄑㄧㄢ | ㄑㄧㄢ | ㄗㄡ |
| 王 | 店 | 赊 | 欠 | 前 | 走 |
| ㄏㄡ | ㄓㄨㄟ | ㄗㄞ | ㄉㄥ | | |
| 后 | 追 | 再 | 等 | | |

# 十一　眼睛

上边毛，下边毛，
当中夹了一粒黑葡萄。
到了夜里毛对毛。

| | | | | | |
|---|---|---|---|---|---|
| ㄅㄧㄢ | ㄇㄠ | ㄓㄨㄥ | ㄐㄧㄚ | ㄌㄧ | ㄏㄟ |
| 边 | 毛 | 中 | 夹 | 粒 | 黑 |

| | | |
|---|---|---|
| ㄆㄨ | ㄊㄠ | ㄉㄨㄟ |
| 葡 | 萄 | 对 |

# 十二　倒马桶

饭也香，
菜也香，
吃饱了，
上毛坑。
倒马桶的滋味谁来尝！

| ㄊㄨㄥ | ㄧㄝ | ㄒㄧㄤ | ㄅㄠ | ㄎㄤ | ㄗ | ㄨㄟ | ㄔㄤ |
|---|---|---|---|---|---|---|---|
| 桶 | 也 | 香 | 饱 | 坑 | 滋 | 味 | 尝 |

# 十三　一双筷子

两个白姑娘，
身材一样长；
惯与人亲嘴，
滋味它先尝。

| | | | | | |
|---|---|---|---|---|---|
| ㄎㄨㄞ | ㄕㄣ | ㄘㄞ | ㄍㄨㄢ | ㄑㄧㄣ | ㄗㄨㄟ |
| 筷 | 身 | 材 | 惯 | 亲 | 嘴 |

# 十四　温习

**（一）九一八**

九一八！
九一八！
谁要忘了九一八，
便是一个小忘八。

**（二）多了一个什么字？想一想，写起来。**

他说吃糊涂话。
他们是天生成的一双双一对。
前前后后后都是水。
钟敲走十下。

ㄨㄤ
忘

# 十五　武训劝学

读书不用功，
回家无脸见父兄；
读书不用心，
回家无脸见母亲。

| ㄨ | ㄒㄩㄣ | ㄑㄩㄢ | ㄩㄥ | ㄍㄨㄥ | ㄌㄧㄢ | ㄈㄨ | ㄒㄩㄥ |
|---|---|---|---|---|---|---|---|
| 武 | 训 | 劝 | 用 | 功 | 脸 | 父 | 兄 |

# 十六　人的体操

抬一桶儿水，烧一锅儿饭，
挑一担儿粪，出一身儿汗，
晚上睡得着；日里事能干。
让人笑我笨；我自为好汉。

| | | | | | | |
|---|---|---|---|---|---|---|
| ㄊㄧ | ㄘㄠ | ㄉㄢ | ㄈㄣ | ㄍㄨㄛ | ㄔㄨ | ㄨㄢ |
| 体 | 操 | 担 | 粪 | 锅 | 出 | 晚 |
| ㄋㄥ | ㄖㄤ | ㄅㄣ | | | | |
| 能 | 让 | 笨 | | | | |

# 十七　什么

什么出来双对双？什么出来拜四方？
什么出来当中摆？什么出来碰鼻香？
筷子出来双对双。酒壶出来拜四方。
八样海菜当中摆。桂花烧酒碰鼻香。

| ㄕㄜ | ㄇㄜ | ㄅㄞ | ㄅㄞ | ㄆㄥ | ㄅㄧ | ㄏㄞ | ㄍㄨㄟ |
|---|---|---|---|---|---|---|---|
| 什 | 么 | 拜 | 摆 | 碰 | 鼻 | 海 | 桂 |

# 十八　眼镜

希奇真希奇：
鼻头当马骑。
挡着人眼睛，
格外看得清。

ㄐㄧㄥ　ㄒㄧ　ㄑㄧ　ㄑㄧ　ㄉㄤ　ㄐㄧㄥ
镜　希　奇　骑　挡　睛

ㄍㄜ　ㄨㄞ　ㄑㄧㄥ
格　外　清

# 十九　鹅

头戴红顶子；
身穿白袍子；
说话像蛮子；
走路像公子。

| | | | | | |
|---|---|---|---|---|---|
| ㄜ | ㄉㄞ | ㄉㄧㄥ | ㄆㄠ | ㄇㄢ | ㄌㄨ |
| 鹅 | 戴 | 顶 | 袍 | 蛮 | 路 |

# 二十　摸黑路

三个牛皮匠，
凑个诸葛亮。
三个摸黑路，
凑个哥伦布。

| ㄇㄛ | ㄐㄧㄤ | ㄘㄡ | ㄓㄨ | ㄍㄜ | ㄌㄧㄤ | ㄌㄨㄣ |
|---|---|---|---|---|---|---|
| 摸 | 匠 | 凑 | 诸 | 葛 | 亮 | 伦 |

# 二十一　蜘蛛网

南阳诸葛亮，
独坐中军帐；
摆起八阵图，
要捉飞来将。

ㄓ　ㄓㄨ　ㄋㄢ　ㄧㄤ　ㄉㄨ　ㄐㄩㄣ　ㄓㄤ
蜘　蛛　南　阳　独　军　帐

ㄓㄣ　ㄊㄨ　ㄓㄨㄛ
阵　图　捉

# 二十二　温习

### （一）祖父打我

一个祖父打孙儿，父亲看见了，就自己打起自己来。祖父问他说："你为什么打自己？"父亲说："你打我的儿子，难道我不能打你的儿子么？"

### （二）把少了的字写在方格里

他是早上出门，晚上回□。

□蛋□蛋□蛋，下酒下饭都香。

武官□马。

□手万能。

ㄉㄚ　ㄙㄨㄣ
打　　孙

# 二十三　月亮歌

月亮弯弯照九州，
几家欢乐几家愁？
几家夫妇同罗帐？
几个飘零在外头？

| | | | | | | |
|---|---|---|---|---|---|---|
| ㄨㄢ | ㄓㄠ | ㄓㄡ | ㄐㄧ | ㄏㄨㄢ | ㄌㄜ | ㄔㄡ |
| 弯 | 照 | 州 | 几 | 欢 | 乐 | 愁 |

| | | | |
|---|---|---|---|
| ㄈㄨ | ㄌㄨㄛ | ㄆㄧㄠ | ㄌㄧㄥ |
| 妇 | 罗 | 飘 | 零 |

# 二十四　死要脸活受罪

出丧给人看，
无钱怎么办？
借债办丧事，
办了就讨饭。

ㄙ　ㄏㄨㄛ　ㄕㄡ　ㄗㄨㄟ　ㄗㄣ　ㄅㄢ
死　活　受　罪　怎　办
ㄐㄧㄝ　ㄓㄞ　ㄕㄤ　ㄊㄠ
借　债　丧　讨

# 二十五　驮债讨老婆

农人讨老婆，
重利把债驮。
利钱付不起，
赔牛卖老婆。

| | | | | | |
|---|---|---|---|---|---|
| ㄊㄨㄛ | ㄋㄨㄥ | ㄓㄨㄥ | ㄌㄧ | ㄆㄟ | ㄇㄞ |
| 驮 | 农 | 重 | 利 | 赔 | 卖 |

# 二十六　种牛痘

告诉你的爹！告诉你的妈！
告诉你的朋友！一家一家又一家：
赶快种牛痘。不种牛痘，便要出天花。
重的在送命；轻的弄得一脸麻。
麻汉讨不着好老婆；麻女嫁不着好人家。

| ㄉㄡ | ㄍㄠ | ㄙㄨ | ㄉㄧㄝ | ㄍㄢ | ㄎㄨㄢ |
|---|---|---|---|---|---|
| 痘 | 告 | 诉 | 爹 | 赶 | 快 |

| ㄑㄧㄥ | ㄋㄨㄥ | ㄇㄚ | ㄐㄧㄚ |
|---|---|---|---|
| 轻 | 弄 | 麻 | 嫁 |

# 二十七　自己的学校

割茅草，搬石块，
自己的学校自己开。
我们互相教导，互相亲爱。
读书不做读书呆：
想想从前，抓住现在，创造将来！

| | | | | | |
|---|---|---|---|---|---|
| ㄍㄘ | ㄇㄠ | ㄅㄢ | ㄏㄨ | ㄐㄧㄠ | ㄉㄠ |
| 割 | 茅 | 搬 | 互 | 教 | 导 |
| ㄜㄨㄥ | ㄓㄨㄚ | ㄓㄨ | ㄔㄨㄤ | ㄗㄠ | |
| 从 | 抓 | 住 | 创 | 造 | |

# 二十八　温习

## 开　会

同志们：

一月一日，钟敲九下，定在南空场开大会。会议造路办学校。这是我们自己的事，不可不到，早到最好。

干事　黄中

二十三年十二月二十五日

# 老少通千字课第三册

# 一　夏天打蚊子

蚊子咬嘴巴。
伸手去打他。
打他打不着。
打了自己一嘴巴。

| | | | | |
|---|---|---|---|---|
| ㄒㄧㄚ | ㄨㄣ | ㄅㄚ | ㄕㄣ | ㄧㄠ |
| 夏 | 蚊 | 巴 | 伸 | 咬 |

# 二　点滴

点滴！一点点的滴！
天天滴，不间断的滴。
滴一滴，便有一滴的痕迹。
点滴的水，可以穿石。

| | | | | |
|---|---|---|---|---|
| ㄉㄧㄢ | ㄐㄧㄢ | ㄉㄨㄢ | ㄏㄣ | ㄐㄧ |
| 点 | 间 | 断 | 痕 | 迹 |

## 三　一文钱

公家一文钱，
百姓一身汗。
将汗来比钱，
花钱容易流汗难。

ㄨㄣ　ㄅㄞ　ㄒㄧㄥ　ㄖㄨㄥ　ㄧ　ㄌㄧㄡ
文　百　姓　容　易　流

# 四　笔

小时头发白，
老来头发黑；
无事戴帽子，
有事光秃秃。

ㄅㄧ　ㄕ　ㄈㄚ　ㄇㄠ　ㄨ　ㄊㄨ
笔　时　发　帽　无　秃

# 五　电灯

城里灯，
一点油也无。
洋火点不着，
大嘴吹不乌。

| ㄉㄧㄢ | ㄉㄥ | ㄏㄨㄛ | ㄔㄨㄟ | ㄨ |
| --- | --- | --- | --- | --- |
| 电 | 灯 | 火 | 吹 | 乌 |

# 六　摆渡船

小小船，两头尖，
一篙撑到河那边。
有钱来上船，
无钱站一边。

| | | | | | |
|---|---|---|---|---|---|
| ㄉㄨ | ㄔㄨㄢ | ㄔㄥ | ㄍㄠ | ㄏㄜ | ㄋㄚ |
| 渡 | 船 | 撑 | 篙 | 河 | 那 |

# 七 温习

**（一）姓什么**

郎当一郎当，
青菜豆腐汤。
问我姓什么？
姓刘又姓江。

**（二）**

水火不相容

**（三）**

文武百官

**（四）**

三娘教子四郎探母

ㄊㄢ
探

# 八　手脑联盟歌

人生两个宝：
双手与大脑。
有脑不用手，
快要被打倒。
用手不用脑，
饭也吃不饱。
手脑都会用，
才算是开天辟地的大好佬。

ㄌㄧㄢ　ㄇㄥ　ㄅㄠ　ㄋㄠ　ㄘㄞ　ㄆㄧ
联　盟　宝　脑　才　辟

# 九　变个小孩

来，来，来，
来到小孩子的队伍里，
变成一个小孩。
你不能教导小孩，
除非是变成了一个小孩。

ㄅㄧㄢ　ㄉㄨㄟ　ㄨ　ㄔㄥ　ㄔㄨ　ㄈㄟ
变　队　伍　成　除　非

## 十　依次第走路

一二三四五六七，七六五四三二一。
走进走出分两边，上车下船依次第。
他挤你来你挤他，跌死一个空着急。
枉费和尚忙做七，要想还魂来不及。

| | | | | | | |
|---|---|---|---|---|---|---|
| ㄧ | ㄘ | ㄉㄧ | ㄐㄧㄣ | ㄐㄧ | ㄉㄧㄝ | ㄐㄧ |
| 依 | 次 | 第 | 进 | 挤 | 跌 | 急 |

| | | |
|---|---|---|
| ㄨㄤ | ㄏㄨㄟ | ㄐㄧ |
| 枉 | 魂 | 及 |

# 十一　影子

有个黑姑娘，一身黑到底，
拳头打他他不痛；
脚尖踢他他不理；
绣花针也挑不起。

| | | | | | | |
|---|---|---|---|---|---|---|
| ㄧㄥ | ㄑㄩㄢ | ㄊㄨㄥ | ㄊㄧ | ㄌㄧ | ㄒㄧㄡ | ㄓㄣ |
| 影 | 拳 | 痛 | 踢 | 理 | 绣 | 针 |

# 十二　卖菜女

卖菜！卖菜！
妈妈舍不得吃，
叫我拿来卖。
菠菜萝卜，小白菜，
三个铜板一斤，便宜卖！

| ㄕㄜ | ㄐㄧㄠ | ㄅㄛ | ㄌㄨㄛ | ㄅㄛ | ㄊㄨㄥ | ㄧ |
| --- | --- | --- | --- | --- | --- | --- |
| 舍 | 叫 | 菠 | 萝 | 卜 | 铜 | 宜 |

# 十三　拾香烟头的苦孩子

走走走！
我的名字叫小牛。
到处要找香烟头。
香烟头！
如果没有你，
怎么能糊口！

ㄎㄨ　ㄇㄧㄥ　ㄓㄠ　ㄍㄨㄛ　ㄎㄡ
苦　名　找　果　口

# 十四　温习

**（一）桌**

有面没有口，
有脚没有手。
有人来吃饭，
有人来吃酒。

**（二）**

三人同心，
可以断金。

**（三）**

一个火把两头烧。

**（四）**

吃得苦中苦，
不为人上人。

ㄓㄨㄛ
桌

# 十五　不倒翁

说你呆，
你很呆，
胡子一把，
样子像小孩。
说你呆，
你不呆，
把你一推你一歪。
要你睡下去，
你又站起来。

ㄨㄥ　ㄉㄞ　ㄏㄣ　ㄏㄨ　ㄊㄨㄟ　ㄨㄞ　ㄓㄢ
翁　呆　很　胡　推　歪　站

# 十六　不平等条约

杀猪的对猪猡说：
“我们应该合作。”
猪猡一一一的说：
“我们长肥肉，你来割。”
杀牛的对老牛说：
“我们应该合作。”
老牛安安安的说：
“我们长牛皮，你来剥。”

| | | | | | | | |
|---|---|---|---|---|---|---|---|
| ㄆㄧㄥ | ㄊㄧㄠ | ㄩㄝ | ㄕㄚ | ㄧㄥ | ㄍㄞ | ㄢ | ㄅㄛ |
| 平 | 条 | 约 | 杀 | 应 | 该 | 安 | 剥 |

# 十七　做生日

阔人做生日，
急煞穷亲戚。
不送寿礼难为情，
送了自己没饭吃。

大官做生日；
小官心里急。
寿礼顶少送一十，
一月薪水去半壁。

ㄎㄨㄛ 阔　ㄐㄧ 急　ㄕㄚ 煞　ㄑㄧ 戚　ㄙㄨㄥ 送　ㄕㄡ 寿　ㄒㄧㄣ 薪　ㄅㄧ 壁

# 十八　湖南民歌

檀树扁担铁骨头：
挑头花生挑头油。
挑头花生妹香口；
挑头油来妹梳头。

| | | | | | | |
|---|---|---|---|---|---|---|
| ㄏㄨ | ㄘㄢ | ㄕㄨ | ㄅㄧㄢ | ㄘㄧㄝ | ㄍㄨ | ㄙㄨ |
| 湖 | 檀 | 树 | 扁 | 铁 | 骨 | 梳 |

# 十九　泥娃娃

把一块泥：
捻一个你，
塑一个我。
将咱两个：
一齐打破，用水调和。
再捻一个你，再塑一个我：
我身中有你，你身中有我。

| | | | | | | | |
|---|---|---|---|---|---|---|---|
| ㄋㄧ | ㄨㄚ | ㄋㄧㄢ | ㄙㄨ | ㄗㄢ | ㄑㄧ | ㄊㄧㄠ | ㄏㄜ |
| 泥 | 娃 | 捻 | 塑 | 咱 | 齐 | 调 | 和 |

# 二十　贵州儿歌

一张白纸飞过街，
那个读书那个乖。
人人读书想官做，
丢下秧田那个栽？

| ㄍㄨㄟ | ㄓ | ㄍㄨㄛ | ㄐㄧㄝ | ㄋㄚ | ㄍㄨㄞ | ㄊㄧㄢ | ㄗㄞ |
| --- | --- | --- | --- | --- | --- | --- | --- |
| 贵 | 纸 | 过 | 街 | 那 | 乖 | 田 | 栽 |

# 二十一　温习

（一）

什么鸡没有毛？田鸡没有毛。

什么耳朵不会听？木耳不会听。

（二）

处处非家处处家；年年难过年年过。

（三）

铁面无情

（四）

十年树木；百年树人。

（五）

你就是我，我就是你，亲戚不如自己。

ㄉㄨㄛ

朵

# 二十二　四样东西

外头方里头圆是什么？

　　膏药

里头方外头圆是什么？

　　铜钱

上头方下头圆是什么？

　　筷子

下头方上头圆是什么？

　　淘米箩

ㄉㄨㄥ　ㄒㄧ　ㄍㄠ　ㄧㄠ　ㄩㄢ　ㄊㄠ　ㄌㄨㄛ

东　西　膏　药　圆　淘　箩

# 二十三　杨震不贪钱

县官送来十斤金，
知府杨震不肯要。
县官老起脸皮说：
“黑夜没有人知道。”
杨震正色驳他说：
“天知道，地知道，
你知道，我知道，
怎么没有人知道？”

| | | | | | |
|---|---|---|---|---|---|
| ㄧㄤ | ㄓㄣ | ㄊㄢ | ㄒㄧㄢ | ㄈㄨ | ㄎㄣ |
| 杨 | 震 | 贪 | 县 | 府 | 肯 |
| ㄓㄥ | ㄙㄜ | ㄅㄛ | ㄉㄧ | | |
| 正 | 色 | 驳 | 地 | | |

# 二十四　保护栽的树

割草留树，
房子有得住。
砍树如草，
板凳无处找。

ㄅㄠ　ㄏㄨ　ㄌㄧㄡ　ㄈㄤ　ㄎㄢ　ㄓㄠ
保　护　留　房　砍　找

# 二十五　灯笼

身体轻飘飘，
满身细骨纸来包。
人说我肥肥胖胖，
那知我肚里心焦。

| ㄌㄨㄥ | ㄇㄢ | ㄒㄧ | ㄍㄨ | ㄅㄠ | ㄆㄤ | ㄐㄧㄠ |
| --- | --- | --- | --- | --- | --- | --- |
| 笼 | 满 | 细 | 骨 | 包 | 胖 | 焦 |

# 二十六　国党旗

### （一）国　旗

青天白日满地红，
唤人读书又做工。
做工的人要读书，
读书的人要做工。

### （二）党　旗

青天白日！
青天白日！
但愿人人有饭吃，
吃饭要把汗儿滴。

| ㄉㄤ | ㄏㄨㄥ | ㄏㄨㄢ | ㄍㄨㄥ | ㄉㄢ | ㄩㄢ |
|---|---|---|---|---|---|
| 党 | 红 | 唤 | 工 | 但 | 愿 |

# 二十七　骂人先生驮人骂

一个教书先生看见东家的太太在那抓痒，就在纸上写：

痒痒抓抓，抓抓痒痒，
不痒不抓，不抓不痒，
越痒越抓，越抓越痒。

他把这几句话教东家的儿子背。太太听见了知道先生是骂她，她也写了几句教儿子背给先生听：

生生死死，死死生生，
不生不死，不死不生，
先生先死，先死先生。

ㄇㄚ　ㄧㄤ　ㄒㄧㄝ　ㄩㄝ　ㄓㄜ　ㄐㄩ　ㄅㄟ
骂　痒　写　越　这　句　背

# 二十八　温习

（一）

你骂他，他骂你，
借了别人的嘴巴骂自己。
你打他，你打你，
借了别人的拳头打自己。

（二）

花好。月圆。人寿。

（三）

文官写一笔，武官走一七。

（四）

诸葛亮借东风。

# 一　懒学生

春天不是读书天。
夏日炎炎正好眠。
待到秋来冬又到，
收拾书包过新年。

| | | | | | | |
|---|---|---|---|---|---|---|
| ㄧㄢ | ㄓㄥ | ㄇㄧㄢ | ㄉㄞ | ㄑㄧㄡ | ㄉㄨㄥ | ㄒㄧㄣ |
| 炎 | 正 | 眠 | 待 | 秋 | 冬 | 新 |

# 二　新媳妇

新来媳妇事体多，
梳起头来去洗锅。
提了升箩去量米，
问声婆婆量几多？
婆婆骂声不中用：
“有客三升米，
无客二升多。”
媳妇暗地说：
“锣靠鼓，鼓靠锣，
新来媳妇靠公婆。
自从今日问过后，
不再问你老婆婆。”

| ㄒㄧ | ㄒㄧ | ㄊㄧ | ㄕㄥ | ㄕㄥ | ㄢ | ㄌㄨㄛ | ㄍㄨ |
|---|---|---|---|---|---|---|---|
| 媳 | 洗 | 提 | 升 | 声 | 暗 | 锣 | 鼓 |

# 三　小小兵

（一）

小小兵，
劝你莫看轻。
你若欺中国，
小命和你拼。

（二）

小小兵，
爱打抱不平，
我们起来了，
不用再招兵。

（三）

小小兵，
问："你要学谁？"
"别人都不学，
但愿学岳飞！"

| ㄅㄧㄥ | ㄖㄨㄛ | ㄑㄧ | ㄏㄜ | ㄆㄧㄣ | ㄅㄠ | ㄓㄠ | ㄩㄝ |
|---|---|---|---|---|---|---|---|
| 兵 | 若 | 欺 | 和 | 拼 | 抱 | 招 | 岳 |

# 四　割草

好啊好！
好啊好！
上村南，
去割草：
拾了一件大夹袄。
穿上吧？
怕虱子咬。
搁下吧？
怕贼偷了。
当了吧？
怕当丢了。
这件衣裳把我愁杀了！

| | | | | | | | | |
|---|---|---|---|---|---|---|---|---|
| ㄚ | ㄘㄨㄣ | ㄠ | ㄅㄚ | ㄕ | ㄍㄜ | ㄗㄟ | ㄊㄡ | ㄕㄤ |
| 啊 | 村 | 袄 | 吧 | 虱 | 搁 | 贼 | 偷 | 裳 |

# 五　摇船

摇摇摇，
一摇摇到外婆桥。
外婆叫我好宝宝。
糖一包，
果一包，
还有饼儿还有糕。
你要吃，
自动手。
吃不完，
拿着走。

| ㄧㄠ | ㄑㄧㄠ | ㄊㄤ | ㄍㄨㄛ | ㄅㄧㄥ | ㄍㄠ | ㄉㄨㄥ | ㄨㄢ |
|---|---|---|---|---|---|---|---|
| 摇 | 桥 | 糖 | 果 | 饼 | 糕 | 动 | 完 |

# 六　卖油条

卖油条！卖油条！
长街短巷，到处的叫。
那里来的温！那里来的饱！
卖油条！卖油条！
爹娘年已老，儿女还小，
还有妻子辛辛苦苦勤勤俭俭真正好。
卖油条！卖油条！
谁买我的热油条？
滋味合口价钱少，
三个铜子买一条，
不欺老也不欺小。
卖油条！卖油条！
那里来的温！那里来的饱！
就靠着我，卖的油条。
卖油条！

| | | | | | |
|---|---|---|---|---|---|
| ㄉㄨㄢ | ㄑㄧ | ㄒㄧㄣ | ㄑㄧㄣ | ㄐㄧㄢ | ㄖㄜ |
| 短 | 妻 | 辛 | 勤 | 俭 | 热 |

# 七　温习

（一）

三岁小孩穿红鞋，
摇摇摆摆上学来；
板凳没有坐得热，
“先生，先生，
我要回家吃点奶。”

（二）

深渡渡船深渡渡；
摇来摇去两边摇。

（三）

打鼓骂曹。

ㄒㄝ　ㄘㄠ
鞋　曹

# 八　百姓歌

辛亥革命前，清朝皇帝做生日，
花钱太多，有人骂他说：
天子万年，百姓花钱。
万寿无疆，百姓遭殃。

| ㄏㄞ | ㄍㄜ | ㄔㄠ | ㄏㄨㄤ | ㄉㄧ | ㄐㄧㄤ | ㄗㄠ | ㄧㄤ |
|---|---|---|---|---|---|---|---|
| 亥 | 革 | 朝 | 皇 | 帝 | 疆 | 遭 | 殃 |

# 九　梅香苦

阿妈娘，无商量，三岁卖我出去做梅香。
做梅香，苦难当：吃末吃个薄粥汤；
着末着个破衣裳；睡末睡个无脚床；
走末走个黑弄堂；打末打个蛮巴掌。

| ㄕㄤ | ㄙㄨㄟ | ㄇㄛ | ㄅㄠ | ㄓㄡ | ㄌㄨㄥ | ㄊㄤ | ㄓㄤ |
|---|---|---|---|---|---|---|---|
| 商 | 岁 | 末 | 薄 | 粥 | 弄 | 堂 | 掌 |

# 十　下雨天

有一个人在人家做客。
说好明天要去了。
到了明天又下起雨来了。
这人就在墙上写了十个字：
“下雨天，留客天，留我不留？”
主人讨厌他，要他滚，
换了一个法子断句，说：
“下雨天留客，天留我不留。”
客人一看，不肯离开，
又换了一个法子断句，说：
“下雨天，留客天，留我不？留！”
主人看了，只好再留他一天。

| ㄈㄚ | ㄎㄜ | ㄑㄧㄤ | ㄓㄨ | ㄧㄢ | ㄍㄨㄣ | ㄏㄨㄢ | ㄌㄧ |
|---|---|---|---|---|---|---|---|
| 法 | 客 | 墙 | 主 | 厌 | 滚 | 换 | 离 |

# 十一　伍歪嘴林小头

山西省的一个乡下，
有一个土豪，一个劣绅。
土豪姓伍，叫做伍歪嘴。
劣绅姓林，叫做林小头。
这里是一副骂他们的对联：
伍歪嘴，嘴歪像桃，无钱不吃；
林小头，头小如豆，有缝即钻。

| ㄌㄧㄣ | ㄊㄨ | ㄌㄧㄝ | ㄈㄨ | ㄈㄥ | ㄕㄢ |
|---|---|---|---|---|---|
| 林 | 土 | 劣 | 副 | 缝 | 山 |

| ㄏㄠ | ㄕㄣ | ㄊㄠ | ㄗㄨㄢ |
|---|---|---|---|
| 豪 | 绅 | 桃 | 钻 |

# 十二　小孩做工歌

**小 盘 古**

我是小盘古，我不怕吃苦。

我要开辟新天地，看我手中双斧。

**小 孙 文**

我是小孙文，我有革命精神。

我要打倒帝国主义，像个球儿打滚。

**小 牛 顿**

我是小牛顿，让人说我笨。

我要用我的头脑，向大自然追问。

**小 工 人**

我是小工人，我有双手万能。

我要造富的社会，不造富的个人。

| | | | | | | | | |
|---|---|---|---|---|---|---|---|---|
| ㄆㄢ | ㄍㄨ | ㄈㄨ | ㄐㄧㄥ | ㄕㄣ | ㄧ | ㄑㄧㄡ | ㄖㄢ | ㄈㄨ |
| 盘 | 古 | 斧 | 精 | 神 | 义 | 球 | 然 | 富 |

# 十三　好了歌

（一）功　名

世人都说神仙好，
只有功名忘不了。
古今将相在何方？
荒冢一堆草没了。

（二）金　银

世人都说神仙好，
只有金银忘不了。
终身只恨聚无多，
及到多时眼闭了。

| ㄒㄧㄢ | ㄕㄧㄣ | ㄏㄨㄤ | ㄓㄨㄥ | ㄓㄨㄥ | ㄐㄩ | ㄅㄧ | ㄐㄧ |
|---|---|---|---|---|---|---|---|
| 仙 | 今 | 荒 | 冢 | 终 | 聚 | 闭 | 及 |

# 十四　温习



**（一）做花鞋送母亲**

石榴皮，青又青，
做双花鞋送母亲。
母亲怀我十个月，
那个月上不当心。

**（二）**

铜身铁骨。铜墙铁壁。

**（三）**

三民主义。帝国主义。

**（四）收　条**

今收到
金春生先生买柴钱大洋一元正
刘三子
中华民国二十四年一月二十四日

厂乂历
怀

# 十五　好了歌

**（三）娇　妻**

世人都说神仙好，
只有娇妻忘不了。
君生日日说恩情，
君死又随人去了。

**（四）儿　孙**

世人都说神仙好，
只有儿孙忘不了。
痴心父母古来多，
孝顺儿孙谁见了。

ㄐㄧㄠ　ㄐㄩㄣ　ㄣ　ㄙㄨㄟ　ㄔ　ㄒㄧㄠ　ㄕㄨㄣ
娇　君　恩　随　痴　孝　顺

## 十六　和尚吃鸡蛋

和尚是吃素的，不可以吃鸡蛋。
有个和尚，吃了鸡蛋，
还说他是应当吃的。他说：
“浑浑沌沌一团包，也无皮血也无毛。
老僧送你西天去，免在人间吃一刀。”

| | | | | | |
|---|---|---|---|---|---|
| ㄙㄨ | ㄊㄨㄣ | ㄒㄧㄝ | ㄇㄧㄢ | ㄉㄠ | ㄏㄨㄣ |
| 素 | 沌 | 血 | 免 | 刀 | 浑 |

| | | |
|---|---|---|
| ㄊㄨㄢ | ㄕㄑ | ㄐㄧㄢ |
| 团 | 僧 | 间 |

# 十七　秤

小小年纪，
陪人出门做生意。
抓着我的小辫，
要我猜谜，
不许差一分一厘。

| ㄔㄥ | ㄆㄟ | ㄅㄧㄢ | ㄇㄧ | ㄔㄚ | ㄐㄧ | ㄧ |
| --- | --- | --- | --- | --- | --- | --- |
| 秤 | 陪 | 辫 | 谜 | 差 | 纪 | 意 |

| ㄘㄞ | ㄒㄩ | ㄌㄧ |
| --- | --- | --- |
| 猜 | 许 | 厘 |

# 十八　为何只杀我

汤家太太做生日，家家为她拜寿忙。
车满门，客满堂，为何不杀羊？
羊说道：“羊毛年年剪得多，为何不杀鹅？”
鹅说道：“鹅蛋好吃不可杀，为何不杀鸭？”
鸭说道：“白细鸭绒好做衣，为何不杀鸡？”
鸡说道：“五更天亮报时候，为何不杀狗？”
狗说道：“我看家门你玩耍，为何不杀马？”
马说道：“一年给人骑到头，为何不杀牛？”
牛说道：“我耕田，你收租，为何不杀猪？”
猪说道：“今天大家都快活，为何只杀我？”

ㄧㄤ　ㄐㄧㄢ　ㄖㄨㄥ　ㄍㄥ　ㄅㄠ　ㄏㄡ
羊　剪　绒　更　报　候

ㄕㄨㄚ　ㄧㄢ　ㄍㄥ　ㄗㄨ
耍　玩　耕　租

# 十九　我们的运动会

我们踢的是毽子，打的是拳头；
放的是风筝，砍的是斧头；
挑的是粪桶，舞的是锄头；
玩的是石担，攀的是山头；
锻炼好身手，运动不是出风头。

| | | | | | | | |
|---|---|---|---|---|---|---|---|
| ㄩㄣ | ㄐㄧㄢ | ㄈㄤ | ㄓㄥ | ㄨ | ㄆㄢ | ㄉㄨㄢ | ㄌㄧㄢ |
| 运 | 毽 | 放 | 筝 | 舞 | 攀 | 锻 | 炼 |

## 二十　农人苦

赤日炎炎像火烧，
野田禾稻半枯焦。
农夫心里如汤煮，
公子小姐把扇摇。

| | | | | | | | |
|---|---|---|---|---|---|---|---|
| ㄔ | ㄋㄨㄥ | ㄒㄧㄤ | ㄧㄝ | ㄏㄜ | ㄉㄠ | ㄎㄨ | ㄕㄢ |
| 赤 | 农 | 像 | 野 | 禾 | 稻 | 枯 | 扇 |

# 二十一　温习

**（一）水**

给你猜，
给你猜；
砍来砍去砍不开。

**（二）影　子**

身体轻巧，
随我过桥；
落水不湿，
火烧不焦。

**（三）**

三更灯火五更鸡。

**（四）**

野火烧不尽，
春风吹又生。

**（五）**

本月二十四日十二时清茶便饭候教

江老五拜约

地点　五里店十七号

| | |
|---|---|
| 刘公公 | 到 |
| 黄大哥 | 到 |
| 王大妈 | 不能到 |
| 文三姑娘 | 到 |
| 牛梅花姐姐 | 不能到 |
| 江二哥 | 到 |
| 张和尚哥 | 到 |

ㄑㄧㄠ

巧

# 二十二　一双手

小朋友！小朋友！
你有一对好宝贝，
身上摸摸有没有？
找不着吗？你有！你有！
这就是你的一双手！
会用这双手，什么也不愁；
穿也不愁，吃也不愁，玩也不愁。
小朋友啊小朋友！
千万别忘记：求友不如求手。
玩秋千，翻筋斗；
送糖果儿进嘴，和弟弟比球；
数一数你的快乐，
那一样不是靠着这双手？
如果你也想去打倒帝国主义，
还须拿出你的小拳头。

| ㄅㄟ | ㄐㄧ | ㄑㄧㄡ | ㄈㄢ | ㄐㄧㄣ | ㄊㄧ | ㄕㄨ | ㄒㄩ |
|---|---|---|---|---|---|---|---|
| 贝 | 记 | 求 | 翻 | 筋 | 弟 | 数 | 须 |

# 二十三　一个县长做生日



大老爷做生：钱也要，银也要，
钞票也要，红黑一把抓，何分乎南北？
小百姓该死：麦未熟，稻未熟，
杂粮未熟，青黄两不接，有什么东西？

安徽省有一个县长，是一个贪官。
一天他做生日，城南城北大开赌。
打头钱都送给县长。
这副对联是骂他贪钱。

| | | | | | | |
|---|---|---|---|---|---|---|
| ㄔㄠ | ㄅㄟ | ㄕㄡ | ㄌㄧㄤ | ㄏㄨㄟ | ㄏㄨ | ㄨㄟ |
| 钞 | 北 | 熟 | 粮 | 徽 | 乎 | 未 |

| | | |
|---|---|---|
| ㄗㄚ | ㄐㄧㄝ | ㄉㄨ |
| 杂 | 接 | 赌 |

# 二十四　倒美

有一个坏人，一天到晚不做事，倒要住好的房子，穿好的衣服，吃好的饭菜。

他好漂亮，打扮得像个妖怪一样。他时常问人说："我美不美？"

一次，他问一个乡下先生说："我美吧？"

先生说："你倒美。"

他很欢喜，逢人便说。

一个小先生告诉他说："美字倒过来是个'大王八'。"他才明白。

本为他就是一个大王八。听我们唱吧：

"做坏事，吃好饭。什么人？王八蛋。"

| ㄇㄟ | ㄆㄧㄠ | ㄅㄢ | ㄧㄠ | ㄍㄨㄞ | ㄔㄤ | ㄘ | ㄈㄥ |
|---|---|---|---|---|---|---|---|
| 美 | 漂 | 扮 | 妖 | 怪 | 常 | 次 | 逢 |

# 二十五　火头

天竹叶，绿油油，写封信儿上徽州。
信里说的什么话？“我在苏州做火头。
一日三餐锅巴饭。三日两块咸鱼头。
手像乌鸡爪，脚像黑炭头。
眼睛好比猫头鹰，头发蓬松像猩猩。”

| | | | | | |
|---|---|---|---|---|---|
| ㄧㄝ | ㄙㄨ | ㄒㄧㄤ | ㄊㄢ | ㄆㄥ | ㄒㄧㄢ |
| 叶 | 苏 | 像 | 炭 | 蓬 | 咸 |
| ㄌㄩ | ㄘㄢ | ㄓㄠ | ㄧㄥ | ㄙㄨㄥ | ㄒㄧㄥ |
| 绿 | 餐 | 爪 | 鹰 | 松 | 猩 |

# 二十六　随地吐痰

生痨病，真难过。痨病虫儿小又多：
一根针杪上，能站五百个。
干了飞进肺里去，肺里处处都戳破。
今天一命呜呼，都是随地吐痰的罪过。

| ㄊㄨ | ㄌㄠ | ㄔㄨㄥ | ㄍㄣ | ㄔㄨㄛ | ㄏㄨ | ㄊㄢ |
|---|---|---|---|---|---|---|
| 吐 | 痨 | 虫 | 根 | 戳 | 呼 | 痰 |

| ㄅㄧㄥ | ㄇㄧㄠ | ㄈㄟ | ㄨ |
|---|---|---|---|
| 病 | 杪 | 肺 | 呜 |

# 二十七　中华民国的地图

这是中华民国的地图。他有二十八省，四特别市，西藏和蒙古。二十八省就是吉林、黑龙江、辽宁、热河、察哈尔、绥远、宁夏、新疆、甘肃、青海、西康、云南、广西、广东、贵州、福建、江西、湖南、湖北、四川、河南、安徽、浙江、江苏、山东、山西、陕西、河北。

图中有小双圈的地方是省城。四特别市就是南京、上海、北平、青岛。外蒙古已经独立，西藏也在动摇中。

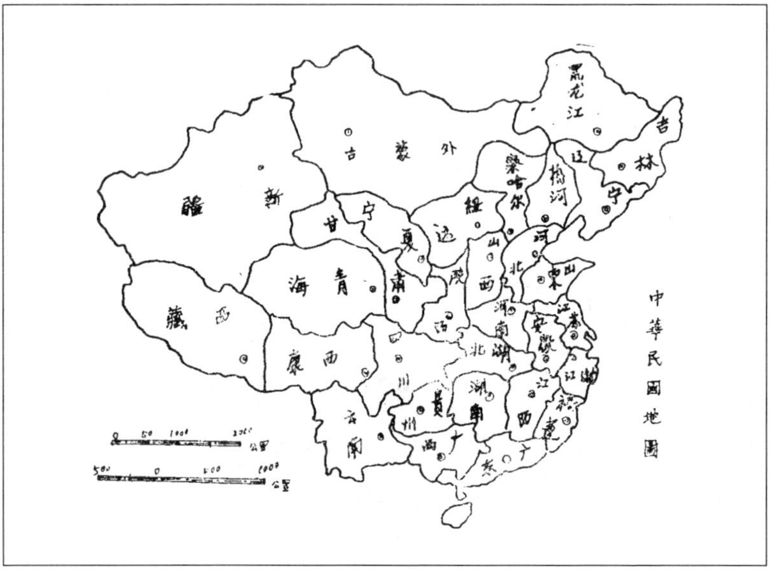

东北四省：辽宁、吉林、黑龙江、热河，已被日本拿了去。何时能收回，全靠国民努力奋斗。这里到那里有多少远，只须拿画中的比例尺比起来一量便可知道。

| | | | | | | | |
|---|---|---|---|---|---|---|---|
| ㄕㄤ | ㄐㄧ | ㄌㄧㄠ | ㄋㄧㄥ | ㄔㄚ | ㄦ | ㄙㄨㄟ | ㄩㄢ |
| 藏 | 吉 | 辽 | 宁 | 察 | 尔 | 绥 | 远 |
| ㄍㄢ | ㄙㄨ | ㄎㄤ | ㄍㄨㄤ | ㄈㄨ | ㄔㄨㄢ | ㄓㄜ | ㄕㄢ |
| 甘 | 肃 | 康 | 广 | 福 | 川 | 浙 | 陕 |
| ㄑㄩㄢ | ㄉㄠ | ㄐㄧㄥ | ㄊㄜ | ㄔ | ㄌㄧ | | |
| 圈 | 岛 | 京 | 特 | 尺 | 例 | | |

# 二十八　温习

**（一）小先生**

我是小先生，
教人不害耕。
你没有功夫来学，
我教你在牛背上哼。

**（二）乡下老**

乡下老，吃大菜。
刀儿当作筷。
我的妈呀！
舌头割去一块。

**（三）雨**

千根线，万根线，
落在河里看不见。

ㄏㄥ　ㄕㄜ　ㄒㄧㄢ
哼　舌　线

# 附：

## 出版权授与契约

出版权授与人 姓名 陶行知 职业 住所

右保证人 姓名 职业 住所

出版权让受人 商务印书馆股份有限公司 上海河南路

著作物 名称 老少通千字课 著译人姓名 陶行知

卷数 册数

如系译本其原书名称及原著作人

上开出版权授与人（下文简称甲方）愿将上开著作物（下文简称本著作物）之出版权依照下列条件授与上开出版人（下文简称乙方）

第一条　甲方允将本著作物交付乙方一家印刷发行永远出版

第二条　甲方担保其对于本著作物确有出版授与之权利

第三条　甲方担保本著作物并无侵害他人著作权及违背其他法律情事

第四条　甲方于本契约签订后不得利用本著作物之全部或一

部为不利于乙方之行为如（一）将本著作物自行或委托他人印售（二）用自己或他人名义编印与本著作物类似之著作物或足以妨碍本著作物销路之著作物（三）其他足以妨害乙方关于本著作物应享利益之行为

第五条　甲方违背前条之规定或遇有第二条及第三条之担保不符事实时所有乙方因此所受之损害应由甲方与其保证人连带负赔偿之责

第六条　本著作物应由甲方整理齐全以无须增减或变更为度其有加入图画之必要者应将适用之原图照相一并交与乙方

第七条　因不可归责于乙方之事由致前条所定由甲方交付乙方之稿本及原图照相等毁损灭失时乙方不负赔偿之责

第八条　甲方于本著作物在制版中或制版后欲修改文字或图画因此增加之制版费及其他不可预见之费用应由甲方负担之

第九条　甲方于本著作物已出版后认为有修订之必要时应即将修订部分整理齐全尽早送交乙方改正但改版应以不妨害乙方出版之利益并不增加乙方之责任者为限

因前项改版所生不可预见之费用应由甲方赔偿乙方

第十条　乙方对于本著作物之名称或内容认为有变更之必要时得无偿商请甲方酌改之

第十一条　对于本著作物之名称或内容所为之修改不影响本契约之效力

第十二条　乙方于接到本著作物后应依最适于营业需要之方式印行之

第十三条　本著作物每版印刷时其最后一次之校对乙方得无偿要求甲方担任之

第十四条　本著作物呈请注册由乙方以甲方名义办理之其注册执照由乙方保管之

前项呈请注册费用由乙方负担之

第十五条　本著作物初次出版后乙方应以样书十份赠送甲方

第十六条　为推销本著作物起见甲方得与乙方协商分送样书

于国内外有关系之机关个人及日报杂志社但分送费用应由甲方与乙方照本著作物定价及递送费各半负担之

第十七条　本著作物出版后之售价由乙方决定之

第十八条　乙方认为必要时得将本著作物发售预约或特价或减价但应于事后通知甲方

第十九条　本著作物出版后其出版物有损坏者乙方得减价发售其损坏过甚不能销售者乙方得毁弃之

遇有前项情形乙方应于事后通知甲方

第二十条　乙方为酬报甲方依本契约第一条授与之权利允照本著作物实际售出之部数以等于其定价百分之柒之版税给付甲方但以本著作物依法享有著作权之年期为限

第二十一条　依照第十五条第十六条及第十九条赠送分送及毁弃之部数不付版税

第二十二条　依照第十八条及第十九条发售预约特价及减价之部数按各该预约价特价或减价计算版税

第二十三条　本著作物版税每年于三月七日及十一月底分三期照实际售出部数清算由乙方交付甲方

第二十四条　本著作物版税不可分割如甲方有数人时应推定一人向乙方支取版税

第二十五条　本著作物之销路如乙方认为不佳时得通知甲方终止本契约

第二十六条　本契约终止时本著作物余存之出版物图版执照应依左列方法处分之

（一）余存之出版物由双方按照比例分配之（例如版税为定价百分之十者所余出版物甲方取百分之十乙方取百分之九十）其递送费用各自负担之

（二）余存之图版照原价折半由甲方备款承受如甲方不愿承受由乙方保有或以其他方法处分之但不得再以之印刷本著作物

（三）注册执照由乙方交还甲方

第二十七条　甲方或乙方非经对方书面许可不得将本契约之权利让与他人但法定继承人不在此限

第二十八条　本契约一式两纸甲乙两方各执一纸为凭

中华民国二十三年九月六日

出版权授与人　陶行知（印章）

右保证人

出版权让受人　上海商务印书馆股份有限公司

右代表人　商务印书馆总经理王云五

# 算术课本编辑手稿

算術第八冊
小學算術第七冊
算術第六冊
算術第五冊
算術第四冊

## 编者按

《算术课本编辑手稿》目前只收集到第四册至第八册，尚缺第一册至第三册；而课本的插图又只收到第一册至第四册，故只用了文字部分。课本方框中的内容为作者对课中插图的具体要求，仍按原样保留。

陶行知很重视基础教育的教材建设，亲自编著全套的小学教科书和指导书（目前未搜集到），现将其签订的有关合同附后。

# 第四册内容

| | |
|---|---|
| ① 复习 | 1，2，31，32 |
| ② 2，3，4，5的乘法 | 3，4，5，6，7，8 |
| ③ 除号的认识 | 9 |
| ④ 2，3，4，5的除法 | 10，11，12，13，14，15，21 |
| ⑤ 乘除的应用 | 16，17，27 |
| ⑥ 加减的应用 | 18，19 |
| ⑦ “0”的减法 | 22 |
| ⑧ 两位的速加法 | 23 |
| ⑨ 位数一位被乘数两位不进位的乘法 | 24，25，26，28，29，30 |

楷书这三个字

# 第 四 册

这条线要明显

这是第四册，先温习第三册的东西。

| | | | | |
|---|---|---|---|---|
| 12 | 21 | 5 | | |
| 13 | 13 | 11 | 15 | 17 |
| + 4 | + 15 | + 12 | + 5 | + 3 |

| | | | | |
|---|---|---|---|---|
| 9 | 18 | 25 | 16 | 27 |
| −7 | − 5 | − 12 | − 13 | − 25 |

| | | | | |
|---|---|---|---|---|
| 3 | 3 | 2 | 2 | 4 |
| × 2 | × 3 | × 2 | × 3 | × 2 |

| | | | | |
|---|---|---|---|---|
| 2 | 4 | 3 | 4 | 5 |
| × 4 | × 3 | × 4 | × 4 | × 2 |

| |
|---|
| 图画<br>麻雀，鸽子，鸡，鹦鹉各一<br>乌龟一只（该图占地位勿太大） |

各种东西寿命长短不同。

| | | | | | |
|---|---|---|---|---|---|
| 麻雀 | 25年 | 鸡 | 12年 | 鸽子 | 8年 |
| 狗 | 25年 | 猫 | 15年 | 牛 | 30年 |
| 猪 | 20年 | 猴子 | 100年 | 人 | 100年 |
| 象 | 130年 | 鹦鹉 | 117年 | 龟 | 350年 |

谁的寿命顶长？

鸡比鸽子长______岁　　12- 8 =______

狗比猪长______岁　　25-20=______

狗比猫长______岁　　25-15=______

牛比狗长______岁　　30-25=______

麻雀比鸡长______岁　　25-12=______

牛比猪长______岁　　30-20=______

| |
|---|
| 图画<br>猫，猪，狗，牛，象，猴子各一<br>一个人直立图 |

图画
二只大虾
注意显露二只螯。

1只虾有1对螯，1对是2只。

| | |
|---|---|
| 2对是______只 | 2×2=______ |
| 3对是______只 | 3×2=______ |
| 4对是______只 | 4×2=______ |
| 5对是______只 | 5×2=______ |
| 6对是______只 | 6×2=______ |
| 7对是______只 | 7×2=______ |
| 8对是______只 | 8×2=______ |
| 9对是______只 | 9×2=______ |
| 10对是______只 | 10×2=______ |
| 20对是______只 | 20×2=______ |
| 30对是______只 | 30×2=______ |
| 100对是______只 | 100×2=______ |

| |
|---|
| 图画<br>鱼市<br>注意三条为一堆。 |

渔翁卖鱼，把大小鱼三条配成一堆。

| | |
|---|---|
| 1堆鱼是3条 | $1\times3=3.$ |
| 2堆鱼是______条 | $2\times3=$______ |
| 3堆鱼是______条 | $3\times3=$______ |
| 4堆鱼是______条 | $4\times3=$______ |
| 5堆鱼是______条 | $5\times3=$______ |
| 6堆鱼是______条 | $6\times3=$______ |
| 7堆鱼是______条 | $7\times3=$______ |
| 8堆鱼是______条 | $8\times3=$______ |
| 9堆鱼是______条 | $9\times3=$______ |
| 10堆鱼是______条 | $10\times3=$______ |
| 100堆鱼是______条 | $100\times3=$______ |

图画
碗坯
曝在日光下的。

工人做碗坯，1角钱做4只。

2角钱做______只　　2×4=______

3角钱做______只　　3×4=______

4角钱做______只　　4×4=______

5角钱做______只　　5×4=______

6角钱做______只　　6×4=______

7角钱做______只　　7×4=______

8角钱做______只　　8×4=______

9角钱做______只　　9×4=______

10角钱做______只　　10×4=______

10角是1元。

1元做　40　只碗坯，

2元做______只碗坯。

图画
陶器酒杯
茶壶等件。

陶器的工价大小件不同，
　　大件1角钱2件，
　　中件1角钱3件，
　　小件1角钱4件。

一个工人一天得工钱3角，
　　光做大件要做______件，
　　光做中件要做______件，
　　光做小件要做______件。

又一个工人一天得工钱5角，
　　光做大件要做______件，
　　光做中件要做______件，
　　光做小件要做______件。

图画

树行

每行五株，共十行，排成园列。

植树节，人人都种树。1人种5株，

| | |
|---|---|
| 2人种________株 | $2\times5=$________ |
| 3人种________株 | $3\times5=$________ |
| 4人种________株 | $4\times5=$________ |
| 5人种________株 | $5\times5=$________ |
| 6人种________株 | $6\times5=$________ |
| 7人种________株 | $7\times5=$________ |
| 8人种________株 | $8\times5=$________ |
| 9人种________株 | $9\times5=$________ |
| 10人种________株 | $10\times5=$________ |
| 100人种________株 | $100\times5=$________ |

做下列各题

$$\begin{array}{r}5\\ \times\ 5\\ \hline\end{array}\quad\begin{array}{r}5\\ \times\ 4\\ \hline\end{array}\quad\begin{array}{r}5\\ \times\ 3\\ \hline\end{array}\quad\begin{array}{r}5\\ \times\ 2\\ \hline\end{array}\quad\begin{array}{r}5\\ \times\ 1\\ \hline\end{array}$$

$$\begin{array}{r}4\\ \times\ 4\\ \hline\end{array}\quad\begin{array}{r}4\\ \times\ 3\\ \hline\end{array}\quad\begin{array}{r}4\\ \times\ 2\\ \hline\end{array}\quad\begin{array}{r}4\\ \times\ 1\\ \hline\end{array}\quad\begin{array}{r}2\\ \times\ 4\\ \hline\end{array}$$

$$\begin{array}{r}3\\ \times 3\\ \hline\end{array}\quad \begin{array}{r}3\\ \times 2\\ \hline\end{array}\quad \begin{array}{r}3\\ \times 1\\ \hline\end{array}\quad \begin{array}{r}2\\ \times 3\\ \hline\end{array}\quad \begin{array}{r}3\\ \times 4\\ \hline\end{array}$$

$$\begin{array}{r}2\\ \times 2\\ \hline\end{array}\quad \begin{array}{r}2\\ \times 1\\ \hline\end{array}\quad \begin{array}{r}2\\ \times 3\\ \hline\end{array}\quad \begin{array}{r}2\\ \times 4\\ \hline\end{array}\quad \begin{array}{r}2\\ \times 5\\ \hline\end{array}$$

$$\begin{array}{r}10\\ \times \quad 2\\ \hline\end{array}\quad \begin{array}{r}20\\ \times \quad 3\\ \hline\end{array}\quad \begin{array}{r}30\\ \times \quad 3\\ \hline\end{array}\quad \begin{array}{r}40\\ \times \quad 2\\ \hline\end{array}$$

# ÷

这是除号。看说明：
4只青蛙，2只1队，有2队，
就是4÷2=2.

图画　　4只青蛙，
分2队排列着。

6只蜜蜂，3只1队，有______队
就是6÷3=______。

图画
蜜蜂3只1队，2队。

6块糖，分给2个孩子吃，每人吃______块，
就是6÷2=______

图画
一个父亲，分糖给二个孩子吃。

| | |
|---|---|
| 图画<br>一个挑水夫，<br>挑着一担水。 | 图画<br>蓄水的缸。 |

这只蓄水缸，可以装水20担。

1个人挑2担，______人可以挑满，

就是 $20 \div 2 =$ 10。

1担水有2桶，20担有______桶，

就是 $20 \times 2 =$ ______。

对照下列各题做下去。

| | |
|---|---|
| $2 \times 2 =$ ______ | $4 \div 2 =$ ______ |
| $3 \times 2 =$ ______ | $6 \div 2 =$ ______ |
| $4 \times 2 =$ ______ | $8 \div 2 =$ ______ |
| $5 \times 2 =$ ______ | $10 \div 2 =$ ______ |
| $6 \times 2 =$ ______ | $12 \div 2 =$ ______ |
| $7 \times 2 =$ ______ | $14 \div 2 =$ ______ |
| $8 \times 2 =$ ______ | $16 \div 2 =$ ______ |
| $9 \times 2 =$ ______ | $18 \div 2 =$ ______ |
| $10 \times 2 =$ ______ | $20 \div 2 =$ ______ |

大雨以后，蓄水缸里有了半缸水。

20的一半是______。

就是 $20 \div 2 =$ ______。

很快的说出下列各数来。

10的一半是______。

8的一半是______。

6的一半是______。

4的一半是______。

2的一半是______。

对照下列加法乘法与除法，算出来。

| | | |
|---|---|---|
| $\begin{array}{r} 2 \\ +\ 2 \\ \hline \end{array}$ | $\begin{array}{r} 2 \\ \times\ 2 \\ \hline \end{array}$ | $4 \div 2 =$ ______ |
| $\begin{array}{r} 3 \\ +\ 3 \\ \hline \end{array}$ | $\begin{array}{r} 3 \\ \times\ 2 \\ \hline \end{array}$ | $6 \div 2 =$ ______ |
| $\begin{array}{r} 4 \\ +\ 4 \\ \hline \end{array}$ | $\begin{array}{r} 4 \\ \times\ 2 \\ \hline \end{array}$ | $8 \div 2 =$ ______ |
| $\begin{array}{r} 5 \\ +\ 5 \\ \hline \end{array}$ | $\begin{array}{r} 5 \\ \times\ 2 \\ \hline \end{array}$ | $10 \div 2 =$ ______ |

这是自来水塔。
用自来水的多少
叫加仑。
1加仑大约有三小桶。

图画
自来水的水塔。

2加仑有______小桶。6小桶有______加仑。

算下去。

3×2=______　　6÷3=______

3×3=______　　9÷3=______

3×4=______　　12÷3=______

3×5=______　　15÷3=______

图画
自来水的龙头，
龙头下有一桶。

9小桶有______加仑。
12小桶有______加仑。
15小桶有______加仑。

再算下去。

6×3=______　　18÷3=______

7×3=______　　21÷3=______

8×3=______　　24÷3=______

9×3=______　　27÷3=______

对照算下列各题。

$$\begin{array}{r} 2 \\ 2 \\ +\ 2 \\ \hline \end{array} \qquad \begin{array}{r} 2 \\ \times\ 3 \\ \hline \end{array} \qquad 6 \div 3 = \_\_\_\_\_\_$$

$$\begin{array}{r} 3 \\ 3 \\ +\ 3 \\ \hline \end{array} \qquad \begin{array}{r} 3 \\ \times\ 3 \\ \hline \end{array} \qquad 9 \div 3 = \underline{\qquad}$$

$$\begin{array}{r} 4 \\ 4 \\ +\ 4 \\ \hline \end{array} \qquad \begin{array}{r} 4 \\ \times\ 3 \\ \hline \end{array} \qquad 12 \div 3 = \underline{\qquad}$$

$$\begin{array}{r} 5 \\ 5 \\ +\ 5 \\ \hline \end{array} \qquad \begin{array}{r} 5 \\ \times\ 3 \\ \hline \end{array} \qquad 15 \div 3 = \underline{\qquad}$$

| |
|---|
| 图画<br>8碗水，<br>分两排放着。 |

这里是8碗水，就是______个4碗。

$8\div4=$______　　$4\times2=$______

做下去。

$2\times4=$______　　$8\div4=$______

$3\times4=$______　　$12\div4=$______

$4\times4=$______　　$16\div4=$______

$5\times4=$______　　$20\div4=$______

$6\times4=$______　　$24\div4=$______

$7\times4=$______　　$28\div4=$______

$8\times4=$______　　$32\div4=$______

$9\times4=$______　　$36\div4=$______

$4+4+4+4+4=$______

$4+4+4+4+4+4=$______

$4+4+4=$______

# 复　习

| | |
|---|---|
| 2÷2=______ | 3÷3=______ |
| 6÷2=______ | 6÷3=______ |
| 8÷2=______ | 8÷4=______ |
| 12÷2=______ | 12÷3=______ |
| 12÷4=______ | 12÷2=______ |
| 16÷2=______ | 16÷4=______ |
| 18÷2=______ | 18÷3=______ |
| 20÷2=______ | 20÷4=______ |
| 24÷3=______ | 24÷4=______ |

| | |
|---|---|
| 9÷3=______ | 10÷2=______ |
| 14÷2=______ | 15÷3=______ |
| 21÷3=______ | 27÷3=______ |
| 28÷4=______ | 32÷4=______ |
| 36÷4=______ | 4÷4=______ |

做对______题　做错______题

| |
|---|
| 图画<br>几箩桑叶<br>有采桑人站在旁边。<br>图画<br>一片桑叶<br>有一条蚕在上面 |

桑叶可以饲蚕的。桑叶的价钱：

上等桑叶每百斤5元，次等的4元，

再次等的3元。

有一家农家只卖桑叶，这一年卖去桑叶上

等的九百斤，次等的六百斤，再次等的

五百斤，共卖________元。

采桑叶的工人，每百斤工钱1元，他要付工钱________元。

他自己还留洋________元。

算下列各题

$5\times4=$________　　　　$20\div4=$________

$6\times3=$________　　　　$18\div3=$________

$9\times2=$________　　　　$18\div2=$________

$5\times3=$________　　　　$15\div3=$________

$6\times4=$________　　　　$24\div4=$________

图画
缫丝图
三个茧子

蚕茧可以缫丝的，
好的蚕茧十斤可以缫丝4斤，
次的蚕茧十斤可以缫丝3斤，
再次的蚕茧十斤可以缫丝2斤。
一家农家一年得上等茧九十斤，
又得次等茧八十片，又得再次等茧七十斤，
他可以缫丝________斤。
上等茧 $9\times4=$________
次等茧 $8\times3=$________
再次等茧 $7\times2=$________

算下列各题

| | |
|---|---|
| $9\times2=$________ | $18\div2=$________ |
| $8\times4=$________ | $32\div4=$________ |
| $7\times3=$________ | $21\div3=$________ |
| $6\times4=$________ | $24\div4=$________ |
| $5\times2=$________ | $10\div2=$________ |

写正体字

**5月9日**

**21条**

民国4年日本逼我国承认21条，到今年已经______年了。

日本在民国______年占领热河，到今年已经______年，

日本在民国______年占领东三省，到今年已经______年。

日本在民国______年占领青岛，到民国______年交还，共占据______年，

日本在民国______年攻打山东，到今年已经______年，

日本在民国______年攻打上海，到今年已经______年，

日本在民国纪元前______年占领台湾，到今年已经______年，

日本在民国纪元前______年占领澎湖，到今年已经______年。

日本在民国纪元前______年占领朝鲜，到今年已经______年。

日本在民国纪元前______年占领琉球，到今年已经______年。

蚊子，孑孓图
但勿与自然图重复。

蚊子会生卵的，水里的孑孓就是蚊卵变的，孑孓又会变成蚊子。

1个雌蚊子，一次可以生卵50个。

2个蚊子可以生______个，3个蚊子可以生______个。

5个蚊子可以生______个。10个蚊子可以生______个。

蚊卵变孑孓，有的变不成的。100个蚊卵有40个变不成的，那末500个蚊卵有______个变不成孑孓，有______个变成孑孓。

孑孓变蚊子，有的也变不成的。100个孑孓有50个变不成的，那末300个孑孓有______个变不成蚊子，有______个变成蚊子。

500－200－150＝______。

10个蚊子可以变______个蚊子。

照前课说，1个雌蚊一次可以生蚊子15个，一年生卵三次，共生蚊子______个。

$$\begin{array}{r} 15 \\ \times\ 3 \\ \hline \end{array}\ \text{就是}\ \begin{array}{r} 10 \\ \times\ 3 \\ \hline 30 \end{array}\quad \begin{array}{r} 5 \\ \times\ 3 \\ \hline 15 \end{array}\quad \begin{array}{r} 30 \\ +\ 15 \\ \hline 45 \end{array}$$

照例做下去。

$$\begin{array}{r} 15 \\ \times\ 3 \\ \hline \end{array}\quad \begin{array}{r} 12 \\ \times\ 4 \\ \hline \end{array}\quad \begin{array}{r} 13 \\ \times\ 3 \\ \hline \end{array}\quad \begin{array}{r} 11 \\ \times\ 5 \\ \hline \end{array}$$

$$\begin{array}{r} 13 \\ \times\ 4 \\ \hline \end{array}\quad \begin{array}{r} 14 \\ \times\ 2 \\ \hline \end{array}\quad \begin{array}{r} 13 \\ \times\ 5 \\ \hline \end{array}\quad \begin{array}{r} 12 \\ \times\ 3 \\ \hline \end{array}$$

$$\begin{array}{r} 22 \\ \times\ 4 \\ \hline \end{array}\quad \begin{array}{r} 23 \\ \times\ 3 \\ \hline \end{array}\quad \begin{array}{r} 24 \\ \times\ 2 \\ \hline \end{array}\quad \begin{array}{r} 21 \\ \times\ 4 \\ \hline \end{array}$$

做对________个　做错________个

| |
|---|
| 图画<br>一只手<br>伸张五指。<br>（臂也要稍稍露出） |

15个有______个5。

2个5是______。

3个5是______。

所以15个有______个5。

就是15÷5=______。

做下去。

| | |
|---|---|
| 1×5=______ | 5÷5=______ |
| 2×5=______ | 10÷5=______ |
| 3×5=______ | 15÷5=______ |
| 4×5=______ | 20÷5=______ |
| 5×5=______ | 25÷5=______ |
| 6×5=______ | 30÷5=______ |
| 7×5=______ | 35÷5=______ |
| 8×5=______ | 40÷5=______ |
| 9×5=______ | 45÷5=______ |
| 10×5=______ | 50÷5=______ |

楷书这两字。
地位与大小照样
五卅

五卅，中国与帝国主义算总账。
全国有租借地6处，只收回2处，还有＿＿＿＿处。
全国有租界30处，只收回9处，还有＿＿＿＿处。
全国有居留地12处。
全国失地共39次，最近失地＿＿＿＿次。
又强迫赔款8次，到现在还没有还了。

算下列各题

| | |
|---|---|
| 6－6＝＿＿＿＿ | 6－0＝6 |
| 30－30＝＿＿＿＿ | 30－0＝＿＿＿＿ |
| 12－12＝＿＿＿＿ | 12－0＝＿＿＿＿ |
| 39－39＝＿＿＿＿ | 39－0＝＿＿＿＿ |
| 8－8＝＿＿＿＿ | 8－0＝＿＿＿＿ |
| 4－4＝＿＿＿＿ | 4－0＝＿＿＿＿ |
| 21－21＝＿＿＿＿ | 21－0＝＿＿＿＿ |

图画

蜻蜓一只

蜻蜓在空中捉虫，有人计算过，一只大蜻蜓一点钟捉虫120只，做它的早饭吃。

3只大蜻蜓的一餐早饭要_________只小虫。

5只大蜻蜓的一餐早饭要_________只小虫。

2只大蜻蜓的一餐早饭要_________只小虫。

算下列各题

| | | | |
|---|---|---|---|
| 35 | 12 | 26 | 34 |
| 25 | 23 | 37 | 43 |
| + 15 | + 34 | + 16 | + 22 |

| | | | |
|---|---|---|---|
| | | | 7 |
| 14 | 25 | 24 | 13 |
| 15 | 26 | 26 | 29 |
| + 17 | + 27 | + 28 | + 31 |

图画

螳螂一只

螳螂也吃小虫的。

一只螳螂一夜可吃蚊子35只，做晚餐。

2只螳螂可吃蚊子______只。

3只螳螂可以吃蚊子______只。

蚊子太少，1只螳螂只吃20只，3只螳螂可以吃______只蚊子。

蚊子又太少了，1只螳螂只吃12只，5只螳螂可以吃______只蚊子。

算下列各题

| | | | |
|---|---|---|---|
| $\begin{array}{r} 15 \\ \times\ 3 \\ \hline \end{array}$ | $\begin{array}{r} 12 \\ \times\ 5 \\ \hline \end{array}$ | $\begin{array}{r} 20 \\ \times\ 3 \\ \hline \end{array}$ | $\begin{array}{r} 35 \\ \times\ 2 \\ \hline \end{array}$ |
| $\begin{array}{r} 35 \\ \times\ 3 \\ \hline \end{array}$ | $\begin{array}{r} 12 \\ \times\ 4 \\ \hline \end{array}$ | $\begin{array}{r} 20 \\ \times\ 4 \\ \hline \end{array}$ | $\begin{array}{r} 16 \\ \times\ 3 \\ \hline \end{array}$ |

## 寸 尺 丈

10寸是1尺。10尺是1丈。

1疋布是5丈，1个人织要2天，每天织布__________尺就是__________丈__________尺。

1疋布织的工钱1元，每丈织工__________角，这个工人一天可以得工钱__________角。

织布工人每天吃饭要2角，住房子1角，每天还多__________角，10天多__________角，15天多__________角，30天多__________角，就是__________元。

织布工人有母亲，不能做工，一个月要吃饭4元，他给母亲后还余__________元。

一个月多6元，一年多__________元。

一个月多2元，一年多__________元。

这__________元，买衣服用去8元，买被用去6元，零用8元，还多__________元。

## 元 角 分

1元是10角。1角是10分。

粗布与细布的价钱不同。

白的粗布1尺洋1角，1丈要______角，

白的细布1尺洋1角5分，1丈要______角。

花布1元卖5尺，每尺______角。

又有一种花布1元5角卖5尺，每尺______角。

算下列各题

$$\begin{array}{r}10\\ \times\ 3\\ \hline\end{array}\qquad\begin{array}{r}12\\ \times\ 3\\ \hline\end{array}\qquad\begin{array}{r}23\\ \times\ 3\\ \hline\end{array}\qquad\begin{array}{r}32\\ \times\ 4\\ \hline\end{array}$$

$$\begin{array}{r}13\\ \times\ 4\\ \hline\end{array}\qquad\begin{array}{r}15\\ \times\ 3\\ \hline\end{array}\qquad\begin{array}{r}23\\ \times\ 4\\ \hline\end{array}\qquad\begin{array}{r}16\\ \times\ 4\\ \hline\end{array}$$

图画
收割麻，
注意，麻是拔的，
不是割的，
千万勿拿刀在手。

农人做工，忙时工价高，不忙时工价低。

收麻时顶忙，每天工钱4角，还要请他吃饭吃点心。

女人做工工价低，这几天每天2角。2个男工2个女工1天可以收麻四百斤，每百斤工价________角。织麻是不忙的时候做的工，每疋粗麻布10丈，织工1元，每丈织工________角，一个人每天可织2丈得工钱________角。

做下列各题

| | |
|---|---|
| $12\div2=$________ | $12\div4=$________ |
| $10\div5=$________ | $10\div10=$________ |
| $21\div3=$________ | $15\div5=$________ |
| $24\div4=$________ | $20\div2=$________ |
| $25\div5=$________ | $18\div3=$________ |

图画

掘藕图

藕一支图。

掘藕的工钱极低。掘藕1斤，工钱铜元5个，一个人一天最多只能掘15斤，可得铜元______个。

有人只能掘12斤可得铜元______个，

有人只能掘10斤，可得铜元______个，

有人只能掘9斤可得铜元______个，

有人只能掘7斤可得铜元______个。

掘到小藕，可以给工人的。一个人一天可以分到小藕2斤，每斤值铜元12个，那末工人一天可得小藕钱______个铜元。

$\begin{array}{r} 75 \\ +24 \\ \hline \end{array}$　　$\begin{array}{r} 24 \\ +60 \\ \hline \end{array}$　　$\begin{array}{r} 50 \\ +24 \\ \hline \end{array}$　　$\begin{array}{r} 24 \\ +45 \\ \hline \end{array}$

$\begin{array}{r} 35 \\ +24 \\ \hline \end{array}$　　$\begin{array}{r} 25 \\ +24 \\ \hline \end{array}$　　$\begin{array}{r} 28 \\ +15 \\ \hline \end{array}$　　$\begin{array}{r} 56 \\ +24 \\ \hline \end{array}$

> 图画
> 莲蓬一个莲子四五粒，
> 落在地下。

莲蓬里有莲子。

每个莲蓬大小不一样。

大的每个有16粒，

也有14粒。

小的每个有9粒，也有8粒，7粒的。买一堆莲蓬，数数有32个，每个莲蓬里的莲子数如下，

16粒的有5个共______粒，

15粒的有5个共______粒，

14粒的有4个共______粒，

12粒的有4个共______粒，

9粒的有5个共______粒，

8粒的有4个共______粒，

7粒的有5个共______粒。

$$\begin{array}{r} 80 \\ +75 \\ \hline \end{array} \quad \begin{array}{r} 56 \\ +32 \\ \hline \end{array} \quad \begin{array}{r} 48 \\ +35 \\ \hline \end{array} \quad \begin{array}{r} 45 \\ +32 \\ \hline \end{array}$$

$$\begin{array}{r} 48 \\ -36 \\ \hline \end{array} \quad \begin{array}{r} 56 \\ -43 \\ \hline \end{array} \quad \begin{array}{r} 75 \\ -72 \\ \hline \end{array} \quad \begin{array}{r} 64 \\ -54 \\ \hline \end{array}$$

穷人要读书，可以请小先生教。

1个小先生教2个学生，

10个小先生有__________个学生。

12个小先生有__________个学生。

15个小先生有__________个学生。

17个小先生有__________个学生。

20个小先生有__________个学生。

22个小先生有__________个学生。

30个小先生有__________个学生。

小先生的学生，又可以做小先生。这次的小先生，每人又可以教2个学生，照上题的数目，算出学生数来。

| | |
|---|---|
| 2 + 4 = __________ | 10 + 20 = __________ |
| 20 + 40 = __________ | 12 + 24 = __________ |
| 24 + 48 = __________ | 15 + 30 = __________ |
| 30 + 60 = __________ | 22 + 44 = __________ |
| 34 + 34 = __________ | 60 + 60 = __________ |

# 复习一

做下列各题，如有做错，再做过。

$$\begin{array}{r}4\\ \times 3\\ \hline\end{array}\quad\begin{array}{r}5\\ \times 2\\ \hline\end{array}\quad\begin{array}{r}7\\ \times 3\\ \hline\end{array}\quad\begin{array}{r}9\\ \times 5\\ \hline\end{array}\quad\begin{array}{r}8\\ \times 4\\ \hline\end{array}$$

$$\begin{array}{r}11\\ \times 3\\ \hline\end{array}\quad\begin{array}{r}12\\ \times 4\\ \hline\end{array}\quad\begin{array}{r}13\\ \times 3\\ \hline\end{array}\quad\begin{array}{r}14\\ \times 2\\ \hline\end{array}\quad\begin{array}{r}10\\ \times 5\\ \hline\end{array}$$

$$\begin{array}{r}22\\ \times 4\\ \hline\end{array}\quad\begin{array}{r}23\\ \times 3\\ \hline\end{array}\quad\begin{array}{r}24\\ \times 2\\ \hline\end{array}\quad\begin{array}{r}21\\ \times 3\\ \hline\end{array}\quad\begin{array}{r}20\\ \times 4\\ \hline\end{array}$$

$$\begin{array}{r}13\\ \times 5\\ \hline\end{array}\quad\begin{array}{r}16\\ \times 4\\ \hline\end{array}\quad\begin{array}{r}18\\ \times 2\\ \hline\end{array}\quad\begin{array}{r}14\\ \times 3\\ \hline\end{array}\quad\begin{array}{r}19\\ \times 3\\ \hline\end{array}$$

做对__________题　　做错__________题

## 复 习 二

做下列各题，如有做错，再做过。

| | |
|---|---|
| $3\times3=$ ______ | $9\div3=$ ______ |
| $5\times5=$ ______ | $25\div5=$ ______ |
| $2\times2=$ ______ | $4\div2=$ ______ |
| $4\times4=$ ______ | $16\div4=$ ______ |
| $3\times2=$ ______ | $6\div2=$ ______ |
| $2\times3=$ ______ | $6\div3=$ ______ |
| $4\times3=$ ______ | $12\div3=$ ______ |
| $3\times4=$ ______ | $12\div4=$ ______ |
| $5\times4=$ ______ | $20\div4=$ ______ |
| $4\times5=$ ______ | $20\div5=$ ______ |
| $4\times2=$ ______ | $8\div2=$ ______ |
| $2\times4=$ ______ | $8\div4=$ ______ |
| $5\times3=$ ______ | $15\div3=$ ______ |
| $3\times5=$ ______ | $15\div5=$ ______ |
| $5\times2=$ ______ | $10\div5=$ ______ |
| $2\times5=$ ______ | $10\div2=$ ______ |
| $6\times3=$ ______ | $18\div3=$ ______ |
| $7\times2=$ ______ | $14\div2=$ ______ |
| $8\times4=$ ______ | $32\div4=$ ______ |
| $9\times5=$ ______ | $45\div5=$ ______ |

做对______题　　做错______题

# 第五册内容

楷书

第五册

注意这条线，要明显

第五册开始了，先温习从前学过的。

① $12+13+14$　② $24+31+43$　③ $32+24+13$　④ $45+32+22$　⑤ $11+22+33$

⑥ $13+7$　⑦ $16+4$　⑧ $15+15$　⑨ $12+18$　⑩ $17+16$

⑪ $6\times5$　⑫ $9\times3$　⑬ $8\times4$　⑭ $6\times3$　⑮ $7\times5$

⑯ $12\times3$　⑰ $23\times2$　⑱ $11\times5$　⑲ $22\times4$　⑳ $33\times5$

做对＿＿＿＿题　　做错＿＿＿＿

## 再温习下去

① $\begin{array}{r} 36 \\ -25 \\ \hline \end{array}$ ② $\begin{array}{r} 39 \\ -26 \\ \hline \end{array}$ ③ $\begin{array}{r} 14 \\ -13 \\ \hline \end{array}$ ④ $\begin{array}{r} 18 \\ -8 \\ \hline \end{array}$ ⑤ $\begin{array}{r} 26 \\ -16 \\ \hline \end{array}$

⑥ $\begin{array}{r} 11 \\ -6 \\ \hline \end{array}$ ⑦ $\begin{array}{r} 12 \\ -5 \\ \hline \end{array}$ ⑧ $\begin{array}{r} 15 \\ -9 \\ \hline \end{array}$ ⑨ $\begin{array}{r} 13 \\ -8 \\ \hline \end{array}$ ⑩ $\begin{array}{r} 14 \\ -7 \\ \hline \end{array}$

⑪ $\begin{array}{r} 5 \\ -5 \\ \hline \end{array}$ ⑫ $\begin{array}{r} 6 \\ -6 \\ \hline \end{array}$ ⑬ $\begin{array}{r} 3 \\ -0 \\ \hline \end{array}$ ⑭ $\begin{array}{r} 2 \\ -0 \\ \hline \end{array}$ ⑮ $\begin{array}{r} 5 \\ -0 \\ \hline \end{array}$

⑯ $4 \div 2 =$ ______　⑰ $6 \div 2 =$ ______

⑱ $8 \div 4 =$ ______　⑲ $6 \div 3 =$ ______

⑳ $8 \div 2 =$ ______　㉑ $9 \div 3 =$ ______

㉒ $10 \div 5 =$ ______　㉓ $15 \div 5 =$ ______

㉔ $12 \div 4 =$ ______　㉕ $12 \div 3 =$ ______

㉖ $12 \div 2 =$ ______　㉗ $20 \div 5 =$ ______

做对______题　　做错______题

楷书

蝗

满天飞蝗图

满天的蝗虫，数目至少有几万。

万是什么?

1这是一， 10就是一十，

100这是一百， 1000这是一千。

100是十个10，

1000是十个100，

万是十个1000是10000。

写出下列各数来。

| | |
|---|---|
| 三十 30 | 三百______ |
| 五十五______ | 五百五十______ |
| 七十三______ | 七百三十______ |
| 九百八十 980 | 九千八百______ |
| 一百五十______ | 一千五百______ |
| 二百四十______ | 二千四百______ |
| 一万 10000 | 二万______ |

楷书

螟

吃稻的螟虫比蝗虫多，1根稻里有1个螟虫，也有2个，3个的。

稻1扎顶少有10根。

那末1扎稻至少有螟虫10个，

10扎有__________个，　　100扎有__________个，

1000扎有__________个，　　10000扎有__________个。

算下列各题

① 10×10＝100　　② 20× 10 ＝__________

③100×10＝1000　　④200×100＝__________

⑤300×10＝__________　　⑥400× 10 ＝__________

⑦500×10＝__________　　⑧600× 10 ＝__________

⑨700×10＝__________　　⑩800× 10 ＝__________

⑪900×10＝__________　　⑫1000×10＝10000

⑬一千二百三十五是 1235。

⑭二千三百四十六是__________

⑮一万二千三百四十五是 12345。

⑯二万三千四百五十六是__________

算下列各题

| ① | ② | ③ | ④ |
|---|---|---|---|
| 1 0 0 | 1 0 0 | 1 0 0 | 1 0 0 |
| + 1 0 | + 2 0 | + 5 0 | + 2 5 |

⑤
$$\begin{array}{r} 1000 \\ 100 \\ +\quad 10 \\ \hline \end{array}$$

⑥
$$\begin{array}{r} 1000 \\ 200 \\ +\quad 30 \\ \hline \end{array}$$

⑦
$$\begin{array}{r} 1000 \\ 500 \\ +\quad 55 \\ \hline \end{array}$$

⑧
$$\begin{array}{r} 1000 \\ 250 \\ +\quad 35 \\ \hline \end{array}$$

⑨
$$\begin{array}{r} 10000 \\ 1000 \\ +\quad 100 \\ \hline \end{array}$$

⑩
$$\begin{array}{r} 10000 \\ 2000 \\ +\quad 300 \\ \hline \end{array}$$

⑪
$$\begin{array}{r} 10000 \\ 5600 \\ +\quad 350 \\ \hline \end{array}$$

⑫
$$\begin{array}{r} 10000 \\ 3240 \\ +\quad 532 \\ \hline \end{array}$$

⑬
$$\begin{array}{r} 30 \\ 20 \\ +50 \\ \hline \end{array}$$

⑭
$$\begin{array}{r} 200 \\ 300 \\ +500 \\ \hline \end{array}$$

⑮
$$\begin{array}{r} 5000 \\ +5000 \\ \hline \end{array}$$

⑯
$$\begin{array}{r} 6000 \\ +4000 \\ \hline \end{array}$$

一年里日蚀有2次，3次，4次，最多5次。

①一年有2次日蚀，18年有＿＿＿＿次，

②一年有3次日蚀，18年有＿＿＿＿次，

③一年有4次日蚀，18年有＿＿＿＿次，

④一年有5次日蚀，18年有＿＿＿＿次。

⑤据天文学上说，18年只有日蚀41次，那末一年有2次日蚀，还多余＿＿＿＿次。

⑥18年里有15年是2次，有2年是3次，有1年是5次，共＿＿＿＿次。

⑦ 18年里有14年是2次，有1年是5次，1年是4次，还有__________年是2次，合成41次。

⑧ 18年里有13年是2次，有2年是4次，有1年是3次，还有__________年是2次，合成41次。

⑨ 18年里有11年是2次，有1年是5次，1年是4次，有__________年是2次，合成41次。



① 一年有365日，1个月有30日，那末有__________个月又__________日。

② 一年有6个月是31日，5个月是30日，1个月是29日，共__________日。

③ 一年有7个月是31日，5个月是30日，1个月是28日，共__________日。

④ 闰年一年有__________日。有7个月是31日，5个月是30日，1个月是29日。

算下列各题

⑤ $10 \times 10$　⑥ $11 \times 10$　⑦ $12 \times 10$　⑧ $20 \times 10$　⑨ $22 \times 10$

⑩ $100 \times 10$　⑪ $110 \times 10$　⑫ $111 \times 10$　⑬ $200 \times 10$　⑭ $222 \times 10$

⑮ 1000 × 10

⑯ 1100 × 10

⑰ 1110 × 10

⑱ 1111 × 10

⑲ 1234 × 10

①1天有24小时，
白天12小时，夜里________小时。
白天中饭前6小时，中饭后________小时，
夜里半夜前6小时，半夜后________小时。
②1小时有60分钟，2小时有________分钟，
3小时有________分钟，4小时有________分钟。

做下列的乘法，再做加法。

③ 2 × 6

④ 6 + 6

⑤ 3 × 6

⑥ 6 + 6 + 6

⑦ 4 × 6

⑧ 12 + 12

⑨ 5 × 6

⑩ 18 + 12

⑪ 6 × 6

⑫ 18 + 18

⑬ 10 × 6

⑭ 20 × 6

下列各题都是6的乘法

| | | | | |
|---|---|---|---|---|
| ① | ② | ③ | ④ | ⑤ |
| $\begin{array}{r} 1 \\ \times\ 6 \\ \hline \end{array}$ | $\begin{array}{r} 2 \\ \times\ 6 \\ \hline \end{array}$ | $\begin{array}{r} 3 \\ \times\ 6 \\ \hline \end{array}$ | $\begin{array}{r} 4 \\ \times\ 6 \\ \hline \end{array}$ | $\begin{array}{r} 5 \\ \times\ 6 \\ \hline \end{array}$ |
| ⑥ | ⑦ | ⑧ | ⑨ | ⑩ |
| $\begin{array}{r} 6 \\ \times\ 1 \\ \hline \end{array}$ | $\begin{array}{r} 6 \\ \times\ 2 \\ \hline \end{array}$ | $\begin{array}{r} 6 \\ \times\ 3 \\ \hline \end{array}$ | $\begin{array}{r} 6 \\ \times\ 4 \\ \hline \end{array}$ | $\begin{array}{r} 6 \\ \times\ 5 \\ \hline \end{array}$ |
| ⑪ | ⑫ | ⑬ | ⑭ | ⑮ |
| $\begin{array}{r} 60 \\ \times\ 1 \\ \hline \end{array}$ | $\begin{array}{r} 60 \\ \times\ 2 \\ \hline \end{array}$ | $\begin{array}{r} 60 \\ \times\ 3 \\ \hline \end{array}$ | $\begin{array}{r} 60 \\ \times\ 4 \\ \hline \end{array}$ | $\begin{array}{r} 60 \\ \times\ 5 \\ \hline \end{array}$ |
| ⑯ | ⑰ | ⑱ | ⑲ | ⑳ |
| $\begin{array}{r} 6 \\ \times\ 6 \\ \hline \end{array}$ | $\begin{array}{r} 7 \\ \times\ 6 \\ \hline \end{array}$ | $\begin{array}{r} 8 \\ \times\ 6 \\ \hline \end{array}$ | $\begin{array}{r} 9 \\ \times\ 6 \\ \hline \end{array}$ | $\begin{array}{r} 10 \\ \times\ 6 \\ \hline \end{array}$ |
| ㉑ | ㉒ | ㉓ | ㉔ | ㉕ |
| $\begin{array}{r} 20 \\ \times\ 6 \\ \hline \end{array}$ | $\begin{array}{r} 100 \\ \times\ 6 \\ \hline \end{array}$ | $\begin{array}{r} 200 \\ \times\ 6 \\ \hline \end{array}$ | $\begin{array}{r} 1000 \\ \times\ 6 \\ \hline \end{array}$ | $\begin{array}{r} 2000 \\ \times\ 6 \\ \hline \end{array}$ |

①十八年中月蚀29次，日蚀41次，共________次。

②倘若每年月蚀2次，日蚀5次，那末70次的日月蚀共要________年。

看下列的算法

| | |
|---|---|
| 1×7=7 | 7÷7=1 |
| 2×7=14 | 14÷7=2 |
| 3×7=21 | 21÷7=3 |
| 4×7=28 | 28÷7=4 |
| 5×7=35 | 35÷7=5 |
| 6×7=42 | 42÷7=6 |
| 7×7=49 | 49÷7=7 |
| 8×7=56 | 56÷7=8 |
| 9×7=63 | 63÷7=9 |
| 10×7=70 | 70÷7=10 |

③倘若每年月蚀2次，日蚀4次，那末70次的日月蚀共要________年，又余________次。

④倘若每年月蚀1次，日蚀4次，那末70次的日月蚀共要________年。

6，7的乘除

| | |
|---|---|
| ①2×6=________ | ②12÷6=________ |
| ③3×6=________ | ④18÷6=________ |
| ⑤4×6=________ | ⑥24÷6=________ |
| ⑦5×6=________ | ⑧30÷6=________ |
| ⑨6×6=________ | ⑩36÷6=________ |
| ⑪7×6=________ | ⑫42÷6=________ |
| ⑬8×6=________ | ⑭48÷6=________ |
| ⑮9×6=________ | ⑯54÷6=________ |
| ⑰2×7=________ | ⑱14÷7=________ |

| | |
|---|---|
| ⑲ $3\times7=$ ________ | ⑳ $21\div7=$ ________ |
| ㉑ $4\times7=$ ________ | ㉒ $28\div7=$ ________ |
| ㉓ $5\times7=$ ________ | ㉔ $35\div7=$ ________ |
| ㉕ $6\times7=$ ________ | ㉖ $42\div7=$ ________ |
| ㉗ $7\times7=$ ________ | ㉘ $49\div7=$ ________ |
| ㉙ $8\times7=$ ________ | ㉚ $56\div7=$ ________ |
| ㉛ $9\times7=$ ________ | ㉜ $63\div7=$ ________ |

多练习几次！

| |
|---|
| 楷书<br><br>吨<br><br>图画<br>称煤的大秤 |

中国失去东北四省，每年失去铁100万吨，又失去煤900万吨。

1吨铁值洋100元，那末铁价：

100×100=10000万元。

1吨煤值洋10元，那末煤值：

900×10=__________万元。

两数加起来10000万元+__________=__________。

做下列各题

① $\begin{array}{r} 10 \\ \times 10 \\ \hline \end{array}$　② $\begin{array}{r} 100 \\ \times 10 \\ \hline \end{array}$　③ $\begin{array}{r} 1000 \\ \times 10 \\ \hline \end{array}$　④ $\begin{array}{r} 10000 \\ \times 10 \\ \hline \end{array}$

⑤ $\begin{array}{r} 10 \\ \times 100 \\ \hline \end{array}$　⑥ $\begin{array}{r} 100 \\ \times 100 \\ \hline \end{array}$　⑦ $\begin{array}{r} 20 \\ \times 100 \\ \hline \end{array}$　⑧ $\begin{array}{r} 200 \\ \times 100 \\ \hline \end{array}$

东北四省出产大豆极多。

每年可出523万吨。

全世界每年大豆只产684万吨。

684－523＝__________万吨

那末东北四省出产大豆比世界各国多__________万吨。

523－__________＝__________万吨

算下列各题

| ① | ② | ③ | ④ |
|---|---|---|---|
| 684<br>－523 | 656<br>－345 | 734<br>－621 | 876<br>－753 |

| ⑤ | ⑥ | ⑦ | ⑧ |
|---|---|---|---|
| 597<br>－486 | 879<br>－538 | 435<br>－326 | 255<br>－137 |

| ⑨ | ⑩ | ⑪ | ⑫ |
|---|---|---|---|
| 486<br>－378 | 394<br>－256 | 983<br>－765 | 553<br>－529 |

图

头的方向

牛

马

东北四省家畜极多。

每年出产牛161万头。

马243万头。

猪752万头。

羊300万头。

①161+243+752+300=__________万头。

②6头羊换1头牛，300万头羊可以换牛__________万头。300÷6=__________万头。

③4头猪换1头牛，752万头猪可以换牛__________万头。752÷4=__________万头。

④3匹马换2头牛，243万匹马可以换牛__________万头。243÷3=__________万头。又用2乘得__________万头牛。

⑤上面各数加起来共__________万头牛。

⑥又加牛161万头共__________万头牛。

⑦一头牛值洋50元，300万头值洋__________万元。

400万头值洋__________万元。

500万头值洋__________万元。

图

羊

猪

楷书

斤

图画

中国家常用秤一

1斤=16两，

16两是1斤。

100斤是1担，

20担是1吨。

买煤，买铁用吨计算的。

买棉花用担，用斤计算的。

买鱼买菜用＿＿＿＿计算的。

16是2个8。　　16－8=＿＿＿＿。

所以16是＿＿＿＿个8。

算下去

①1×8=＿＿＿＿　　② 8÷8=＿＿＿＿

③2×8=＿＿＿＿　　④16÷8=＿＿＿＿

⑤3×8=＿＿＿＿　　就是16+8=＿＿＿＿

⑥4×8=＿＿＿＿　　就是16+16=＿＿＿＿

⑦5×8=＿＿＿＿　　就是16+16+8=＿＿＿＿

⑧6×8=＿＿＿＿　　就是16+16+16=＿＿＿＿

⑨7×8=＿＿＿＿　　就是16+16+16+8=＿＿＿＿

⑩8×8=＿＿＿＿　　就是16+16+16+16=＿＿＿＿

纱厂工人，女工每天日工做12小时

得工钱3角，夜工做10小时得工钱3角。

布厂工人，男工每天日夜两人，得工钱大洋1元，每人可得洋________角。

一家夫妻两人，同去工厂做工，一天可以得工钱________角，连做10天可得工钱________元，连做30天可得工钱________元。

（调查一个工人可以连做几天不休息。）

算下面各题

| | |
|---|---|
| ① 2×8=________ | ② 16÷8=________ |
| ③ 3×8=________ | ④ 24÷8=________ |
| ⑤ 4×8=________ | ⑥ 32÷8=________ |
| ⑦ 5×8=________ | ⑧ 40÷8=________ |
| ⑨ 6×8=________ | ⑩ 48÷8=________ |
| ⑪ 7×8=________ | ⑫ 56÷8=________ |
| ⑬ 8×8=________ | ⑭ 64÷8=________ |
| ⑮ 9×8=________ | ⑯ 72÷8=________ |
| ⑰ 10×8=________ | ⑱ 80÷8=________ |
| ⑲ 100×8=________ | ⑳ 800÷8=________ |

乘法都学会了吗？

从 1×2 做到 9×2，都会做吗？

从 1×3 做到 9×3，都会做吗？

从 1×4 做到 9×4，都会做吗？

从 1×5 做到 9×5，都会做吗？

从 1×6 做到 9×6，都会做吗？

从 1×7 做到 9×7，都会做吗？

从 1×8 做到 9×8，都会做吗？

那末9×2会做吗？

9×2 就是 2×9，会做吗？

做下去

① 9×2 就是2×9= ________

② 9×3 就是3×9=______

③ 9×4 就是4×9=______

④ 9×5 就是5×9=______

⑤ 9×6 就是6×9=______

⑥ 9×7 就是7×9=______

⑦ 9×8 就是8×9=______

⑧ 9×9 就是8×9再加9是______

再做一次9的乘

①

$$\begin{array}{r} 1 \\ \times\ 9 \\ \hline \end{array}$$

②

$$\begin{array}{r} 2 \\ \times\ 9 \\ \hline \end{array}$$

③

$$\begin{array}{r} 3 \\ \times\ 9 \\ \hline \end{array}$$

④

$$\begin{array}{r} 4 \\ \times\ 9 \\ \hline \end{array}$$

⑤

$$\begin{array}{r} 5 \\ \times\ 9 \\ \hline \end{array}$$

⑥

$$\begin{array}{r} 6 \\ \times\ 9 \\ \hline \end{array}$$

⑦

$$\begin{array}{r} 7 \\ \times\ 9 \\ \hline \end{array}$$

⑧

$$\begin{array}{r} 8 \\ \times\ 9 \\ \hline \end{array}$$

⑨

$$\begin{array}{r} 9 \\ \times\ 9 \\ \hline \end{array}$$

⑩

$$\begin{array}{r} 10 \\ \times\ 9 \\ \hline \end{array}$$

⑪

$$\begin{array}{r} 10 \\ \times\ 9 \\ \hline \end{array}$$

⑫

$$\begin{array}{r} 100 \\ \times\ 9 \\ \hline \end{array}$$

⑬

$$\begin{array}{r} 110 \\ \times\ 9 \\ \hline \end{array}$$

⑭

$$\begin{array}{r} 111 \\ \times\ 9 \\ \hline \end{array}$$

⑮

$$\begin{array}{r} 1000 \\ \times\ 9 \\ \hline \end{array}$$

再做10的乘

| ⑯ | ⑰ | ⑱ | ⑲ | ⑳ |
|---|---|---|---|---|
| 1 | 2 | 3 | 4 | 5 |
| ×10 | ×10 | ×10 | ×10 | ×10 |

| ㉑ | ㉒ | ㉓ | ㉔ | ㉕ |
|---|---|---|---|---|
| 6 | 7 | 8 | 9 | 10 |
| ×10 | ×10 | ×10 | ×10 | ×10 |

| ㉖ | ㉗ | ㉘ | ㉙ | ㉚ |
|---|---|---|---|---|
| 100 | 11 | 110 | 111 | 1000 |
| ×10 | ×10 | ×10 | ×10 | ×10 |

除法都会做了吗?

从 2÷2 做到 18÷2，都会做吗?

从 3÷3 做到 27÷3，都会做吗?

从 4÷4 做到 36÷4，都会做吗?

从 5÷5 做到 45÷5，都会做吗?

从 6÷6 做到 54÷6，都会做吗?

从 7÷7 做到 63÷7，都会做吗?

从 8÷8 做到 72÷8，都会做吗?

18÷2=9　　18÷9=________会做吗?

两边对照着做下去

① 18÷2=9　　② 18÷9=________

③ 27÷3=9 ④ 27÷9=______

⑤ 36÷4=9 ⑥ 36÷9=______

⑦ 45÷5=9 ⑧ 45÷9=______

⑨ 54÷6=9 ⑩ 54÷9=______

⑪ 63÷7=9 ⑫ 63÷9=______

⑬ 72÷8=9 ⑭ 72÷9=______

⑮ 81－72=9 ⑯ 81÷9=______

做下面各题除法

① 4÷2=______ ② 4÷4=______

③ 6÷2=______ ④ 6÷3=______

⑤ 8÷2=______ ⑥ 8÷4=______

⑦ 9÷3=______ ⑧ 9÷9=______

⑨ 10÷5=______ ⑩ 10÷2=______

⑪ 12÷2=______ ⑫ 12÷3=______

⑬ 12÷4=______ ⑭ 12÷6=______

⑮ 14÷2=______ ⑯ 14÷7=______

⑰ 15÷3=______ ⑱ 15÷5=______

⑲ 16÷2=______ ⑳ 16÷4=______

㉑ 16÷8=______ ㉒ 18÷2=______

㉓ 18÷9=______ ㉔ 18÷3=______

㉕ 18÷6=______ ㉖ 20÷2=______

㉗ 21÷3=______ ㉘ 21÷7=______

㉙ 24÷3=______ ㉚ 24÷8=______

㉛ 24÷4=______ ㉜ 24÷6=______

㉝ 27÷3=______ ㉞ 27÷9=______

做对______题 做错______题

再做下去

| | |
|---|---|
| ① 25÷5= ______ | ② 28÷4= ______ |
| ③ 28÷7= ______ | ④ 30÷3= ______ |
| ⑤ 30÷5= ______ | ⑥ 30÷6= ______ |
| ⑦ 32÷4= ______ | ⑧ 32÷8= ______ |
| ⑨ 36÷6= ______ | ⑩ 36÷4= ______ |
| ⑪ 36÷9= ______ | ⑫ 35÷5= ______ |
| ⑬ 35÷7= ______ | ⑭ 40÷4= ______ |
| ⑮ 40÷5= ______ | ⑯ 40÷8= ______ |
| ⑰ 42÷6= ______ | ⑱ 42÷7= ______ |
| ⑲ 45÷5= ______ | ⑳ 45÷9= ______ |
| ㉑ 48÷6= ______ | ㉒ 48÷8= ______ |
| ㉓ 49÷7= ______ | ㉔ 50÷5= ______ |
| ㉕ 54÷6= ______ | ㉖ 54÷9= ______ |
| ㉗ 56÷7= ______ | ㉘ 56÷8= ______ |
| ㉙ 60÷6= ______ | ㉚ 63÷7= ______ |
| ㉛ 63÷9= ______ | ㉜ 64÷8= ______ |
| ㉝ 72÷8= ______ | ㉞ 72÷9= ______ |
| ㉟ 70÷7= ______ | ㊱ 80÷8= ______ |
| ㊲ 81÷9= ______ | ㊳ 90÷9= ______ |

做对______题　　做错______题

图画
这边一对
父母
这边5个孩子，
是兄弟姊妹。
所以大小有次序的。

1对父母养了5个孩子。孩子的数目是父母的______倍又多______个。

$$5\div2=2\text{又余}1$$

算下去

①5÷2=______余______，②7÷3=______余______，
③8÷3=______余______，④9÷4=______余______，
⑤10÷4=______余______，⑥11÷5=______余______，
⑦13÷6=______余______，⑧14÷6=______余______，
⑨15÷6=______余______，⑩16÷7=______余______，
⑪17÷8=______余______，⑫19÷9=______余______，
⑬20÷9=______余______，⑭22÷3=______余______，
⑮25÷8=______余______，⑯26÷5=______余______，
⑰32÷6=______余______，⑱32÷5=______余______，
⑲40÷6=______余______，⑳40÷7=______余______。

一家有祖父祖母一对，又有父母一对，又有叔父母一对，又有一个小孩子，共有______个人。

$$3\times2+1=\_\_\_\_\_\_。$$

算下去

①3×3+2=______　　②4×5+3=______

③6×4+3=______　　④5×3+4=______

⑤7×9+6=______　　⑥8×4+6=______

⑦9×3+5=______　　⑧7×4+3=______

⑨6×6+5=______　　⑩7×7+4=______

⑪4×9+3=______　　⑫6×8+5=______

⑬8×4+7=______　　⑭8×7+5=______

⑮9×3+6=______　　⑯8×6+3=______

⑰8×9+5=______　　⑱9×6+8=______

⑲9×4+6=______　　⑳6×3+4=______

㉑5×5+3=______　　㉒4×4+2=______

㉓8×8+7=______　　㉔3×9+2=______

这里有一张人口表，你看哪一国增加最多。

| 国名 | 生出 | 死去 | 增加 |
|---|---|---|---|
| 日本 | 309万 | 174万 | ______ |
| 美国 | 191万 | 125万 | ______ |
| 苏俄 | 114万 | 52万 | ______ |
| 德国 | 113万 | 75万 | ______ |
| 意国 | 106万 | 63万 | ______ |
| 印度 | 861万 | 628万 | ______ |
| 英国 | 69万 | 57万 | ______ |
| 法国 | 74万 | 68万 | ______ |
| 西班牙 | 65万 | 41万 | ______ |
| 埃及 | 64万 | 37万 | ______ |

算法：309－174＝135万（日本）

861－628＝233万（印度）

都算出来，再来比较，哪国最多。

渔人
楷书
图画
渔人撒网图

养鱼很快，春天1条鱼重4两，冬天就可以重1斤。1斤是______两。

这条鱼加重______两。1斤是4两的______倍。

鱼价各时不同，有时每斤2角，有时每斤3角，有时每斤1角。下面是鱼价账：

① $22 \times 2$

② $32 \times 3$

③ $43 \times 2$

④ $33 \times 3$

⑤ $21 \times 4$

⑥ $32 \times 4$

⑦ $41 \times 3$

⑧ $64 \times 2$

⑨ $112 \times 3$

⑩ $123 \times 2$

⑪ $322 \times 4$

⑫ $412 \times 3$

鱼 楷书
鲤鱼或草鱼（都已经提到的不是游的）

海鱼不必用人工去喂养的。

这里有一张中国沿海产鱼数量表。〔注1〕

广东每年产50万担，

福建　　100万担，

浙江　　200万担，

江苏　　250万担，

山东　　174万担，

河北　　 65万担，

辽宁　　460万担。

依照上面表里的数量，算出下面各数来。

1.　全国每年产鱼＿＿＿＿万担。

2.　每担鱼价5元计算值＿＿＿＿万元。

3.　每担鱼价10元计算值＿＿＿＿万元。

4.　每担鱼价3元计算值＿＿＿＿万元。

5.　全国有渔民50万人，每个渔民平均每年可得鱼＿＿＿＿担，若用每担10元计算每年可得＿＿＿＿元，若用3元计算每年可得＿＿＿＿元。

〔注1〕　根据申报年鉴二十二年度本

①这里有一张海边渔民生活费表，算出每年还可多余多少钱。

一年出海捕鱼21次，得鱼价如下：

正月1次计18元，　　二月1次计12元，

三月2次计50元，　　四月3次计78元，

五月2次计62元，　　六月2次计70元，

七月2次计120元，　　八月2次计112元，

十月2次计52元，　　十一月3次计136元，

十二月1次计21元，

共收入＿＿＿＿元。

②一年付出的数目如下：

船租每次6元21次共＿＿＿＿元

人工每次8元21次共__________元
渔捐每次3元21次共__________元
每月饭食钱20元12月计__________元
每月房租钱3元12月计__________元
渔具每年添修2次，每次36元计__________元
共付出__________元。
收付相消还余__________元。
这里有一张世界产鱼表[注1]。
(　)中国产鱼135万吨
(　)苏俄产鱼143万吨
(　)日本产鱼462万吨
(　)美国产鱼149万吨
(　)英国产鱼220万吨
(　)挪威产鱼98万吨
(　)暹罗产鱼90万吨
(　)加拿大产鱼51万吨
(　)德国产鱼40万吨
(　)法国产鱼29万吨

十国共产鱼__________万吨。

哪国产鱼最多？哪国最少？排列出次序来。

〔注1〕　国际联盟统计年鉴

全国用的火柴都是中国人自己做的。

这里有一张四年的出产与销数表。[注2]

| 年份 | 出产 | 销数 |
|---|---|---|
| 1927年 | 65万箱 | 71万箱 |
| 1928年 | 81万箱 | 73万箱 |
| 1929年 | 72万箱 | 65万箱 |
| 1930年 | 55万箱 | 50万箱 |
| 总计 | __________万箱 | __________万箱 |

做下面的几件事：

1. 这四年里出产的比销去的多＿＿＿＿万箱。

2. 每箱5元计算，这四年的火柴共值＿＿＿＿万元。

3. 自己用不了，卖给别国，那末这几年来卖了＿＿＿＿万元。

4. 拿一盒火柴，倒出来数一数，共有几根。

〔注2〕 申报年鉴创刊号

图画
火柴一盒，
盒套与盒心分离，
旁边放着可以数得清的火柴杆。

练习下面的乘法

1. 55×5=__________

算法

$$\begin{array}{r} 50 \\ \times\ \ 5 \\ \hline 250 \end{array} \qquad \begin{array}{r} 5 \\ \times 5 \\ \hline 25 \end{array} \qquad \begin{array}{r} 250 \\ +\ 25 \\ \hline 275 \end{array}$$

2. 126×3=__________

算法

$$\begin{array}{r} 100 \\ \times\ \ 3 \\ \hline 300 \end{array} \qquad \begin{array}{r} 20 \\ \times 3 \\ \hline 60 \end{array} \qquad \begin{array}{r} 6 \\ \times 3 \\ \hline 18 \end{array} \qquad \begin{array}{r} 300 \\ 60 \\ +\ 18 \\ \hline 378 \end{array}$$

算下去

1. 33×4=__________
2. 45×6=__________
3. 78×9=__________
4. 63×8=__________
5. 58×7=__________
6. 163×5=__________
7. 175×3=__________
8. 186×2=__________
9. 145×6=__________

10.　198×4 = ________

练习下面的除法

1.　66÷3 = ________

算法

```
     2 0            2
3 ) 6 0        3 ) 6
    6 0            6
                                2 0
                              +   2
                                2 2
```

2.　128÷4 = ________

算法

```
       3 0            2
4 ) 1 2 0        4 ) 8
    1 2 0            8
                                  3 0
                                +   2
                                  3 2
```

算下去

1.　44÷2 = ________

2.　36÷3 = ________

3.　84÷4 = ________

4.　125÷5 = ________

5.　186÷6 = ________

6.　147÷7 = ________

7.　88÷8 = ________

8.　189÷9 = ________

9.　246÷2 = ________

10.　424÷4 = ________

再练习下面除法

1. 144÷4=__________

算法

```
      30                 6
   ┌────            ┌───
 4 │ 140          4 │ 24           30
     12               24          + 6
 ───────          ───────         ───
      20余                         36
```

2. 96÷6=__________

算法

```
     15          1
   ┌───       ┌──
 6 │ 90     6 │ 6         15
     60         6        + 1
 ──────     ──────       ───
     30                   16
     30
 ──────
```

算下去

1. 132÷6=__________
2. 165÷5=__________
3. 252÷4=__________
4. 118÷2=__________
5. 154÷7=__________
6. 272÷8=__________
7. 558÷9=__________
8. 432÷3=__________
9. 378÷9=__________
10. 672÷8=__________

| |
|---|
| **9.18　1.28**<br><br>这六个字写得又粗又浓，用炮火或骷髅做背景。 |

1. 今年是民国______年，西历______年。

2. 1.28是民国21年发生的，到今年______年。

3. 9.18是民国20年发生的，到今年______年。

4. 孙中山先生民国14年死的，到今年______年，1.28是他死后______年发生的。

5. 民国4年日本向我提出21条，到今年______年，

6. 上海是1842年改为租界的，到今年______年，

7. 台湾是1895年割给日本的，到今年______年，

8. 朝鲜是1910年割给日本的，到今年______年，

9. 琉球是1875年割给日本的，到今年______年，

10. 青岛是1898年被德国占据的，到1914年日本又夺去了，1922年收回。德国占据______年，日本夺去______年，中国已经收回______年。

安迪生像　　孙中山像　　马可尼像

① 棉花火药是1845年发明的，到今年已经有________年了。

② 无线电是1897年发明的，到今年已经有________年了。

③ 电影机是1893年发明的，到今年已经有________年了。

④ 电报是1833年发明的，到今年已经有________年了。

⑤ 电车是1845年发明的，到今年已经有________年了。

⑥ 轻气球是1773年发明的，到今年已经有________年了。

⑦ 望远镜是1608年发明的，到今年已经有________年了。

⑧ 电灯是1879年发明的，到今年已经有________年了。

| 楷书 | 草书 |
|---|---|
| 元 | |
| 角 | |
| 分 | |
| 厘 | |

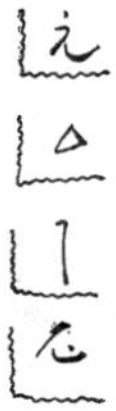

1元是10角。

1元1角是11角。

1角是10分。

2角2分是22分。

1分是10厘。

几个铜元值1分?

几个铜元值1角?

几个铜元值1元?

调查下列各种价目

1. 当地白米1斗值______元______角______分。
2. 当地麦粉1袋值______元______角______分。
3. 当地煤1吨值______元______角______分。
4. 当地煤油1箱值______元______角______分。
5. 当地猪肉1斤值______角______分。
6. 当地白菜1斤值______分______厘。

今天1元换铜元______个。

今天1角换铜元______个。

当地木匠每天工钱______角，一个月可做______天共______元______角。

图画

木匠做工

当地互匠每天工钱__________角，一个月可做__________天共__________元__________角。

当地缝衣匠每天工钱__________角，一个月可做__________天共__________元__________角。

当地铁匠每天工钱__________角，一个月可做__________天共__________元__________角。

当在石匠每天工钱__________角，一个月可做__________天共__________元__________角。

当地油漆匠每天工钱__________角，一个月可做__________天共__________元__________角。

当地的农夫长工每年工钱__________元，短工每天__________角或__________角。

当地还有别的工人吗?

调查他们的工价。

| |
|---|
| 图画<br>瓦匠做工 |
| 缝衣匠做工 |
| 铁匠做工 |
| 石匠做工 |
| 油漆匠做工 |
| 农夫种田 |
| ? |

## 复 习 一

十分钟做完，如有做错，从头再做。

| ① | ② | ③ | ④ | ⑤ |
|---|---|---|---|---|
| 3 | 3 | 4 | 2 | 4 |
| 3 | 4 | 2 | 3 | 3 |
| +2 | +2 | +3 | +4 | +2 |

| ⑥ | ⑦ | ⑧ | ⑨ | ⑩ |
|---|---|---|---|---|
| 11 | 22 | 24 | 12 | 10 |
| 12 | 23 | 23 | 14 | 12 |
| +13 | +24 | +22 | +13 | +11 |

| ⑪ | ⑫ | ⑬ | ⑭ | ⑮ |
|---|---|---|---|---|
| 110 | 111 | 123 | 143 | 153 |
| 112 | 123 | 134 | 132 | 126 |
| +123 | +134 | +142 | +123 | +120 |

| ⑯ | ⑰ | ⑱ | ⑲ | ⑳ |
|---|---|---|---|---|
| 5 | 15 | 26 | 35 | 24 |
| 6 | 13 | 34 | 27 | 17 |
| +3 | +16 | +28 | +28 | +19 |

做对________题　　做错________题

## 复习二

十分钟做完，如有做错，从头再做。

| ① | ② | ③ | ④ | ⑤ |
|---|---|---|---|---|
| 8 | 6 | 9 | 7 | 10 |
| −3 | −2 | −5 | −4 | −5 |

| ⑥ | ⑦ | ⑧ | ⑨ | ⑩ |
|---|---|---|---|---|
| 14 | 17 | 19 | 11 | 14 |
| −12 | −13 | −15 | −6 | −7 |

| ⑪ | ⑫ | ⑬ | ⑭ | ⑮ |
|---|---|---|---|---|
| 23 | 32 | 15 | 16 | 13 |
| −14 | −14 | −8 | −9 | −7 |

| ⑯ | ⑰ | ⑱ | ⑲ | ⑳ |
|---|---|---|---|---|
| 10 | 100 | 1000 | 110 | 1110 |
| −1 | −10 | −100 | −10 | −110 |

做对________题　　做错________题

## 复 习 三

十分钟做完，如有做错，从头再做。

| ① | ② | ③ | ④ | ⑤ |
|---|---|---|---|---|
| $8 \times 3$ | $4 \times 5$ | $6 \times 4$ | $7 \times 2$ | $5 \times 5$ |

| ⑥ | ⑦ | ⑧ | ⑨ | ⑩ |
|---|---|---|---|---|
| $4 \times 6$ | $3 \times 7$ | $5 \times 8$ | $2 \times 9$ | $6 \times 6$ |

| ⑪ | ⑫ | ⑬ | ⑭ | ⑮ |
|---|---|---|---|---|
| $10 \times 2$ | $10 \times 5$ | $10 \times 8$ | $10 \times 9$ | $10 \times 6$ |

| ⑯ | ⑰ | ⑱ | ⑲ | ⑳ |
|---|---|---|---|---|
| $11 \times 9$ | $12 \times 6$ | $13 \times 3$ | $14 \times 2$ | $100 \times 10$ |

做对＿＿＿＿题　　做错＿＿＿＿题

## 复习四

十分钟做完，如有做错，从头再做。

① 8÷2=________ ② 8÷4=________
③ 10÷5=________ ④ 10÷2=________
⑤ 16÷4=________ ⑥ 16÷8=________
⑦ 24÷3=________ ⑧ 24÷6=________
⑨ 20÷5=________ ⑩ 20÷4=________
⑪ 21÷7=________ ⑫ 21÷3=________
⑬ 28÷4=________ ⑭ 28÷2=________
⑮ 30÷5=________ ⑯ 30÷6=________
⑰ 36÷6=________ ⑱ 36÷9=________
⑲ 18÷9=________ ⑳ 18÷3=________

做对________题　　做错________题

图画

再会图

两队小朋友鞠躬表示放学再会。

# 第六册内容

楷书

## 第六册

借用背景，用+，−，×，÷，=等符号

第六册开始，先温习第五册的。

先做加法

| ① | ② | ③ | ④ | ⑤ |
|---|---|---|---|---|
| 4 | 5 | 11 | 14 | 15 |
| 3 | 3 | 17 | 13 | 13 |
| +2 | +6 | +15 | +16 | +14 |

| ⑥ | ⑦ | ⑧ | ⑨ | ⑩ |
|---|---|---|---|---|
| 112 | 100 | 25 | 33 | 9 |
| 123 | 500 | 34 | 45 | 28 |
| +100 | +156 | +62 | +38 | +82 |

再做减法

| ⑪ | ⑫ | ⑬ | ⑭ | ⑮ |
|---|---|---|---|---|
| 9 | 10 | 15 | 11 | 13 |
| −8 | −5 | −12 | −6 | −8 |

| ⑯ | ⑰ | ⑱ | ⑲ | ⑳ |
|---|---|---|---|---|
| 23 | 14 | 56 | 100 | 100 |
| −15 | − 9 | −48 | − 10 | − 91 |

做对________题　　做错________题

做了乘的　　　　再做除的

| | |
|---|---|
| ① 8×3＝________ | ② 24÷6＝________ |
| ③ 4×6＝________ | ④ 24÷8＝________ |
| ⑤ 6×3＝________ | ⑥ 18÷9＝________ |
| ⑦ 9×2＝________ | ⑧ 18÷3＝________ |
| ⑨ 6×6＝________ | ⑩ 36÷4＝________ |
| ⑪ 9×4＝________ | ⑫ 36÷6＝________ |
| ⑬ 3×4＝________ | ⑭ 12÷2＝________ |
| ⑮ 6×2＝________ | ⑯ 12÷4＝________ |
| ⑰ 8×5＝________ | ⑱ 40÷10＝________ |
| ⑲ 10×4＝________ | ⑳ 40÷5＝________ |
| ㉑ 9×8＝________ | ㉒ 72÷9＝________ |
| ㉓ 7×7＝________ | ㉔ 49÷7＝________ |
| ㉕ 8×7＝________ | ㉖ 56÷8＝________ |
| ㉗ 5×5＝________ | ㉘ 25÷5＝________ |
| ㉙ 10×10＝________ | ㉚ 100÷10＝________ |

做对________题　　做错________题

| |
|---|
| 楷书<br>方尺 |

长1尺阔1尺的东西就叫1方尺。

就是1尺×1尺=1方尺。

例如四方桌长4尺阔4尺就是16方尺。

4尺×4尺=16方尺。

| |
|---|
| 楷书<br>方寸 |

长1寸阔1寸的东西就叫1方寸。

就是1寸×1寸=1方寸。

例如砚台长3寸阔3寸就是9方寸。

3寸×3寸=9方寸。

再看一个例子。

量一张长方桌长3尺2寸，阔2尺共有几方尺又几方寸。

1尺是10寸所以3尺2寸就是32寸。

2尺就是20寸。

所以，32寸×20寸=640方寸

1方尺是10寸×10寸，就是100方寸。

那末640方寸就是6方尺又40方寸。

所以 32 寸×2 尺=6 方尺又 40 方寸。

做下列几件事。

1. 量一张四方桌有几方尺，
2. 量二张长方桌有几方尺，
3. 量一块黑板有几方尺，
4. 量一本教科书有几方寸，
5. 量一块砚台有几方寸，
6. 量一张写字的纸有几方尺，或几方寸。

做上面的工作时有困难吗？

先来练习下面的算题

15×12 是多少？

就是

$$\begin{array}{r} 15 \\ \times 10 \\ \hline 150 \end{array} \qquad \begin{array}{r} 15 \\ \times\ 2 \\ \hline 30 \end{array} \qquad \begin{array}{r} 150 \\ +\ 30 \\ \hline 180 \end{array}$$

做下面的算题

① $\begin{array}{r} 13 \\ \times 12 \\ \hline \end{array}$ ② $\begin{array}{r} 14 \\ \times 11 \\ \hline \end{array}$ ③ $\begin{array}{r} 12 \\ \times 12 \\ \hline \end{array}$ ④ $\begin{array}{r} 13 \\ \times 13 \\ \hline \end{array}$

⑤ $\begin{array}{r} 24 \\ \times 30 \\ \hline \end{array}$ ⑥ $\begin{array}{r} 35 \\ \times\ 2 \\ \hline \end{array}$ ⑦ $\begin{array}{r} 33 \\ \times 22 \\ \hline \end{array}$ ⑧ $\begin{array}{r} 44 \\ \times 21 \\ \hline \end{array}$

再练习下列各题

①

$$\begin{array}{r} 15 \\ \times\ 2 \\ \hline \end{array}$$

②

$$\begin{array}{r} 15 \\ \times 12 \\ \hline \end{array}$$

③

$$\begin{array}{r} 24 \\ \times\ 3 \\ \hline \end{array}$$

④

$$\begin{array}{r} 24 \\ \times 13 \\ \hline \end{array}$$

⑤

$$\begin{array}{r} 23 \\ \times\ 4 \\ \hline \end{array}$$

⑥

$$\begin{array}{r} 23 \\ \times 14 \\ \hline \end{array}$$

⑦

$$\begin{array}{r} 35 \\ \times\ 5 \\ \hline \end{array}$$

⑧

$$\begin{array}{r} 35 \\ \times 15 \\ \hline \end{array}$$

⑨

$$\begin{array}{r} 34 \\ \times 20 \\ \hline \end{array}$$

⑩

$$\begin{array}{r} 34 \\ \times 22 \\ \hline \end{array}$$

⑪

$$\begin{array}{r} 43 \\ \times 30 \\ \hline \end{array}$$

⑫

$$\begin{array}{r} 43 \\ \times 32 \\ \hline \end{array}$$

⑬

$$\begin{array}{r} 32 \\ \times 40 \\ \hline \end{array}$$

⑭

$$\begin{array}{r} 32 \\ \times 43 \\ \hline \end{array}$$

⑮

$$\begin{array}{r} 44 \\ \times 30 \\ \hline \end{array}$$

⑯

$$\begin{array}{r} 44 \\ \times 33 \\ \hline \end{array}$$

图画

一人手拿玻璃一方（人不必露脚）

窗上配玻璃也用方尺算的。长5寸阔6寸叫30方寸的玻璃。几块玻璃加起来合成100方寸，叫一方尺。

算下面的窗上玻璃账。

1. 两扇玻璃窗，每扇有玻璃9块共有玻璃______块，每块玻璃长8寸，阔7寸，每块有______方寸，一扇窗子有玻璃______方寸，两扇窗子共有玻璃______方寸。就是______方尺又______方寸。

2. 玻璃的价钱每20方寸值洋1分，每1方尺值洋5分，那末这两扇窗子的玻璃要______角______分。（注意，不过20方寸的不算钱。）

3. 量窗子一扇，算出下列各数：

①有______块玻璃

②每块有______方寸

③合计______方寸

④一方尺值洋5分共要______角______分。

图画

一块玻璃分成十六块

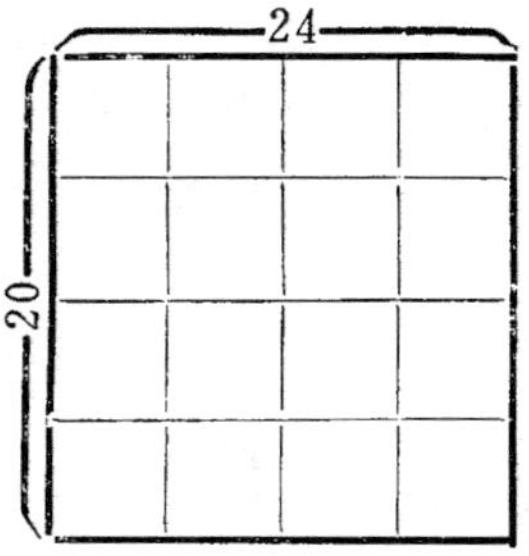


玻璃匠分割玻璃也用方尺方寸计算的，

有一块大玻璃长2尺4寸，阔2尺共______方寸。

玻璃匠要分割长6寸阔5寸的玻璃可以割______块。

先看解答

$$\begin{array}{r} 24 \\ \times 20 \\ \hline 480\text{方寸} \end{array} \qquad \begin{array}{r} 6 \\ \times 5 \\ \hline 30\text{方寸} \end{array} \qquad \begin{array}{r} 16\text{块} \\ 30\overline{)480} \\ 30 \\ \hline 180 \end{array}$$

做下列各题

① $20\overline{)240}$　② $30\overline{)360}$　③ $40\overline{)480}$

④ $50\overline{)600}$　⑤ $40\overline{)800}$　⑥ $100\overline{)1000}$

⑦ $56\overline{)560}$　⑧ $9\overline{)54}$　⑨ $2\overline{)22}$

做下列各题

① $4\overline{)56}$　② $4\overline{)64}$　③ $4\overline{)88}$　④ $4\overline{)96}$

⑤ $8\overline{)96}$　⑥ $8\overline{)48}$　⑦ $8\overline{)88}$　⑧ $8\overline{)104}$

⑨ $5\overline{)55}$　⑩ $5\overline{)75}$　⑪ $5\overline{)100}$　⑫ $5\overline{)200}$

⑬ $6\overline{)72}$　⑭ $6\overline{)96}$　⑮ $6\overline{)108}$　⑯ $6\overline{)120}$

⑰ $9\overline{)108}$　⑱ $9\overline{)126}$　⑲ $9\overline{)135}$　⑳ $9\overline{)180}$

大块玻璃有时分割不成限定的小块，那末只得多余下来。

有一块大玻璃长5尺6寸阔2尺1寸共有________方寸。要分割长1尺2寸阔5寸的小块，可以分割________小块，还多余______方寸。

先看解释

$$\begin{array}{r} 56 \\ \times 21 \\ \hline 56 \\ 112\phantom{0} \\ \hline 1176\text{方寸} \end{array} \qquad \begin{array}{r} 12 \\ \times 5 \\ \hline 60\text{方寸} \end{array} \qquad \begin{array}{r} 19\text{块} \\ 60\overline{)1176} \\ 60\phantom{0} \\ \hline 576 \\ 540 \\ \hline 36\text{方寸(余)} \end{array}$$

做下列各题，若有余数，写出来。

① $5\overline{)116}$　② $6\overline{)87}$　③ $7\overline{)112}$　④ $8\overline{)233}$

⑤ $7\overline{)132}$　⑥ $10\overline{)114}$　⑦ $10\overline{)105}$　⑧ $12\overline{)1000}$

算下列各题，若有余数，写出来。

① $2\overline{)13}$　② $3\overline{)26}$　③ $4\overline{)27}$　④ $3\overline{)31}$

⑤ $4\overline{)21}$　⑥ $5\overline{)32}$　⑦ $6\overline{)49}$　⑧ $7\overline{)64}$

⑨ $8\overline{)81}$　⑩ $9\overline{)93}$　⑪ $10\overline{)101}$　⑫ $11\overline{)112}$

⑬ $20\overline{)320}$　⑭ $30\overline{)430}$　⑮ $40\overline{)540}$　⑯ $50\overline{)650}$

⑰ $60\overline{)760}$　⑱ $80\overline{)980}$　⑲ $70\overline{)870}$　⑳ $90\overline{)980}$

春假旅行去。这里有一张铁路表

| | 路名 | 从某处到某处 | 共长几公里 |
|---|---|---|---|
| (　　) | 京沪 | 南京——上海 | 约311公里， |
| (　　) | 平汉 | 北平——汉口 | 约1214公里， |
| (　　) | 津浦 | 天津——浦口 | 约1010公里， |
| (　　) | 沪杭甬 | 上海——宁波 | 约281公里， |
| (　　) | 胶济 | 青岛——济南 | 约395公里， |
| (　　) | 陇海 | 潼关——海州 | 约823公里， |
| (　　) | 湘鄂 | 长沙——武昌 | 约418公里， |
| (　　) | 平绥 | 北平——绥远 | 约818公里， |
| (　　) | 南浔 | 南昌——九江 | 约128公里， |
| (　　) | 广九 | 广州——九龙 | 约143公里， |
| (　　) | 广韶 | 广州——韶关 | 约234公里， |
| (　　) | 正太 | 正定——太原 | 约242公里 |

这十二条路共长________公里。

排出路线长短次序来。

每条来回一次约计________公里。

（各路分别计算）

照铁路上规定，小孩坐车可得半价优待，

例如车价2元，小孩只要付1元。

又照铁路上规定，学生旅行，又可得半价优待，

例如车价20元，学生旅行只要付10元。

那末小学生旅行可以得两种优待，

例如车价20元，小学生旅行只要付5元，

20÷2=10　10÷2=5

就是　20÷4=5。

下面有几笔车价，按照小学生旅行优待价算出来。

| | 车价 | 应付 |
|---|---|---|
| ① | 28元 | ………… |
| ② | 48元 | ………… |
| ③ | 36元 | ………… |
| ④ | 12元 | ………… |
| ⑤ | 112元 | ………… |
| ⑥ | 100元 | ………… |
| ⑦ | 5元6角 | ………… |
| ⑧ | 3元2角 | ………… |

中国沿各条铁路出产物很多。

Ⅰ. 丝绸的产量

| 路名 | 丝 | 绸 |
|---|---|---|
| 沪杭路 | 1810吨 | 82万匹， |
| 京沪路 | 280吨 | 15万匹， |
| 平汉路 | —— | 11万匹， |
| 胶济路 | 5550吨 | 73万匹， |
| 粤汉路 | —— | 17万匹， |
| 总计 | ………… | ………… |

Ⅱ. 茶，烟叶的产量

| 路名 | 茶叶 | 烟叶 |
|---|---|---|
| 粤汉路 | 37600吨 | 1200吨 |
| 南浔路 | 80000吨 | —— |

| | | |
|---|---|---|
| 津浦路 | —— | 2000吨 |
| 沪杭路 | 173200吨 | 3415吨 |
| 胶济路 | —— | 19426吨 |
| 平汉路 | 500吨 | 24486吨 |
| 总计 | ________ | ________ |

〔注〕 本表根据中国铁道□三版的统计

1担鲜茧可以烘成干茧80斤。

1斤干茧可以缫丝5两，

1担是100斤　1斤是16两，

那末1担鲜茧可以缫几两丝？

80×5=400两

400÷16=25斤

算下列各题

① 30×4÷3=________

② 50×6÷5=________

③ 40×8÷6=________

④ 20×7÷5=________

⑤ 60×5÷4=________

⑥ 32×2÷8=________

⑦ 18×3÷6=________

⑧ 14×4÷7=________

⑨ 21×9÷7=________

⑩ 22×3÷6=________

⑪ 27×3÷9=________

⑫ 25×8÷10=________

1担鲜茶叶，可以做35斤干茶叶，这35斤里有5斤是上等茶叶，10斤是次等茶叶，20斤是杂叶。

就是1担鲜茶叶可以做得，

上等茶叶5斤，

次等茶叶10斤，

杂茶叶20斤。

下面是鲜茶叶的斤数，算出各色茶叶斤数来。

| 鲜叶 | 上等叶 | 次数叶 | 杂叶 |
| --- | --- | --- | --- |
| ① 300斤 | | | |
| ② 500斤 | | | |
| ③ 800斤 | | | |
| ④ 600斤 | | | |
| ⑤ 700斤 | | | |
| ⑥ 1000斤 | | | |
| ⑦ 2000斤 | | | |
| ⑧ 1300斤 | | | |
| ⑨ 2400斤 | | | |
| ⑩ 4500斤 | | | |

算下列各题：

① 15×5÷3=______________

② 14×8÷4=______________

③ 18×9÷6=______________

④ 13×6÷3=______________

⑤ 11×10÷5=______________

⑥ 19×9÷3=______________

⑦ 17×8÷4=______________

⑧ 21×9÷3=______________

⑨ 27×4÷9=______________

⑩ 31×10÷5=______________

下列各数用4乘，再用10除。

① 300，　　② 500，　　③ 800，

| | | |
|---|---|---|
| ④ 900， | ⑤ 700， | ⑥ 600， |
| ⑦ 1000， | ⑧ 1200， | ⑨ 1500， |
| ⑩ 1800， | ⑪ 600， | ⑫ 1700。 |

1天有24小时，劳工们只应该做工8小时，还有8小时读书，还有8小时休息。

24分做三份，每份是8，

8是24的三分之一。

24的三分之一是8。

做下列各题

① 28的四分之一是________

② 25的五分之一是________

③ 27的三分之一是________

④ 30的六分之一是________

⑤ 10的二分之一是________

⑥ 9的三分之一是________

⑦ 16的四分之一是________

⑧ 45的五分之一是________

⑨ 21的七分之一是________

⑩ 18的九分之一是________

⑪ 24的八分之一是________

⑫ 49的七分之一是________

这里有一张各种工人工价表

| 工人 | 每天工价 | 每月工价（30天算） |
|---|---|---|
| （　）纱厂男工 | 3角 | ________ |
| （　）纱厂女工 | 2角 | ________ |
| （　）纱厂童工 | 1角 | ________ |
| （　）布厂男工 | 5角 | ________ |

| | | | |
|---|---|---|---|
| (　) | 布厂女工 | 3角 | ………… |
| (　) | 布厂徒弟工 | 1角五分 | ………… |
| (　) | 铁厂工匠 | 8角 | ………… |
| (　) | 铁厂徒弟工 | 3角 | ………… |
| (　) | 码头扛夫 | 约5角 | 约………… |
| (　) | 黄包车夫 | 约4角 | 约………… |
| (　) | 汽车夫 | 约1元2角 | 约………… |
| (　) | 汽车机匠 | 约1元5角 | 约………… |
| (　) | 理发匠 | 约9角 | 约………… |
| (　) | 洗衣匠 | 约4角 | 约………… |
| (　) | 电灯修理匠 | 1元 | 约………… |

用工价多少为标准，排出次序来。

一家有丈夫一人，妻子一人，小孩子一人，老母亲一人，每月的生活费如下：

| | 中等的 | 次等的 | 最苦的 |
|---|---|---|---|
| 饭食 | 30元 | 20元 | 14元 |
| 房租 | 15元 | 8元 | 2元 |
| 衣服 | 6元 | 2元 | 1元 |
| 杂用 | 10元 | 5元 | 3元 |
| 每月共计 | ………… | ………… | ………… |
| 全年共计 | ………… | ………… | ………… |

用这个标准，与前课各种工人所得的工钱比较，每种工人每年盈余多少？亏欠多少？

| 工人 | 盈余 | 亏欠 |
|---|---|---|
| 1. 纱厂工 | | |
| 2. 布厂工 | | |
| 3. 铁厂工匠 | | |
| 4. 码头扛夫 | | |
| 5. 黄包车夫 | | |

6.　汽车夫

7.　理发匠

8.　电灯修理匠

调查当地各种工人的生活

1.　各种工人每天工价多少?

2.　各种工人每个月可做几天工?

3.　各种工人每个月可得工钱多少?

4.　各种工人每个月要用多少钱?

　　如饭食、房租、衣服、杂用等。

(注意:帮别人种田的农夫也算是工人。)

| 工人 | 每天工价 | 每月工钱 | 每月用费 |
| --- | --- | --- | --- |

地主们是收租米吃饭的,租米的高低各地不同。有的每亩田收洋8元,有的收洋5元,有的收洋10元。

① 一家地主有10元租米的田100亩,一年有__________元租米的收入。

② 倘若有50亩8元租米的田,一年有__________元租米的收入。

③ 倘若有200亩5元租米的田,一年有__________元租米的收入。

④ 调查本地一亩田一年收入值多少钱:

一亩田一年要还租米多少钱,

一亩田一年要做几个工,

一亩田一年要用多少种子,

一亩田一年要用多少肥料。

⑤ 调查本地一亩田的地价:

上等田一亩值几元,

中等田一亩值几元,

下等田一亩值几元。

这里有一张地主的家用账。

Ⅰ. 每年收入

上等田200亩每亩收租米洋10元计________元。中等田100亩每亩收租米洋8元计________元。又房屋租洋，上等市房五处每处每月收租洋200元，全年计________元，上等住房三处每处每月租洋80元，全年计________元。田租与房租共计洋________元。

Ⅱ. 每年付出

饭菜每月120元，全年计________元，

工人工钱每月60元，全年计________元，

衣服每月添制50元，全年计________元，

零用每人20元，全家6人，全年计________元，

客人应酬每年500元，

汽车每月80元，全年计________元，

烟酒费每月洋150元，全年计________元，

共计付出________元。

收入多呢？还是付出多呢？

这里有一张英国与日本两国棉布出产表〔注1〕。

| 年份 | 英国 | 日本 |
| --- | --- | --- |
| 1913年 | 70530万公丈 | 3200万公丈。 |
| 1928年 | 36870万公丈 | 14190万公丈。 |
| 1929年 | 36720万公丈 | 17910万公丈。 |
| 1930年 | 24070万公丈 | 15720万公丈。 |
| 1931年 | 17060万公丈 | 14140万公丈。 |
| 1932年 | 21880万公丈 | 20330万公丈。 |

英国日本棉布的买主是中国。下面有一张表，在1932年三个月里买进的棉布〔注2〕。

| 布名 | 布价 |
| --- | --- |
| 本色棉布 | 1000万元。 |
| 染色棉布 | 4470万元。 |
| 印花棉布 | 1416万元。 |
| 杂色棉布 | 848万元。 |

其他棉制品。　　16614万元。

三个月总计＿＿＿＿＿万元。

一年总计＿＿＿＿＿万元。

英国日本又在中国境内开办棉纱厂，这里有一张表〔注3〕。

| 国别 | 工人数 | 棉纱数 | 棉布数 |
|---|---|---|---|
| 日本 | 74440人， | 81万包， | 1000万匹， |
| 英国 | 13000人， | 5万包， | 180万匹， |
| 中国 | 173687人， | 143万包， | 824万匹。 |

〔注1〕　日本国势图会109页。

〔注2〕　申报年鉴创刊号M200页。

〔注3〕　申报年鉴创刊号M232页。

根据这张表做下面五件事。

1. 每年中国出产棉纱比英日两国在中国境内出产的棉纱多＿＿＿＿万包。

2. 每年日本在中国境内出产棉布比英国中国两国出产的多＿＿＿＿万匹。

3. 每年中国人做棉纱工人的有＿＿＿＿人（英日两国在中国开厂，也用中国工人的）。

4. 在中国境内，中英日三国每年出产棉纱＿＿＿＿万包。

5. 在中国境内，中英日三国每年出产棉布＿＿＿＿万匹。

一年四季云的高度不同，

冬天的云高1500尺，夏天的云高3000尺，

秋天的云高9000尺，春天的云高2000尺。

① 3尺是1公尺

冬天的云高＿＿＿＿公尺　　夏天的云高＿＿＿＿公尺

秋天的云高＿＿＿＿公尺　　春天的云高＿＿＿＿公尺

② 10尺是1丈

冬天的云高＿＿＿＿丈　　夏天的云高＿＿＿＿丈

| | |
|---|---|
| 秋天的云高______丈 | 春天的云高______丈 |

③ 150丈是1里

| | |
|---|---|
| 冬天的云高______里 | 夏天的云高______里 |
| 秋天的云高______里 | 春天的云高______里 |
| | 又______丈______尺 |
| ④1里是______尺 | 就是______公尺 |
| ⑤3里是______尺 | 就是______公尺 |
| ⑥5里是______尺 | 就是______公尺 |

中国大河流的里数如下:

| | | |
|---|---|---|
| 长江 | 3200公里 | 就是______里 |
| 黄河 | 2700公里 | 就是______里 |
| 珠江 | 1250公里 | 就是______里 |
| 黑龙江 | 2920公里 | 就是______里 |
| 松花江 | 1200公里 | 就是______里 |
| 辽河 | 1000公里 | 就是______里 |
| 湘水 | 550公里 | 就是______里 |
| 淮河 | 450公里 | 就是______里 |
| 汉水 | 600公里 | 就是______里 |
| 赣江 | 450公里 | 就是______里 |

中国地势各处高低不一

西藏　最高有22220尺　就是______公尺

就是______里又______丈又______尺

蒙古　最高有4000尺　就是______公尺

就是______里又______丈又______尺

云南　最高有18000尺　就是______公尺

就是______里又______丈又______尺

贵州　最高有3900尺　就是______公尺

就是______里又______丈又______尺

甘肃　最高有6750尺　就是______公尺

就是__________里又__________丈又__________尺

新疆　最高有7230尺　就是__________公尺

就是__________里又__________丈又__________尺

山西　最高有3990尺　就是__________公尺

就是__________里又__________丈又__________尺

河南　最高有450尺　就是__________公尺

山东　最高有705尺　就是__________公尺

湖北　最高有180尺　就是__________公尺

陕西　最高有3990尺　就是__________公尺

就是__________里又__________丈又__________尺。

**平均数**的算法。例如，前天温度是七十度，昨天是七十五度，今天是八十度，这三天的平均温度是__________度。

算法，

$$\begin{array}{r} 70 \\ 75 \\ +\ 80 \\ \hline 225 \end{array} \qquad \begin{array}{r} 75 \\ 3\,\big)\,\overline{225} \\ 21\phantom{5} \\ \hline 15 \\ 15 \\ \hline / \end{array}$$

求下列各数的平均数。

1.　24，36，30，32。

2.　25，35，40，50。

3.　3，4，5，7，9，8。

4.　1，2，3，4，5，6，7。

5.　12，15，18，19。

6.　8，4，6，3，7，8。

7. 13，14，15，17，11。

8. 11，22，33，44，55。

9. 10，20，30，40，50。

10. 10，100，200，20，30。

寻常一根寒暑表有两行数目字。我们只要看一行就可以知道另一行。

摄氏的0度是华氏的32度。摄氏的100度是华氏的212度。

算法，

$212-32=180$华氏。

就是华氏的180度是摄氏的100度。也就是摄氏的5度当得华氏9度。

推算，

1. 现在华氏是86度，摄氏该是几度？

$86-32=54$

$54\div9=6$

$6\times5=30$ 摄氏该是30度。

2. 现在摄氏20度，华氏该是几度？

$20\div5=4$，

$4\times9=36$，

$36+32=68$ 华氏该是68度。

倘若摄氏是21度，华氏是几度？这里又有一个新的算法，名叫小数。

算法。

```
      4.2
   ┌─────
 5 ) 2 1
     2 0
   ─────
     1 0
     1 0
   ─────
```

4字与2字中间有一点，这点叫小数点。

小数点以下的数目叫小数。

$$\begin{array}{r} 4.2 \\ \times\quad 9 \\ \hline 37.8 \end{array} \qquad \begin{array}{r} 37.8 \\ +32 \\ \hline 69.8 \end{array}$$

就是华氏69度又小数8。

算下列各数。

①摄氏33度，华氏该是几度？

③摄氏24度，华氏该是几度？

④摄氏31度，华氏该是几度？

⑤摄氏 8 度，华氏该是几度？

⑥华氏50度，摄氏该是几度？

⑦华氏59度，摄氏该是几度？

⑧华氏68度，摄氏该是几度？

⑨华氏77度，摄氏该是几度？

汉口从七月到十二月的气候表，（摄氏表）

七月　26.5度，八月　30度，九月　25度，

十月　19.1度，十一月　12.6度，十二月　5.9度。

根据上面的数目，算出下列各数来。

1. 算出各月的华氏表温度。
2. 算出六个月的平均温度。

（先算摄氏的，再算华氏的。）

民国21年十二月份全国各地气候表。

广州15.9度　厦门16.2度　温州11.7度

上海8.2度　汉口5.9度　天津2.5度

根据上面的数目，算出下列各数来。

1. 算出各月的华氏表温度。
2. 算出六个地方的平均温度。

（先算摄氏的，再算华氏的。）

楷书

石　斗　升

量麦子用斗的。算法如下：

10斗是1石。　1斗是10升。

倘若算了小数，那末

2.5石就是二石五斗。

2.5斗就是二斗五升。

25升就是二十五升，也就是二斗五升。

倘若二石五斗加二斗五升，那末有三种写法。

| ① | ② | ③ |
| --- | --- | --- |
| 250 | 25 | 2.5 |
| + 25 | 2.5 | .25 |
| 275升 | 27.5斗 | 2.75石 |

算下列各题注意小数点。

1. 三石五斗，加二斗三升。
2. 一石三斗加一斗四升。
3. 一石二斗三升加二石三斗四升。
4. 二石五斗八升加一石四斗六升。
5. 七石三斗六升加八石五斗五升。
6. 三石二斗四升加四石四斗三升。

楷书

元　角　分　厘

一元二角三分四厘。有四种写法。

1.　1.234元　　2.　12.34角

3.　123.4分　　4.　1234厘

这四种写法，这一种最方便。

算下列各题。（注意加减号）

①

$$\begin{array}{r} 1.2\,3\text{元} \\ +\ 2.4\,5\text{元} \\ \hline \end{array}$$

②

$$\begin{array}{r} 3.2\,8\text{元} \\ +\ 4.3\,5\text{元} \\ \hline \end{array}$$

③

$$\begin{array}{r} 4.5\,3\text{元} \\ +\ 2.7\,8\text{元} \\ \hline \end{array}$$

④

$$\begin{array}{r} 7.3\,4\text{石} \\ -\ 5.2\,3\text{石} \\ \hline \end{array}$$

⑤

$$\begin{array}{r} 4.3\,5\text{石} \\ -\ 2.5\,6\text{石} \\ \hline \end{array}$$

⑥

$$\begin{array}{r} 3.3\,4\text{石} \\ -\ 2.1\,1\text{石} \\ \hline \end{array}$$

⑦

$$\begin{array}{r} 7.4\,4\text{丈} \\ -\ 5.3\,2\text{丈} \\ \hline \end{array}$$

⑧

$$\begin{array}{r} 3.5\,5\text{丈} \\ -\ 2.1\,2\text{丈} \\ \hline \end{array}$$

⑨

$$\begin{array}{r} 7.3\,5\text{丈} \\ -\ 3.7\,4\text{丈} \\ \hline \end{array}$$

一石二斗加一石二斗得二石四斗。

就是1.2石+1.2石=2.4石。

一石二斗加一元二角，没有答数的，

因为1.2石+1.2元=2.4（石）（元）

“石”也不是，“元”也不是。

案一石二斗，每斗一元二角得十四元四角

就是

```
  1.2元
 ×1 2斗
 ──────
  2 4
 1 2
 ──────
 1 4.4元
```

算下列各题（注意+，-，×记号，又注意注明的名数。）

①

```
   1.2石
 + 1.2石
 ───────
```

②

```
   1.3石
 + 1.3石
 ───────
```

③

```
   1.5 3石
 + 1.2 8石
 ─────────
```

④

```
   1.4 5石
 + 1.2 3石
 ─────────
```

⑤

```
   1.2 3石
 ×  1 2元
 ─────────
```

⑥

```
  1 1.2石
 ×  2 4元
 ─────────
```

⑦

```
  2 2.3石
 ×  2 2元
 ─────────
```

⑧

```
   5.5石
 × 1 2元
 ───────
```

算下列各题（注意加减号，并注意名数，如以为不能加减的，便不做。）

| ① | ② | ③ |
| --- | --- | --- |
| 2.56石<br>+2.34石 | 4.43石<br>+4.32石 | 7.45丈<br>−3.76丈 |

| ④ | ⑤ | ⑥ |
| --- | --- | --- |
| 7.58丈<br>−4.35丈 | 88.43丈<br>− 2.56丈 | 12.34石<br>−23.53丈 |

| ⑦ | ⑧ | ⑨ |
| --- | --- | --- |
| 8.25元<br>−3.13元 | 9.34石<br>−5.31石 | 7.89丈<br>−2.56元 |

| ⑩ | ⑪ | ⑫ |
| --- | --- | --- |
| 3.45石<br>−2.15丈 | 7.35元<br>−2.24元 | 79.34丈<br>−22.13丈 |

有＿＿＿＿题不能加减的。

小贩子用大洋去贩货物，但是收进来的都是铜元或角票。

做下列几件事：

1. 调查今天一块大洋可以换几多铜元的市价。

2. 调查用一块大洋贩卖本地的糖果可以得多少。倘若打算赚洋五角，应该怎样分配出卖？

3. 调查用一块大洋贩卖本地这个时候的蔬菜，可以得多少。倘若打算赚洋四角，应该怎样分配出卖？

4. 算下列各题

①

$$\begin{array}{r} 1.32\text{角} \\ \times\quad 5 \\ \hline \end{array}$$

②

$$\begin{array}{r} 2.63\text{角} \\ \times\quad 7 \\ \hline \end{array}$$

③

$$\begin{array}{r} 8.44\text{角} \\ \times\quad 9 \\ \hline \end{array}$$

④

$$\begin{array}{r} 3.56\text{元} \\ \times\quad 8 \\ \hline \end{array}$$

⑤

$$\begin{array}{r} 4.35\text{元} \\ \times\quad 11 \\ \hline \end{array}$$

⑥

$$\begin{array}{r} 3.99\text{元} \\ \times\quad 22 \\ \hline \end{array}$$

# 复 习 一

十分钟做完，如有做错，第二次再做。

1. 1方尺玻璃是长______尺阔______尺的玻璃。
2. 1方丈地是长______丈阔______丈的地。
3. 1方寸铁是长______寸阔______寸的铁。
4. 桌面长2尺阔3尺2寸就是______方尺______方寸。
5. 园地长5丈阔6丈就是______方丈。
6. 3.235元就是______元______角______分______厘。
7. 52.28石就是______石______斗______升。
8. 25.89丈就是______丈______尺______寸。
9. 1担是______斤，1吨是______斤。
10. 1公斤是______斤。1公尺是______尺。1公里是______里。
11. 1里是______丈就是______尺。
12. 1方丈是______方尺。
13. 100的对折是______。
14. 15的三分之一是______。
15. 20的四分之一是______。

做对______题　　做错______题

## 复 习 二

十分钟做完，如有做错，第二次再做。

①
$$\begin{array}{r} 324 \\ +317 \\ \hline \end{array}$$

②
$$\begin{array}{r} 388 \\ +298 \\ \hline \end{array}$$

③
$$\begin{array}{r} 256 \\ +325 \\ \hline \end{array}$$

④
$$\begin{array}{r} 373 \\ +218 \\ \hline \end{array}$$

⑤
$$\begin{array}{r} 288 \\ +316 \\ \hline \end{array}$$

⑥
$$\begin{array}{r} 457 \\ +334 \\ \hline \end{array}$$

⑦
$$\begin{array}{r} 538 \\ +364 \\ \hline \end{array}$$

⑧
$$\begin{array}{r} 1034 \\ +\ 238 \\ \hline \end{array}$$

⑨
$$\begin{array}{r} 74 \\ -52 \\ \hline \end{array}$$

⑩
$$\begin{array}{r} 88 \\ -79 \\ \hline \end{array}$$

⑪
$$\begin{array}{r} 94 \\ -53 \\ \hline \end{array}$$

⑫
$$\begin{array}{r} 65 \\ -39 \\ \hline \end{array}$$

⑬

```
  83
 -54
-----
```

⑭

```
  223
 - 52
-----
```

⑮

```
  124
 -38
-----
```

⑯

```
  233
 -145
-----
```

做对______题　　做错______题

# 复 习 三

十分钟做完，如有做错，第二次再做。

①

$$\begin{array}{r} 33 \\ \times 10 \\ \hline \end{array}$$

②

$$\begin{array}{r} 100 \\ \times 10 \\ \hline \end{array}$$

③

$$\begin{array}{r} 55 \\ \times 6 \\ \hline \end{array}$$

④

$$\begin{array}{r} 48 \\ \times 7 \\ \hline \end{array}$$

⑤

$$\begin{array}{r} 44 \\ \times 22 \\ \hline \end{array}$$

⑥

$$\begin{array}{r} 77 \\ \times 12 \\ \hline \end{array}$$

⑦

$$\begin{array}{r} 112 \\ \times 33 \\ \hline \end{array}$$

⑧

$$\begin{array}{r} 88 \\ \times 38 \\ \hline \end{array}$$

⑨

$6\overline{)36}$

⑩

$3\overline{)99}$

⑪

$12\overline{)144}$

⑫

$25\overline{)375}$

⑬

$10\overline{)1000}$

⑭

$29\overline{)667}$

⑮

$14\overline{)652}$

⑯

$35\overline{)875}$

做对________题　　做错________题

## 复习四

十分钟做完，如有做错，第二次再做。

| | | |
|---|---|---|
| 3.56石<br>+4.35石 | 4.34石<br>+5.64石 | 3.43石<br>+5.37石 |
| 7.48石<br>+3.34石 | 7.56元<br>−3.35元 | 9.34元<br>−5.48元 |
| 7.89元<br>−5.66元 | 9.43元<br>−7.39元 | 1.22元<br>× 4 |
| 2.23元<br>× 3 | 3.42元<br>× 2 | 7.34元<br>× 5 |

| | | | |
|---|---|---|---|
| 9.37元<br>× 12 | 7.53元<br>× 22 | 8.35元<br>× 33 | 4.34元<br>× 53 |

做对________题　　　做错________题

# 第七册内容

| 项目 | 课数 |
| --- | --- |
| 1. 温习 | 1~2 |
| 2. 乘法温习 | 3~4 |
| 3. 除法温习 | 5~6 |
| 4. 乘数两位乘法 | 7~10 |
| 5. 乘数三位乘法 | 11~19 |
| 6. 除数两位除法（附除数与被除数末尾有0的相消） | 20~22 |
| 7. 除数三位除法 | 23~30 |
| 8. 简单四则 | 31~36 |
| 9. 本册复习 | 37~40 |

# 第七册

用斗，秤，算盘，银元等做背景。

先来温习从前学过的。

① $\begin{array}{r} 11 \\ \times 11 \\ \hline \end{array}$ ② $\begin{array}{r} 23 \\ \times 12 \\ \hline \end{array}$ ③ $\begin{array}{r} 35 \\ \times 21 \\ \hline \end{array}$ ④ $\begin{array}{r} 112 \\ \times 23 \\ \hline \end{array}$

⑤ $\begin{array}{r} 100 \\ \times 10 \\ \hline \end{array}$ ⑥ $\begin{array}{r} 22 \\ \times 24 \\ \hline \end{array}$ ⑦ $\begin{array}{r} 36 \\ \times 13 \\ \hline \end{array}$ ⑧ $\begin{array}{r} 24 \\ \times 23 \\ \hline \end{array}$

⑨ $\begin{array}{r} 18 \\ \times 13 \\ \hline \end{array}$ ⑩ $\begin{array}{r} 28 \\ \times 15 \\ \hline \end{array}$

⑪ $9\overline{)126}$ ⑫ $7\overline{)161}$ ⑬ $6\overline{)198}$

⑭ $8\overline{)264}$　　⑮ $5\overline{)385}$　　⑯ $11\overline{)121}$

⑰ $13\overline{)195}$　　⑱ $22\overline{)242}$　　⑲ $35\overline{)385}$　　⑳ $10\overline{)1000}$

做对______题　　做错______题

再做下去。

①12×3+36=______　　②11×5+55=______

③14×2+28=______　　④23×9+100=______

⑤6×10+50=______　　⑥8×9+72=______

⑦35÷7+5=______　　⑧81÷9+9=______

⑨121÷11+12=______　　⑩288÷24+12=______

| | | | |
|---|---|---|---|
| 1.23石<br>+2.56石 | 25.5石<br>+32.3石 | 74.3元<br>+21.8元 | 58.9元<br>+23.7元 |
| 5.48元<br>−2.33元 | 7.93元<br>−5.38元 | 8.56元<br>−5.43元 | 96.6元<br>−53.3元 |
| 1.23丈<br>× 3 | 2.43丈<br>× 2 | 3.88丈<br>× 4 | 4.56丈<br>× 5 |

做对______题　　做错______题

乘法的温习

小朋友，想一想，我们已经学过哪几种乘法？

3×3=＿＿＿＿　　4×4=＿＿＿＿
5×5=＿＿＿＿　　6×6=＿＿＿＿
7×7=＿＿＿＿　　8×8=＿＿＿＿
9×9=＿＿＿＿　　这类乘法会做吗？

2×9=＿＿＿＿　　3×8=＿＿＿＿
5×7=＿＿＿＿　　4×6=＿＿＿＿
3×5=＿＿＿＿　　5×9=＿＿＿＿
4×8=＿＿＿＿　　这类乘法会做吗？

10×3=＿＿＿＿　　20×4=＿＿＿＿
30×2=＿＿＿＿　　50×3=＿＿＿＿
40×4=＿＿＿＿　　20×5=＿＿＿＿
30×4=＿＿＿＿　　这类乘法会做吗？

11×5=＿＿＿＿　　12×3=＿＿＿＿
22×4=＿＿＿＿　　33×3=＿＿＿＿
44×2=＿＿＿＿　　32×3=＿＿＿＿
24×2=＿＿＿＿　　这类乘法会做吗？

再温习下去

5×10=＿＿＿＿　　6×100=＿＿＿＿
10×10=＿＿＿＿　　100×10=＿＿＿＿
1000×10=＿＿＿＿　　100×4=＿＿＿＿
1000×3=＿＿＿＿　　这类乘法会做吗？

13×5=＿＿＿＿　　14×6=＿＿＿＿

25×3=__________　　27×3=__________
36×2=__________　　18×5=__________
24×3=__________　　这类乘法会做吗?

23×10=__________　　35×10=__________
11×50=__________　　22×40=__________
32×20=__________　　56×100=__________
33×200=__________　　这类乘法会做吗?

5×11=__________　　3×22=__________
12×12=__________　　22×11=__________
32×12=__________　　13×22=__________
13×13=__________　　这类乘法会做吗?

除法的温习

小朋友，想一想，我们再来温习除法。

4÷2=__________　　6÷3=__________
8÷4=__________　　9÷3=__________
15÷5=__________　　18÷6=__________
18÷9=__________　　这类除法会做吗?

14÷2=__________　　18÷3=__________
24÷4=__________　　35÷5=__________
15÷3=__________　　28÷4=__________
42÷6=__________　　这类除法会做吗?

50÷10=__________　　40÷20=__________
60÷30=__________　　100÷50=__________
80÷40=__________　　60÷20=__________

100÷20=__________ 这类除法会做吗？

33÷11=__________ 36÷12=__________

44÷11=__________ 48÷12=__________

39÷13=__________ 28÷14=__________

48÷24=__________ 这类除法会做吗？

再来温习除法

30÷3=__________ 200÷2=__________

100÷10=__________ 1000÷100=__________

200÷20=__________ 2000÷200=__________

400÷20=__________ 这类除法会做吗？

7÷2=__________ 9÷4=__________

13÷3=__________ 16÷5=__________

23÷6=__________ 25÷7=__________

25÷8=__________ 这类除法会做吗？

31÷10=__________ 350÷100=__________

26÷10=__________ 259÷100=__________

83÷20=__________ 563÷200=__________

749÷300=__________ 这类除法会做吗？

55÷11=__________ 44÷22=__________

42÷21=__________ 36÷12=__________

144÷12=__________ 84÷7=__________

165÷15=__________ 这类除法会做吗？

再来温习乘法

第一个例子：

26×13=________ 这类乘法会做吗？

先看说明：

$$\begin{array}{r}26\\ \times\ \ 3\\ \hline 78\end{array}\qquad \begin{array}{r}26\\ \times 10\\ \hline 260\end{array}\qquad \begin{array}{r}260\\ +\ 78\\ \hline 338\end{array}$$

所以26×13=338。

第二个例子：

38×14=________这类乘法会做吗?

先看说明:

$$\begin{array}{r}38\\ \times\ \ 4\\ \hline 152\end{array}\qquad \begin{array}{r}38\\ \times\ 10\\ \hline 380\end{array}\qquad \begin{array}{r}380\\ +152\\ \hline 532\end{array}$$

所以38×14=532。

做下列各题

①25×12=________ ②24×13=________

③35×13=________ ④45×15=________

⑤36×16=________ ⑥75×19=________

⑦63×18=________ ⑧56×16=________

⑨35×14=________ ⑩66×17=________

第三个例子：

25×31=________这类乘法会做吗？

先看说明：

$$\begin{array}{r}25\\ \times\ 30\\ \hline 750\end{array}\qquad \begin{array}{r}25\\ \times 1\\ \hline 25\end{array}\qquad \begin{array}{r}750\\ +\ \ 25\\ \hline 775\end{array}$$

所以25×31=775。

第四个例子：

36×43=________ 这类乘法会做吗？

先看说明：

$$\begin{array}{r} 36 \\ \times\ 40 \\ \hline 1440 \end{array} \qquad \begin{array}{r} 36 \\ \times\ 3 \\ \hline 108 \end{array} \qquad \begin{array}{r} 1440 \\ +\ 108 \\ \hline 1548 \end{array}$$

所以36×43=1548。

做下列各题

24×32=________ 38×26=________

35×23=________ 43×25=________

45×35=________ 34×26=________

35×28=________ 56×37=________

56×24=________ 43×53=________

## 练习一

下列20题20分钟做完做对。

| ① | ② | ③ | ④ |
|---|---|---|---|
| 33 ×45 | 43 ×36 | 75 ×48 | 68 ×34 |

| ⑤ | ⑥ | ⑦ | ⑧ |
|---|---|---|---|
| 55 ×35 | 46 ×37 | 58 ×73 | 84 ×56 |

| ⑨ | ⑩ | ⑪ | ⑫ |
|---|---|---|---|
| 37 ×46 | 64 ×52 | 34 ×42 | 45 ×63 |

| ⑬ | ⑭ | ⑮ | ⑯ |
|---|---|---|---|
| 70 ×11 | 80 ×12 | 11 ×11 | 13 ×12 |

| ⑰ | ⑱ | ⑲ | ⑳ |
|---|---|---|---|
| 10 ×10 | 20 ×20 | 30 ×30 | 40 ×40 |

## 练习二

下列20题30分钟做完做对。

1. $11\times2+22=$ ________
2. $13\times5+45=$ ________
3. $36\times3+18=$ ________
4. $42\times4+23=$ ________
5. $57\times8+36=$ ________
6. $46\times5-46=$ ________
7. $31\times5-62=$ ________
8. $23\times6-46=$ ________
9. $12\times12-60=$ ________
10. $11\times14-55=$ ________
11. $36\times10-5=$ ________
12. $30\times20-30=$ ________
13. $40\times30-30=$ ________
14. $50\times20-50=$ ________
15. $60\times30-50=$ ________
16. $30\times30+90=$ ________
17. $40\times20+200=$ ________
18. $50\times40+100=$ ________
19. $80\times70+400=$ ________
20. $40\times90+300=$ ________

乘数是什么？　被乘数是什么？

$$\begin{array}{r} 12 \quad \text{被乘数} \\ \times\ 3 \quad \text{乘数} \\ \hline 36 \quad \text{得数} \end{array}$$

乘数一位可以乘被乘数三位的。先看例子。

第一个例子：　123×2=________

说明：

$$\begin{array}{r} 100 \\ \times\ \ 2 \\ \hline 200 \end{array} \qquad \begin{array}{r} 20 \\ \times\ 2 \\ \hline 40 \end{array} \qquad \begin{array}{r} 3 \\ \times\ 2 \\ \hline 6 \end{array} \qquad \begin{array}{r} 200 \\ 40 \\ +\ \ 6 \\ \hline 246 \end{array}$$

所以123×2=246。

第二个例子：　358×7=________

说明：

$$\begin{array}{r} 300 \\ \times\ \ 7 \\ \hline 2100 \end{array} \qquad \begin{array}{r} 50 \\ \times\ 7 \\ \hline 350 \end{array} \qquad \begin{array}{r} 8 \\ \times\ 7 \\ \hline 56 \end{array} \qquad \begin{array}{r} 2100 \\ 350 \\ +\ 56 \\ \hline 2506 \end{array}$$

所以358×7=2506。

做下列各题

①131×5=________　　⑦643×8=________

②222×7=________　　⑧385×6=________

③433×6=________　　⑨945×4=________

④535×3=________　　⑩454×3=________

⑤734×2=________　　⑪849×9=________

⑥835×5=________　　⑫135×3=________

两位数乘数两位也可以乘被乘数三位数的。先看例子。

第一个例子：

123×54=＿＿＿＿＿

说明：

```
  100          23          5400
×  54       ×  54        +1242
─────       ─────        ─────
 5400          92         6642
              115
            ─────
             1242
```

所以123×54=6642。

做下列各题

①123×35=＿＿＿＿＿

②111×67=＿＿＿＿＿

③201×43=＿＿＿＿＿

④132×46=＿＿＿＿＿

⑤105×53=＿＿＿＿＿

⑥335×22=＿＿＿＿＿

⑦384×25=＿＿＿＿＿

⑧235×37=＿＿＿＿＿

⑨251×32=＿＿＿＿＿

⑩546×18=＿＿＿＿＿

⑪643×12=＿＿＿＿＿

⑫355×24=＿＿＿＿＿

⑬934×11=＿＿＿＿＿

⑭195×38=＿＿＿＿＿

⑮223×42=＿＿＿＿＿

第二个例子：

438×76=＿＿＿＿

说明：

$$\begin{array}{r} 400 \\ \times\ 76 \\ \hline 30400 \end{array} \qquad \begin{array}{r} 38 \\ \times\ 76 \\ \hline 228 \\ 266\ \\ \hline 2888 \end{array} \qquad \begin{array}{r} 30400 \\ +\ 2888 \\ \hline 33288 \end{array}$$

所以438×76=33288。

做下列各题

①312×59=＿＿＿＿

②834×23=＿＿＿＿

③356×43=＿＿＿＿

④435×42=＿＿＿＿

⑤567×55=＿＿＿＿

⑥393×53=＿＿＿＿

⑦685×38=＿＿＿＿

⑧456×35=＿＿＿＿

⑨536×48=＿＿＿＿

⑩373×59=＿＿＿＿

⑪948×76=＿＿＿＿

⑫435×68=＿＿＿＿

⑬748×54=＿＿＿＿

⑭848×65=＿＿＿＿

⑮435×73=＿＿＿＿

乘法的乘数与被乘数可以颠倒的。

第一个例子：

3×2=______　　就是2×3=______

第二个例子：

12×3=______　　就是3×12=______

第三个例子：

100×5=______　　就是5×100=______

做下列各题

①3×20=　　⑪4×100=

②5×60=　　⑫5×200=

③2×33=　　⑬3×300=

④6×23=　　⑭2×400=

⑤7×34=　　⑮6×100=

⑥9×43=　　⑯2×200=

⑦8×56=　　⑰9×100=

⑧4×56=　　⑱3×200=

⑨2×88=　　⑲4×200=

⑩3×66=　　⑳2×300=

第四个例子：

123×11=______就是11×123=______

证明：

$$\begin{array}{r} 123 \\ \times\ 11 \\ \hline 123 \\ 123\phantom{0} \\ \hline 1353 \end{array} \qquad \begin{array}{r} 11 \\ \times\ 123 \\ \hline 33 \\ 22\phantom{0} \\ 11\phantom{00} \\ \hline 1353 \end{array}$$

做下列各题

1. $35\times123=$
2. $67\times111=$
3. $43\times201=$
4. $46\times132=$
5. $53\times105=$
6. $22\times335=$
7. $25\times384=$
8. $37\times235=$
9. $32\times251=$
10. $18\times546=$
11. $12\times643=$
12. $24\times355=$
13. $11\times934=$
14. $38\times195=$
15. $42\times223=$
16. $65\times335=$

陶行知全集

教材

## 练 习 一

1. $33\times4=$ ______
2. $52\times5=$ ______
3. $38\times9=$ ______
4. $72\times6=$ ______
5. $45\times7=$ ______
6. $65\times8=$ ______
7. $85\times3=$ ______
8. $29\times2=$ ______
9. $100\times5=$ ______
10. $210\times3=$ ______
11. $340\times6=$ ______
12. $380\times2=$ ______
13. $250\times5=$ ______
14. $360\times4=$ ______
15. $840\times3=$ ______
16. $480\times2=$ ______
17. $640\times7=$ ______
18. $780\times8=$ ______
19. $450\times4=$ ______
20. $950\times7=$ ______
21. $7\times950=$ ______
22. $4\times450=$ ______
23. $8\times780=$ ______
24. $7\times640=$ ______
25. $2\times480=$ ______
26. $3\times840=$ ______
27. $4\times360=$ ______
28. $5\times250=$ ______
29. $2\times380=$ ______
30. $4\times33=$ ______
31. $5\times52=$ ______
32. $9\times38=$ ______
33. $6\times72=$ ______
34. $7\times45=$ ______
35. $8\times65=$ ______
36. $3\times85=$ ______
37. $2\times29=$ ______
38. $5\times100=$ ______
39. $2\times210=$ ______
40. $6\times340=$ ______

做对______题　　做错______题

## 练 习 二

1. $55\times33=$ ____________
2. $44\times22=$ ____________
3. $33\times11=$ ____________
4. $66\times22=$ ____________
5. $22\times77=$ ____________
6. $77\times33=$ ____________
7. $85\times17=$ ____________
8. $65\times41=$ ____________
9. $59\times13=$ ____________
10. $78\times28=$ ____________
11. $123\times53=$ ____________
12. $335\times24=$ ____________
13. $223\times56=$ ____________
14. $328\times47=$ ____________
15. $645\times73=$ ____________
16. $745\times37=$ ____________
17. $864\times35=$ ____________
18. $435\times38=$ ____________
19. $537\times51=$ ____________
20. $846\times79=$ ____________
21. $53\times123=$ ____________
22. $24\times335=$ ____________
23. $56\times223=$ ____________
24. $47\times328=$ ____________
25. $73\times645=$ ____________
26. $37\times745=$ ____________
27. $35\times864=$ ____________
28. $38\times435=$ ____________
29. $51\times537=$ ____________
30. $79\times846=$ ____________
31. $33\times55=$ ____________
32. $22\times44=$ ____________
33. $11\times33=$ ____________
34. $22\times66=$ ____________
35. $77\times22=$ ____________
36. $33\times77=$ ____________
37. $17\times85=$ ____________
38. $41\times65=$ ____________
39. $13\times59=$ ____________
40. $28\times78=$ ____________

做对__________题　　　做错__________题

## 练习三

1. 今天的市价，一块银元可以换钱______千______百______十______文。

换7块银元可得钱______。

换15块银元可得钱______。

换24块银元可得钱______。

换30块银元可得钱______。

换35块银元可得钱______。

2. 钱铺子换钱，每块银元可以赚铜元14枚，下列是一家钱铺子7天的账。

第一天换出银元256块赚铜元______枚。

第二天换出银元234块赚铜元______枚。

第三天换出银元156块赚铜元______枚。

第四天换出银元325块赚铜元______枚。

第五天换出银元436块赚铜元______枚。

第六天换出银元563块赚铜元______枚。

第七天换出银元200块赚铜元______枚。

## 练 习 四

一天有________小时。下列各种交通用具比赛速率，算出一天里所行的路程。

1. 顺风帆船每小时行56里。
2. 逆水帆船每小时行21里。
3. 摩托游艇每小时行45里。
4. 小轮船每小时行33里。
5. 大轮船每小时行80里。
6. 快轮船每小时行129里。
7. 自行车每小时行48里。
8. 火车每小时行120里。
9. 快火车每小时行315里。
10. 飞行火车每小时行875里。
11. 电车每小时行38里。
12. 快飞机每小时行2115里。
13. 寻常飞机每小时行542里。
14. 寻常汽车每小时行98里。
15. 快汽车每小时行817里。
16. 最快汽车每小时行1062里。

<u>现在来练习除法</u>

第一个例子。

338÷13=________ 这类除法会做吗？

```
      26              验算
   ┌────
13 │338                 26
    26                  13
   ────               ────
     78                 78
     78                26
   ────               ─────
                       338//
```

第二个例子。

1000÷25=__________ 这类除法会做吗？

```
      40          验算
   ┌─────
25 │1000           40
    1000           25
   ─────         ─────
                  200
                   8
                 ─────
                 1000//
```

做下列各题

1. 736÷23=__________
2. 765÷15=__________
3. 408÷12=__________
4. 768÷32=__________
5. 336÷14=__________
6. 325÷25=__________
7. 598÷26=__________
8. 4000÷25=__________
9. 2500÷5=__________
10. 3500÷35=__________
11. 736÷32=__________
12. 765÷51=__________
13. 408÷34=__________
14. 768÷24=__________
15. 336÷24=__________
16. 325÷13=__________
17. 598÷23=__________
18. 4000÷8=__________
19. 2500÷25=__________
20. 3500÷7=__________

第三个例子。

440÷40=______　这类题会做吗？

```
      1 1
    ┌─────
4 0 │ 4 4 0
      4 4
   ─────────
```

除数与被除数末尾的0可以消去的。

第四个例子。

2000÷200=______　这类题会做吗？

```
          1 0
        ┌────────
2 0 0   │ 2 0 0 0
          2 0
    ─────────────
```

一个0可以相消，二个0也可以相消。

做下列各题（用消去末尾0的方法）。

1. 100÷20=______
2. 300÷20=______
3. 500÷25=______
4. 600÷30=______
5. 400÷200=______
6. 800÷40=______
7. 900÷300=______
8. 700÷35=______
9. 200÷40=______
10. 1000÷250=______
11. 3000÷600=______
12. 8000÷250=______
13. 1000÷200=______
14. 3000÷200=______
15. 5000÷250=______
16. 6000÷300=______
17. 4000÷250=______
18. 8000÷400=______
19. 9000÷300=______
20. 7000÷350=______
21. 2000÷400=______
22. 1000÷25=______
23. 3000÷60=______
24. 8000÷25=______

第四个例子。

4856 ÷ 150 = ＿＿＿＿　这类题会做吗？

```
         3 2
     ┌────────
150  │ 4 8 5 6
       4 5 0
     ──────────
         3 5 6
         3 0 0
     ──────────
           5 6……余数
```

除数有0，被除数没有0，不能相消

第五个例子。

870 ÷ 145 = ＿＿＿＿　这类题会做吗？

```
          6
     ┌──────
145  │ 8 7 0
       8 7 0
   ───────────
        ／
```

被除数有0，
除数没有0，
也不能相消

做下列各题

1. 3640 ÷ 130 = ＿＿＿＿
2. 2430 ÷ 321 = ＿＿＿＿
3. 2122 ÷ 110 = ＿＿＿＿
4. 3132 ÷ 120 = ＿＿＿＿
5. 2525 ÷ 150 = ＿＿＿＿
6. 3344 ÷ 160 = ＿＿＿＿
7. 4343 ÷ 230 = ＿＿＿＿
8. 5238 ÷ 240 = ＿＿＿＿
9. 120 ÷ 38 = ＿＿＿＿
10. 377 ÷ 20 = ＿＿＿＿
11. 856 ÷ 43 = ＿＿＿＿
12. 1020 ÷ 20 = ＿＿＿＿
13. 2340 ÷ 56 = ＿＿＿＿
14. 725 ÷ 45 = ＿＿＿＿
15. 3435 ÷ 210 = ＿＿＿＿
16. 3521 ÷ 310 = ＿＿＿＿

<u>除数三位的除法</u>

例一，1000÷250=__________ 这是三位除法。

例二，870÷145=__________ 这也是三位除法。

例三，4856÷150=__________ 这也是三位除法。

再看例子：

①1569÷523=__________

说明：15÷5=3

23×3=69

所以　1569÷523=3。

②2052÷342=

说明：20÷3=6余2。

42×6=252

1800+252=2052

所以　2052÷342=6。

做下例各题

1. 1055÷211=__________　　6. 856÷214=__________

2. 1288÷322=__________　　7. 2205÷315=__________

3. 699÷233=__________　　8. 2100÷300=__________

4. 672÷112=__________　　9. 1850÷370=__________

5. 615÷123=__________　　10. 2574÷234=__________

再看例子：

③　2328÷378=__________

说明：23÷3=72余2。

78×7=546

228比546小所以不应该是7。

倘若　378×6=2268

2328−2268=60

所以　2328÷378=6　余60。

④　935÷183=__________

说明：9÷1=9

9×183=______比935大，不对，

倘若　8×183=______比935大，不对，

7×183=______比935大，不对，

6×183=______比935大，不对，

5×183=935，恰恰好。

这里有一句极重要的话，
下页详细说明

?

凡三位数的除数如果第二位是7，8或9，那末估计商数时，第三位就要加上1去想。例如378就要当做400去估计，183就要当做200去估计，291就要当做300去估计。

做下列各题

1. 各题对的画一个○，错的画一个×。

   除数是355，3当作4。

   除数是268，2当作3。

   除数是384，3当作4。

   除数是568，5当作6。

   除数是489，4当作5。

   除数是297，2当作3。

   除数是375，3当作4。

   除数是184，1当作2。

2. 各题如有余数另行记出来。

   3238÷180=________

   4356÷276=________

   7415÷380=________

   4237÷165=________

   2521÷283=________

前课所说的一句重要话，两位数的除数也可以用的。两位数的除数，如果第一位是7，8或9，那末估计商数时，第二位要加上1去想。例如27就要当做30想。

做下列各题

1. 各题对的画〇，错的画×。

328÷19，1当作2，

256÷18，1当作2，

253÷9，9当作10，

343÷19，1当作2，

456÷28，2当作3，

523÷7，7当作8，

833÷158，1当作2，

253÷25，2当作3。

2. 把上列各题求出答数来。

328÷19=________

256÷18=________

253÷9=________

343÷19=________

456÷28=________

523÷7=________

833÷158=________

253÷25=________

## 除法练习

第一段，做得快，做得对。有余数也要记出来。

| | | | |
|---|---|---|---|
| ① 9)83 | ② 8)91 | ③ 7)65 | ④ 6)46 |
| ⑤ 8)176 | ⑥ 8)144 | ⑦ 4)235 | ⑧ 5)355 |
| ⑨ 11)56 | ⑩ 12)89 | ⑪ 12)98 | ⑫ 13)125 |
| ⑬ 21)245 | ⑭ 23)93 | ⑮ 22)134 | ⑯ 23)251 |
| ⑰ 12)144 | ⑱ 22)242 | ⑲ 21)252 | ⑳ 13)169 |

做对________题　　做错________题

## 除法练习

第二段，做得快，做得对。

| | | | |
|---|---|---|---|
| ① 32)224 | ② 37)222 | ③ 28)252 | ④ 58)406 |
| ⑤ 19)159 | ⑥ 49)245 | ⑦ 67)268 | ⑧ 61)244 |
| ⑨ 16)864 | ⑩ 83)415 | ⑪ 53)371 | ⑫ 72)576 |

| | | | |
|---|---|---|---|
| ⑬ 23)1219 | ⑭ 27)1701 | ⑮ 38)1710 | ⑯ 13)1118 |
| ⑰ 47)2538 | ⑱ 78)6474 | ⑲ 47)2538 | ⑳ 59)5369 |

做对__________题　　　做错__________题

除法练习三

第三段，做得快，做得对。注意除数与被除数的相消。

| | | | |
|---|---|---|---|
| ① 20)400 | ② 50)100 | ③ 30)600 | ④ 40)800 |
| ⑤ 320)640 | ⑥ 410)820 | ⑦ 230)690 | ⑧ 210)1050 |
| ⑨ 520)2040 | ⑩ 410)2050 | ⑪ 370)2590 | ⑫ 280)2240 |
| ⑬ 290)1740 | ⑭ 100)2300 | ⑮ 500)1000 | ⑯ 600)1800 |
| ⑰ 250)3788 | ⑱ 560)4365 | ⑲ 732)8940 | ⑳ 853)9490 |

除法练习四

第四段，做得快，做得好。

| | | | |
|---|---|---|---|
| ① 431)4741 | ② 223)4683 | ③ 324)7128 | ④ 234)2808 |

| ⑤ | ⑥ | ⑦ | ⑧ |
|---|---|---|---|
| $423\overline{)9306}$ | $422\overline{)5908}$ | $322\overline{)4508}$ | $284\overline{)3008}$ |
| ⑨ | ⑩ | ⑪ | ⑫ |
| $152\overline{)2128}$ | $253\overline{)3289}$ | $532\overline{)6916}$ | $263\overline{)3419}$ |
| ⑬ | ⑭ | ⑮ | ⑯ |
| $435\overline{)5605}$ | $326\overline{)3912}$ | $214\overline{)4922}$ | $281\overline{)6744}$ |
| ⑰ | ⑱ | ⑲ | ⑳ |
| $372\overline{)8556}$ | $192\overline{)8256}$ | $272\overline{)9248}$ | $183\overline{)5856}$ |

做对________题　　做错________题

加减乘除互相证明

第一段，加减的互相证明。

| 加的 | ← 证明 → | 减的 |
|---|---|---|
| 1. 6+4=___ | 10-6=___ | 10-4=___ |
| 2. 50+20=___ | 70-50=___ | 70-20=___ |
| 3. 34+56=___ | 90-56=___ | 90-34=___ |
| 4. 78+84=___ | 162-78=___ | 162-84=___ |
| 5. 47+69=___ | 116-47=___ | 116-69=___ |
| 6. 59+84=___ | 143-59=___ | 143-84=___ |
| 7. 63+78=___ | 141-63=___ | 141-78=___ |
| 8. 47+56=___ | 103-47=___ | 103-56=___ |
| 9. 24+87=___ | 111-24=___ | 111-87=___ |
| 10. 33+78=___ | 111-33=___ | 111-78=___ |
| 11. 135+226=___ | 361-135=___ | 361-226=___ |
| 12. 344+458=___ | 802-344=___ | 802-458= |
| 13. 523+666=___ | 1189-523=___ | 1189-666=___ |

| | | | |
|---|---|---|---|
| 14. | $748+256=$ ______ | $1004-748=$ ______ | $1004-256=$ ______ |
| 15. | $498+523=$ ______ | $1021-498=$ ______ | $1021-523=$ ______ |
| 16. | $339+664=$ ______ | $1003-339=$ ______ | $1003-664=$ ______ |
| 17. | $593+428=$ ______ | $1021-593=$ ______ | $1021-428=$ ______ |
| 18. | $1235+2438=$ ______ | $3673-1235=$ ______ | $3673-2438=$ ______ |
| 19. | $2346+3439=$ ______ | $5785-2346=$ ______ | $5785-3439=$ ______ |
| 20. | $5523+4487=$ ______ | $10010-5523=$ ______ | $10010-4487=$ ______ |

第二段，乘除的互相证明。

| | 乘的 | ←— 证明 —→ | 除的 |
|---|---|---|---|
| 1. | $3\times4=$ ______ | $12\div3=$ ______ | $12\div4=$ ______ |
| 2. | $5\times8=$ ______ | $40\div5=$ ______ | $40\div8=$ ______ |
| 3. | $2\times9=$ ______ | $18\div2=$ ______ | $18\div9=$ ______ |
| 4. | $5\times6=$ ______ | $30\div5=$ ______ | $30\div6=$ ______ |
| 5. | $4\times7=$ ______ | $28\div4=$ ______ | $28\div7=$ ______ |
| 6. | $11\times5=$ ______ | $55\div11=$ ______ | $55\div5=$ ______ |
| 7. | $14\times6=$ ______ | $84\div14=$ ______ | $84\div6=$ ______ |
| 8. | $17\times3=$ ______ | $51\div17=$ ______ | $51\div3=$ ______ |
| 9. | $12\times10=$ ______ | $120\div12=$ ______ | $120\div10=$ ______ |
| 10. | $13\times11=$ ______ | $143\div13=$ ______ | $143\div11=$ ______ |
| 11. | $23\times20=$ ______ | $230\div23=$ ______ | $230\div20=$ ______ |
| 12. | $35\times16=$ ______ | $560\div35=$ ______ | $560\div16=$ ______ |
| 13. | $150\times25=$ ______ | $3750\div150=$ ______ | $3750\div25=$ ______ |
| 14. | $361\times33=$ ______ | $11913\div361=$ ______ | $11913\div33=$ ______ |
| 15. | $432\times41=$ ______ | $17712\div432=$ ______ | $17712\div41=$ ______ |
| 16. | $364\times63=$ ______ | $22932\div364=$ ______ | $22932\div63=$ ______ |
| 17. | $234\times150=$ ______ | $24570\div234=$ ______ | $24570\div150=$ ______ |
| 18. | $356\times230=$ ______ | $81880\div356=$ ______ | $81880\div230=$ ______ |
| 19. | $333\times222=$ ______ | $73926\div333=$ ______ | $73926\div222=$ ______ |
| 20. | $257\div123=$ ______ | $31571\div257=$ ______ | $31571\div123=$ ______ |

加减乘除还可以联合起来

第一段，加与乘的联合。

例子1，一个小学生，买5本书，每本书价1角2分，又买2枝笔，每枝笔价8分，又买4张图画纸，每张纸价3分，共用______角______分。

说明，$12\times5+8\times2+3\times4=88$

(书价) (笔价) (纸价)分

例子2，一个教师分纸给三班学生，第一班学生30人，第二班学生20人，第三班学生25人。每个学生分到纸3张，共______张。

说明，照普通法子做。

第一班　$30\times3=90$

第二班　$20\times3=60$

第三班　$25\times3=75$

$90+60+75=225$。

加乘可以联合起来做。注意（　）这叫“括弧”。在括弧里的先做，再做括弧外的。

例如　$(30+20+25)\times3=75\times3=225$

做下列各题

1. $(2+3+4)\times5=$______
2. $(3+4+5)\times4=$______
3. $(7+3+2)\times6=$______
4. $(8+9+4)\times7=$______
5. $(9+5+6)\times3=$______
6. $(20+5+3)\times4=$______
7. $(25+6+7)\times3=$______
8. $(35+4+3)\times6=$______
9. $(15+16+18)\times9=$______
10. $(26+28+19)\times8=$______

例子3，小学生在开学时，每人缴书籍费2元，一个学生在一个学期里共买教科书4本，每本洋1角2分，又买练习本5本每本洋8分，又买铅笔3枝每枝洋5分，又买毛笔2枝每枝洋1角5分。共买洋____角____分。预缴的2元有余呢，还是不够?

说明，$12 \times 4 + 5 \times 8 + 3 \times 5 + 2 \times 15 = 133$

(书价) (簿价) (铅笔价) (毛笔价) 分

$200 - 133 = 67$ 分（多余的）。

例子4，有一个学生，家里很穷，缴不出2元，只缴了5角。但是他会种菜，卖菜钱有2元8角4分。他付还了学用品账，还余多少钱?

说明，$133 - 50 = 83$ 分（欠款）

(总账)(已缴)

$284 - 83 = 201$ 分（余款）。

(菜钱)(欠款)

算下列各题

1. $150 - 13 \times 7 =$ ________
2. $296 - 23 \times 6 =$ ________
3. $345 - 27 \times 4 =$ ________
4. $584 - 19 \times 6 =$ ________
5. $373 - 12 \times 11 =$ ________
6. $979 - 13 \times 12 =$ ________
7. $846 - 21 \times 15 =$ ________
8. $1035 - 56 \times 7 =$ ________
9. $1568 - 67 \times 23 =$ ________
10. $1835 - 35 \times 32 =$ ________

例子5，学用品是消费合作社代办的。学期终了，消费合作社结算账目。书籍部盈余5元8角4分。文具部盈余7元9角6分。点心部盈余3元5角6分。该社共有56股，每股可分盈余____角____分。

说明，$584 + 796 + 356 = 1736$ 分（盈余总数）

$1736 \div 56 = 31$ 分。

例子6，前题1股得3角1分，2股得_____角_____分，

5股得_____角_____分。

说明　$31\times2=62$分（两股）

$31\times3=93$分（三股）

$31\times4=124$分（四股）

$31\times5=155$分（五股）

做下列各题

1. $(4+3+7+14+28)\div7=$______________

2. $(8+5+13+20+52)\div13=$______________

3. $(9+7+16+32+64)\div16=$______________

4. $(15+12+27+54+108)\div27=$______________

5. $(150+300+450+900)\div150=$______________

6. $(320+180+640+360)\div370=$______________

7. $(22+32+44+56+78)\div29=$______________

8. $(33+44+55+66+77)\div53=$______________

9. $(130+240+630+540+980+580)\div340=$______________

例子7，这班学生有40人分成8队去做小先生，每队公举队长1人。队长一人可以向教师领取抄本书10本，笔5枝，纸20张，教师共发出抄本书__________本，笔__________枝，纸__________张。

说明：$40\div8=5$队

$5\times10=50$抄本书　$5\times5=25$笔

$5\times20=100$纸。

例子8，全校学生抄书给小先生用。这个学校共有学生120人，每人每星期抄6张，分给40位小先生用，每位小先生每星期可以得抄本书__________张。

说明：$120\times6=720$张（一星期的抄本）

$720\div40=18$张（每位小先生可用）

做下列各题

1. $34\times9\div17=$____________　　2. $56\times7\div4=$____________

3. $43\times12\div6=$ ______

4. $35\times5\div7=$ ______

5. $51\times8\div3=$ ______

6. $46\times9\div23=$ ______

7. $105\times15\div5=$ ______

8. $112\times14\div28=$ ______

9. $94\times16\div47=$ ______

10. $53\times21\div3=$ ______

11. $100\times10\div20=$ ______

12. $500\times20\div50=$ ______

## 复 习 一

下列各题十五分钟做完做对。

① $325 \times 7$

② $223 \times 15$

③ $112 \times 223$

④ $25 \times 324$

⑤ $314 \times 251$

⑥ $8 \times 328$

⑦ $333 \times 222$

⑧ $83 \times 156$

⑨ $9 \times 436$

⑩ $525 \times 37$

⑪ $468 \times 24$

⑫ $845 \times 38$

做对________题　　做错________题

## 复 习 二

下列各题十五分钟做完做对。

①

3 ⟌1722

②

37 ⟌185

③

112 ⟌672

④

14 ⟌840

⑤

270 ⟌8640

⑥

232 ⟌7888

⑦

334 ⟌7682

⑧

230 ⟌9200

⑨

48 ⟌2976

⑩

650 ⟌5200

⑪

469 ⟌9849

⑫

21 ⟌1281

做对__________题　　做错__________题

## 复 习 三

下列各题四十分钟做完做对。

1. $(3+5+6+4)\times5=$ ________
2. $(2+5+8+9)\times6=$ ________
3. $(7+6+8+8)\times7=$ ________
4. $(11+17+28+100)\times11=$ ________
5. $(100+200+112+231)\times22=$ ________
6. $(27+32+41+116)\times31=$ ________
7. $(43+56+84+120)\times15=$ ________
8. $(35+4+8+9+16)\times120=$ ________
9. $(42+7+6+8+12)\times230=$ ________
10. $(43+76+8+9+75)\times253=$ ________
11. $(56-34)\times7=$ ________
12. $(83-22)\times6=$ ________
13. $(74-53)\times9=$ ________
14. $(65-19)\times5=$ ________
15. $(56-28)\times8=$ ________
16. $(93-85)\times14=$ ________
17. $(45-36)\times21=$ ________
18. $(116-96)\times54=$ ________
19. $(225-87)\times47=$ ________
20. $(325-284)\times150=$ ________
21. $(8+3)\times(8-4)=$ ________
22. $(4+6)\times(5-3)=$ ________
23. $(9+7)\times(7-5)=$ ________
24. $(8+1)\times(8-1)=$ ________

25. （7+2）×（7−3）=____________

做对__________题　　　做错__________题

## 复 习 四

下列各题四十分钟做完做对。

1. $(5+15+20+30)\div5=$ ____________
2. $(6+18+36+72)\div12=$ ____________
3. $(8+24+32+64+48)\div16=$ ____________
4. $(17+34+68+85)\div17=$ ____________
5. $(150+250+450+50)\div150=$ ____________
6. $(130+390+260+520)\div260=$ ____________
7. $(340+680+280+130)\div130=$ ____________
8. $(1523-937)\div42=$ ____________
9. $(987-212)\div35=$ ____________
10. $(2667-1134)\div73=$ ____________
11. $(1687-343)\div32=$ ____________
12. $(5133-234)\div213=$ ____________
13. $(8779-1120)\div333=$ ____________
14. $(7228-1320)\div422=$ ____________
15. $(34\times7)\div17=$ ____________
16. $(74\times6)\div34=$ ____________
17. $(48\times14)\div42=$ ____________
18. $(28\times16)\div56=$ ____________
19. $(180\times12)\div270=$ ____________
20. $(333\times25)\div165=$ ____________

做对____________题　　　　做错____________题

# 第八册内容

楷书

# 第八册

用中国折子，账簿，发票，收据等做背景。

先来温习从前学过的。

1公里是________里。 1里是________丈。

1斤是________两。1吨是________斤。1担是________斤。

1方丈是________方尺，就是________方寸。

寒暑表摄氏100度就是华氏________度。

1个平年有________天。1天有________小时。1小时有________分。

3.245元就是________元________角________分________厘。

5.34石就是________石________斗________升。

2.34丈就是________丈________尺________寸。

12345就是________万________千________百________十________。

3，4，5，6的平均数是________。

12的对折是________，又三分之一是________，四分之一是________。

今年一月________天，二月________天，三月________，天，四月________天。

五月________天，六月________天，七月________天，八月________天。

九月________天，十月________天，十一月________天，十二月________天。

简便的除法

先看例子一，144÷12=__________

说明，

```
~~12~~ | ~~1 4 4~~
~~6~~     ~~72~~
~~3~~     ~~36~~
          12
```

第一步，用2除12与144得6与72。

第二步，用2除6与72得3与36。

第三步，用3除36得12，就是商数。

用简便的除法，算出下列各题。

1. 504÷12=__________
2. 506÷22=__________
3. 736÷32=__________
4. 909÷21=__________
5. 945÷45=__________
6. 765÷15=__________
7. 735÷35=__________
8. 768÷24=__________
9. 351÷27=__________
10. 576÷15=__________
11. 768÷16=__________
12. 602÷14=__________
13. 1953÷63=__________
14. 1134÷54=__________

例子二，1500÷300=

说明，

```
      5
   ┌────
 3 ) 1 5
     1 5
 ────────
```

先把除数与被除数两个0相消，再来算，简便得多了。

例子三，7680÷320=__________

说明，

| | | |
|---|---|---|
| 32~~0~~ | 768~~0~~ | 第一步，先消去0。 |
| ~~4~~ | ~~192~~ | 第二步，用4除32与768。 |
| ~~2~~ | ~~48~~ | 第三步，再用4除。 |
| | 24 | 第四步，用2除48。 |

做下列各题

1. 6720÷210=__________
2. 7680÷320=__________
3. 6240÷520=__________
4. 7740÷240=__________
5. 9660÷460=__________
6. 5250÷250=__________
7. 9450÷450=__________
8. 4680÷360=__________
9. 7560÷280=__________
10. 6720÷420=__________
11. 9240÷330=__________
12. 31110÷510=__________

用简便除法算下列各题

1. 4284 ÷ 204 =__________

2. 9246 ÷ 402 =__________

3. 7028 ÷ 502 =__________

4. 8456 ÷ 302 =__________

5. 7600 ÷ 304 =__________

6. 7038 ÷ 207 =__________

7. 2560 ÷ 205 =__________

8. 28435 ÷ 605 =__________

9. 15043 ÷ 307 =__________

10. 27360 ÷ 608 =__________

11. 45835 ÷ 445 =__________

12. 26724 ÷ 262 =__________

13. 63648 ÷ 312 =__________

14. 33142 ÷ 114 =__________

15. 73568 ÷ 242 =__________

16. 45675 ÷ 225 =__________

17. 65675 ÷ 325 =__________

18. 57165 ÷ 555 =__________

19. 73164 ÷ 264 =__________

20. 9421 ÷ 567 =__________

小数除法也可以用简便除法的。

但是要注意小数点的位置。

例子一，45.65元 ÷ 55=……

~~55~~ | ~~45.65~~

~~11~~ ~~9.13~~

.83元

是八角三分。

例子二，67.2元÷210=__________

说明：先消去除数的0，同时只要移前小数点一位，然后再来除。

```
21 | 6.72元
7    2.24
       .32元
```

是三角二分。

算下列各题

1. 19.84元÷32=__________
2. 12.48元÷24=__________
3. 21.14元÷54=__________
4. 22.96元÷56=__________
5. 14.49元÷63=__________
6. 18.06元÷42=__________
7. 17.68元÷340=__________
8. 20.16元÷250=__________
9. 36.8÷160=__________
10. 18.62÷490=__________
11. 67.2÷120=__________
12. 28.12÷720=__________

# 温习二

做下列各题（乘的）

1. $3\times45=$ ________
2. $8\times23=$ ________
3. $6\times84=$ ________
4. $5\times125=$ ________
5. $7\times332=$ ________
6. $4\times253=$ ________
7. $19\times25=$ ________
8. $26\times132=$ ________
9. $84\times256=$ ________
10. $37\times311=$ ________
11. $45\times3=$ ________
12. $23\times8=$ ________
13. $84\times6=$ ________
14. $125\times5=$ ________
15. $332\times7=$ ________
16. $253\times4=$ ________
17. $25\times19=$ ________
18. $132\times26=$ ________
19. $256\times84=$ ________
20. $311\times37=$ ________

做下列各题（除的）

1. $12\div3=$ ________
2. $14\div7=$ ________
3. $51\div3=$ ________
4. $51\div17=$ ________
5. $64\div4=$ ________
6. $64\div16=$ ________
7. $984\div123=$ ________
8. $568\div142=$ ________
9. $792\div264=$ ________
10. $472\div118=$ ________
11. $120\div30=$ ________
12. $140\div70=$ ________
13. $510\div30=$ ________
14. $510\div170=$ ________
15. $640\div40=$ ________
16. $640\div160=$ ________
17. $4284\div204=$ ________
18. $6560\div205=$ ________
19. $7600\div304=$ ________
20. $1221\div111=$ ________

## 小数乘法练习一

每本书价洋1角2分，买9本要______元______角______分。

算法

```
   .1 2元
×    9
---------
  1.0 8元
```

这类小数乘法会做吗?

做下列各题

① .2 4元 × 5

② .3 2元 × 4

③ .1 3元 × 6

④ .3 5元 × 7

⑤ .1 1 3元 × 6

⑥ .3 2 1元 × 7

⑦ .4 3 8元 × 8

⑧ .5 3 7元 × 9

⑨ .4 1 3元 × 5

⑩ .1 1 4元 × 6

⑪ .8 3 4元 × 4

⑫ .7 2 5元 × 5

⑬ 1.2 5 6元 × 6

⑭ 2.3 4元 × 8

⑮ 7.2 3元 × 9

⑯ 6.3 4元 × 7

## 小数乘法练习二

每本书价1角2分，买十四本要______元______角______分。

算法

```
  .1 2元
   1 4
 ------
   4 8
  1 2
 ------
 1.6 8元
```

这类小数乘法会做吗？
注意小数点的位置。

做下列各题

①
```
  .3 2元
 ×1 2
 ------
```

②
```
  .4 5元
 ×1 7
 ------
```

③
```
  .36元
 ×2 3
 ------
```

④
```
  1.2 5元
 ×  1 1
 -------
```

⑤
```
  2.3 5元
 ×  2 2
 -------
```

⑥
```
  3.2 1元
 ×  3 3
 -------
```

⑦
```
  2.1 1元
 ×  3 1
 -------
```

⑧
```
  3.7 3元
 ×  2 4
 -------
```

⑨
```
  1.2 5元
 ×  4 6
 -------
```

⑩
```
  7.4 5元
 ×  2 8
 -------
```

⑪
```
  3.8 5元
 ×  2 6
 -------
```

⑫
```
  2.5 8元
 ×  5 3
 -------
```

# 小数乘法练习三

每本书价1角2分，买124本要________元________角________分。

算法

```
   .1 2元
 ×1 2 4
 ------
     4 8
   2 4
 1 2
 ------
 1 4.8 8元
```

这类小数乘法与三位数的乘法相同吗？

注意小数点的位置。

做下列各题

①

```
   .2 5元
 ×1 2 3
 ------
```

②

```
   .3 4元
 ×2 2 1
 ------
```

③

```
   .3 2元
 ×1 3 5
 ------
```

④

```
   .8 9元
 ×1 6 0
 ------
```

⑤

```
  1.7 4元
 ×2 3 0
 ------
```

⑥

```
  3.5 6元
 ×3 3 0
 ------
```

⑦

```
  2.3 4元
 ×1 1 3
 ------
```

⑧

```
  3.5 4元
 ×3 4 4
 ------
```

⑨

```
  5.8 7元
 ×2 6 3
 ------
```

## 小数乘法练习四

白米每斗价洋1元2角，买3斗4升要付________元________角。

说明：3.4斗×1.2元=________

```
 3.4斗        3.4
× 1元       ×  .2
-----      ------
 3.4元       .68元
```

这就是34×2=68。但上有一位小数下有一位小数，所以应有二位小数。

```
  3.4
  .68
------
 4.08元
```

所以3.4×1.2=4.08元

> 小数乘小数与整数乘小数的方法相同，不过要把乘数的小数位数算进去，在答数上清清楚楚的表示出来。

算下列各题。

1. 1.23斗×1.3元=________
2. 3.2丈×2.5元=________
3. 2.56丈×3.2元=________
4. 4.2丈×5.6元=________
5. 5.2丈×3.7元=________
6. 7.3斗×2.3元=________
7. 8.4斗×3.2元=________
8. 9.3斗×2.7元=________

## 小数乘法复习一

照下列例子，算出下列各题。

例子　2.85元×3丈=8.55元　　就是八元五角五分。

1.　3.24元×4丈=__________　　就是______元______角____分。

2.　7.35元×2丈=__________　　就是__________

3.　8.56元×7丈=__________　　就是__________

4.　5.64丈×8=__________　　就是______丈______尺______寸。

5.　1.25丈×21=__________　　就是__________

6.　3.32丈×35=__________　　就是__________

7.　8.42元×22=__________　　就是______元______角____分。

8.　12.8元×33=__________　　就是__________

9.　23.5元×42=__________　　就是__________

10.　82.6元×56=__________　　就是__________

11.　93.4元×38=__________　　就是__________

12.　46.7元×53=__________　　就是__________

13.　13.5元×92=__________　　就是__________

14.　25.6元×78=__________　　就是__________

15.　73.5元×67=__________　　就是__________

16.　42.6元×49=__________　　就是__________

17.　86.72元×93=__________　　就是__________

18.　73.25元×97=__________　　就是__________

19.　45.8元×83=__________　　就是__________

20.　35.69元×59=__________　　就是__________

## 小数乘法复习二

照前页例子，做下列各题。

1. 2.3元×135=＿＿＿＿ 就是＿＿元＿＿角＿＿分。
2. 3.4元×323=＿＿＿＿ 就是＿＿＿＿
3. 2.7×946=＿＿＿＿ 就是＿＿＿＿
4. 8.3元×240=＿＿＿＿ 就是＿＿＿＿
5. 9.3元×380=＿＿＿＿ 就是＿＿＿＿
6. 5.08元×235=＿＿＿＿ 就是＿＿＿＿
7. 4.08元×255=＿＿＿＿ 就是＿＿＿＿
8. 5.69元×684=＿＿＿＿ 就是＿＿＿＿
9. 8.97元×356=＿＿＿＿ 就是＿＿＿＿
10. 3.84元×847=＿＿＿＿ 就是＿＿＿＿
11. 1.25元×1.2石=＿＿＿＿ 就是＿＿元＿＿角＿＿分。
12. 2.35元×2.4石=＿＿＿＿ 就是＿＿＿＿
13. 7.36元×3.8石=＿＿＿＿ 就是＿＿＿＿
14. 3.58元×4.3石=＿＿＿＿ 就是＿＿＿＿
15. 2.56元×7.4石=＿＿＿＿ 就是＿＿＿＿
16. 3.58元×4.8丈=＿＿＿＿ 就是＿＿元＿＿角＿＿分。
17. 2.3元×7.35丈=＿＿＿＿ 就是＿＿＿＿
18. 7.6元×3.43丈=＿＿＿＿ 就是＿＿＿＿
19. 4.5元×8.35丈=＿＿＿＿ 就是＿＿＿＿
20. 2.5元×9.46丈=＿＿＿＿ 就是＿＿＿＿

## 小数除法一

买不倒翁7个，店员要我们1元4角，每个..........元。

算法

$$\begin{array}{r} .2\text{元} \\ 7\overline{)1.4\text{元}} \\ \underline{1.4} \end{array}$$

就是2角。

算下列各题

① $2\overline{)2.4\text{元}}$

② $3\overline{)1.2\text{元}}$

③ $7\overline{)3.5\text{元}}$

④ $6\overline{)3.6\text{元}}$

⑤ $6\overline{)4.2\text{元}}$

⑥ $4\overline{)3.6\text{元}}$

⑦ $5\overline{)1.25\text{元}}$

⑧ $8\overline{)1.28\text{元}}$

⑨ $8\overline{)8.8\text{元}}$

⑩ $7\overline{)6.58\text{元}}$

⑪ $7\overline{)5.54\text{元}}$

⑫ $4\overline{)1.32\text{元}}$

⑬ $4\overline{)3.28\text{元}}$

⑭ $5\overline{)5.95\text{元}}$

⑮ $6\overline{)5.46\text{元}}$

⑯ $2\overline{)11.24\text{元}}$

## 小数除法二

买24个陀螺，共付3元6角，每个＿＿＿＿元。

算法

```
         .15
24 ⟌ 3.6元
       2.4
     ------
       1.20
       1.20
     ------
```

验算

```
   24
  .15
 -----
 1.20
 2.4
 -----
 3.60元
```

算下列各题

① $12 \overline{)\,2.4\text{元}}$

② $23 \overline{)\,4.6\text{元}}$

③ $35 \overline{)\,10.5\text{元}}$

④ $48 \overline{)\,14.4\text{元}}$

⑤ $10 \overline{)\,1.5\text{元}}$

⑥ $30 \overline{)\,2.1\text{元}}$

⑦ $50 \overline{)\,1.2\text{元}}$

⑧ $60 \overline{)\,1.8\text{元}}$

⑨ $12 \overline{)\,2.388\text{元}}$

⑩ $19 \overline{)\,1.921\text{元}}$

⑪ $21 \overline{)\,4.683\text{元}}$

⑫ $23 \overline{)\,2.553\text{元}}$

## 再来练习

① 83)4.15元

② 53)3.71元

③ 61)2.44元

④ 32)2.88元

⑤ 31)9.92元

⑥ 72)5.76元

⑦ 42)2.52元

⑧ 19)7.98元

⑨ 16)8.64元

⑩ 81)3.37元

⑪ 63)4.45元

⑫ 52)4.74元

⑬ 32)3072元

⑭ 43)1806元

⑮ 23)1242元

⑯ 83)3735元

## 小数除法三

有14元3角，分给130人，每人可得＿＿＿角＿＿＿分。

算法

```
        .11元
130 ) 14.3
      13.0
      ----
       1.30
       1.30
      ----
```

验算

```
   130
   .11
  ----
  1.30
  130
  ----
  14.30元
```

算下列各题

① $134 \overline{)9.38}$元

② $324 \overline{)9.72}$元

③ $213 \overline{)8.52}$元

④ $627 \overline{)50.16}$元

⑤ $327 \overline{)22.89}$元

⑥ $319 \overline{)95.78}$元

⑦ $314 \overline{)18.94}$元

⑧ $228 \overline{)91.46}$元

⑨ $128 \overline{)89.83}$元

## 再来练习

①

213 ⟌ 48.99元

②

423 ⟌ 93.06元

③

333 ⟌ 76.59元

④

432 ⟌ 99.36元

⑤

523 ⟌ 62.76元

⑥

152 ⟌ 36.48元

⑦

284 ⟌ 34.08元

⑧

412 ⟌ 173.04元

⑨

243 ⟌ 152.04元

⑩

392 ⟌ 82.32元

⑪

335 ⟌ 134.16元

⑫

113 ⟌ 58.76元

陶行知全集

教材

## 小数除法复习一

照下列例子，做出下列各题。

例子，2.87元÷7=　.41元　　　就是4角1分。

1. 2.5元÷5=＿＿＿＿　就是＿＿＿＿
2. 3.5元÷7=＿＿＿＿　就是＿＿＿＿
3. 4.26元÷6=＿＿＿＿　就是＿＿＿＿
4. 8.82元÷9=＿＿＿＿　就是＿＿＿＿
5. 6.64元÷8=＿＿＿＿　就是＿＿＿＿
6. 3.52元÷4=＿＿＿＿　就是＿＿＿＿
7. 2.61元÷3=＿＿＿＿　就是＿＿＿＿
8. 11.28元÷2=＿＿＿＿　就是＿＿＿＿
9. 1.2元÷10=＿＿＿＿　就是＿＿＿＿
10. 3.4元÷20=＿＿＿＿　就是＿＿＿＿
11. 7.2元÷40=＿＿＿＿　就是＿＿＿＿
12. 9.6元÷60=＿＿＿＿　就是＿＿＿＿
13. 45.65元÷55=＿＿＿＿　就是＿＿＿＿
14. 5.29元÷23=＿＿＿＿　就是＿＿＿＿
15. 8.82元÷42=＿＿＿＿　就是＿＿＿＿
16. 7.13元÷31=＿＿＿＿　就是＿＿＿＿
17. 7.48元÷34=＿＿＿＿　就是＿＿＿＿
18. 6.24元÷52=＿＿＿＿　就是＿＿＿＿
19. 9.66元÷46=＿＿＿＿　就是＿＿＿＿
20. 3.5元÷14=＿＿＿＿　就是＿＿＿＿

## 小数除法复习二

1. 9.45元÷210=__________ 就是__________
2. 7.68元÷320=__________ 就是__________
3. 5.76元÷240=__________ 就是__________
4. 7.98元÷420=__________ 就是__________
5. 6.88元÷180=__________ 就是__________
6. 25.83元÷123=__________ 就是__________
7. 93.28元÷212=__________ 就是__________
8. 51.24元÷122=__________ 就是__________
9. 53.04元÷442=__________ 就是__________
10. 91.98元÷438=__________ 就是__________
11. 51.25元÷125=__________ 就是__________
12. 93.66元÷223=__________ 就是__________
13. 84.49元÷119=__________ 就是__________
14. 30.81元÷237=__________ 就是__________
15. 74.52元÷324=__________ 就是__________
16. 54.18元÷129=__________ 就是__________
17. 75.21元÷327=__________ 就是__________
18. 76.44元÷364=__________ 就是__________
19. 14.651元÷161=__________ 就是__________
20. 65.366元÷203=__________ 就是__________

# 附：

## 一　关于编辑出版小学教科书及指导书的附加补充合约

兹缘前订（民国二十年九月）合同，聘订所编小学教科书及指导书全套，照约早应全部完成。今编著人对于已编部分认为有重编之必要，商得世界书局同意，特再将补充条件，附加于原合同之后，以资信守。

一、重编主旨，照原稿更求完善，务使适合教学做原理及课程标准。（对于依期交付之稿件，内容文字，均以毋须世界书局校订，即能排印为度。并于送审时，如有修改，亦由编著人负责改正。所有权义，均包含于本件之内。）

二、交稿时间，重行分别订定如下：

(1) 本年二月终日以前，交国语、算学、自然、社会，第一各壹册。

(2) 本年三月十五日以前，交国语、算学、自然、社会，第二、三各壹册。

(3) 本年三月终日以前，交国语、算学、自然、社会，第四、五各壹册。

(4) 本年四月十五日以前，交国语、算学、自然、社会，第六、七各壹册。

(5) 本年四月终日以前，交国语、算学、自然、社会，第八各壹册，及指导书第一册。

(6) 本年五月十五日以前，交国语、算学、自然、社会，第二、三册指导书各壹册。

(7) 本年五月终日以前，交国语、算学、自然、社会，第四、五册指导书各壹册。

(8) 本年六月十五日以前，交国语、算学、自然、社会，第六、七册指导书各壹册。

(9) 本年六月终日以前，交国语、算学、自然、社会，第八册指导书各壹册。

(10) 其余尚有工作、美术、教科书及指导书各八册，至迟于本年八月终日以前，各册完全交稿。

三、关于重编全部教科书及指导书，依照前条交稿日期完了后，由世界书局致送编著人酬金计国币五千元，仍按每月分期交付。

四、本件对于原订合同，除第三条及第六条外，其余均认继续有效。

中华民国二十四年一月十五日签订于上海大连湾路

编著人　陶行知

立附加补充合约

上海世界书局股份有限公司　陆□□（世界书局总经理）

## 二　上海世界书局关于修正小学教科书及指导书致陶行知函

径启者：敝局前聘请先生主编小学教科书及指导书一套，叠经洽商，承示三月底可交稿四种，并拟六月底结束在案。惟最近教育部将课程标准重加修正，科目既有合并，教学时间亦有增减，并公布《编辑小学教科书应行改进各点》，通饬出版界遵照办理。所有先生主编之教科书，自应依照修正，以期适用。特送

上《编辑小学教科书应行改进各点》及《修正小学科目及每周时间总表》各三份，至希查照为荷。此致

陶行知先生

弟

陆□□（世界书局总经理）

廿四年三月六日

# 儿童读物

## 编 者 按

收入儿童读物19篇。

# 一只鸽子*

好久好久以前，一位公主有一只白的鸽子，如同心肝样的宠爱。她定做了一个金丝笼给它住。每天亲自拿鸡蛋黄喂它吃。公主读书的时候，便把它放在书桌上；出外游览，便把它挂在轿前；晚上睡觉，便把它摆在床头。从早到晚，公主没有一刻不把它放在身边。因为一离开了它，公主便闷闷不乐，好像是失了灵魂似的。只要有一半天没有看见鸽子，公主便坐不定，走不稳，吃不饱，睡不安。公主是多么的爱它哟!

但是公主只是单方面的爱，她只是害单思病。这鸽子对于公主，却没有丝毫的留恋。它身在宫中，心在林里。在它看来，金丝笼远不如几条枯枝架成的鸟窠。鸡蛋黄的滋味，也比不上小虫。所以它是苦闷极了。它觉得它是一个奴隶，公主不是它的恩人，乃是剥夺它的自由的仇敌。公主越爱它，越引起它的厌恶。它要自杀而找不着刀儿。它发起狂来，便把头儿向笼边金丝直

* 本篇原载1931年4月1日《儿童生活》第1期，署名时雨，后收入《创作故事丛书》（上海儿童书局出版），改题为《白鸽》。

冲，连头上的羽毛都冲坏了许多。它是一天比一天的消瘦下去。

公主不知道它的心思，看它头上脱了几根毛，便摸摸它，安慰安慰它。它是瘦了，公主比它还瘦。因为公主看见它瘦了下去，连觉也不能睡了，一心一意要想法子使它肥起来。可是想它肥起来，倒把自己急瘦了。

后来，公主出嫁了，嫁给一位外国的太子。她便把她的亲爱的鸽子带去。晚上睡觉的时候，她必定是把鸽子放在床头紧靠着她的脸睡。于是鸽子笼倒把太子的脸隔开了。头几晚，太子要想体贴公主，一句话也没有说。一天晚上，太子实在忍不住了，便说："亲爱的，鸽子放在中间，很不便当，把它放在脚头去好吗?"公主翻脸说："我爱它甚于爱你，你若是觉得不便，可以睡到脚头去。"太子气极了，等到公主睡熟，偷着起来，轻轻的将金丝笼拿到天井里去，开了锁把鸽儿放了。

公主醒了，知道太子放了鸽子，几乎发狂，便拼命跑出去找她的鸽子，谁也阻不住。她跑得比汽车还快，谁也赶不上。她见着树上有鸟巢，无论几多高，都是要亲自攀上去找她的失掉的白鸽子。她跑了许多路，一路跑，一路自言自语地说："我的鸽子，我的白鸽子，我的亲爱的白鸽子!"她看见一棵十几丈高的松树上有个鸟窠，便攀上去找，差不多攀到窠边，失脚一跤跌下，一面跌，一面还说着："我的鸽子呀!"她跌死没有？我们往下看吧!

那只鸽子自从脱离了金丝笼，便拼命的向林中飞去。它快乐极了。它说："我今天才觉得我是一只真的鸟咧!"天才亮，它看见一条粉红色的东西在地上蜿蜒而走，便一嘴啄去吞下："好一顿早饭，几年没有吃到这样的鲜味了。"它一吃完这条虫，便拍起翅膀飞去。因为它已经下了决心，要飞到林里去吃午饭。那里是它的家乡。它要到那里找它的妈妈，寻它的姊妹，访它的朋友，去过那自由自在的生活。它再飞了一截路，听见下面来了一个声音：

"这只鸽儿长得好看!"

鸽儿听人称赞它，未免有点动心，还是向前飞去。那人见它飞得很快，便唱起鸽儿歌来：

好鸽呀好鸽！
穿得一身雪白。
在鸟儿当中，
要算它顶顶出色。

鸽儿听见，心中已有三分留恋，飞得慢一点，那人又唱道：

好鸽呀好鸽！
穿得一身雪白。
自古会送信，
比绿衣信差负责。

鸽儿听见，心中已有五分留恋，飞得更慢一点，那人又唱道。

好鸽呀好鸽！
穿得一身雪白。
前面去不得，
留心十字路有贼。

鸽儿听见，心已有七分留恋，飞得不大起劲，但它一心归林，意志坚决，岂愿中途停止，仍旧向前飞去，那人又唱道：

好鸽呀好鸽！
穿得一身雪白。

稍微歇一刻，
喝杯清水止止渴。

鸽儿嘴里确有点渴，听见这歌，心已有九分留恋，便向后望了一望，微露舍不得飞去的样儿，那人看见鸽子有意留恋，索性又唱道：

好鸽呀好鸽！
穿得一身雪白。
恕我太简慢，
几条虫儿我请客。

那人一面唱，一面把几条小虫丢在地上，鸽儿听着歌儿，看着虫儿，很想吃一点儿点心再飞。当它正在慢慢的飞着打算吃点心的时候，轰的一声，被那人一枪打了下来。落在谁手里？这鸽子受了一枪，恰恰落在那位从树上跌下来的公主的面前。公主听见有个东西落下，便睁开眼睛，一看，不是别的，乃是她牺牲性命去找的鸽子，她便把它抱在怀里说："我的亲爱的白鸽子!"那鸽子临死连眼睛也不闭，呆望着那远处的森林。一忽儿，公主与鸽子都断气了。太子在后面赶到，把公主与鸽子送回宫中，合葬在一个坟墓里，小朋友！这鸽子愿意与公主合葬在一起吗？

# 百花生日前一夜的梅香*

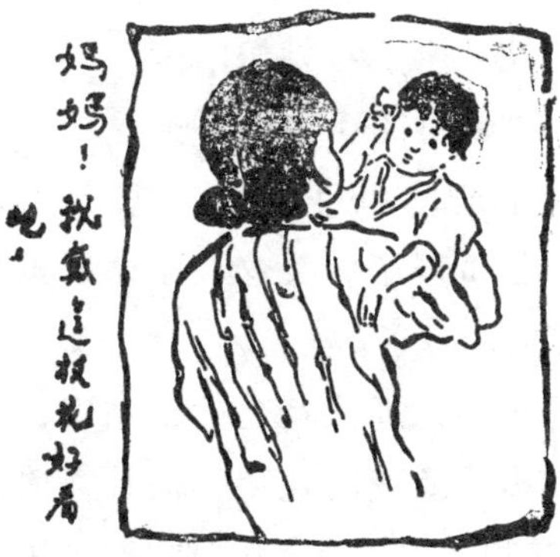


梅香，今年是六岁了，和桃儿同年，比香姑大一岁，比春姊小一岁，如同你们一样的可爱。梅香欢喜花，见花便要摘，也如同你们一样的时常头上戴着一枝花，得意洋洋的走到母亲面前道：“妈妈！我戴的这枝花好看吧!”是的，她觉得自己很好看，戴上一枝花，便觉得格外好看了。因为花儿能增加她的美丽，她便和花儿做朋友，见了好花便摘去戴在头上，显出她是一位格外好看的孩子。可是花儿摘了下来，要不了一天就枯干了。枯干了怎么样？她就把她丢在地上，等妈妈扫到撮箕里，摔到门外去了。每天总是这样：一朵美丽的花，早上在花园里笑，中午在她头上愁，晚上在撮箕里喘气，明天便是一个花尸僵在门外，连埋葬的人都没有。自从开天辟地以来，葬花的人只有林黛玉一位。林小姐是早已死了，还有谁来为花埋葬呢？梅香那里还记得送葬，新花早已戴上了她的头了。

---

* 本篇原载1931年5月1日《儿童生活》第2期，署名时雨。

百花生日要到了。头一晚，梅香睡在被窝想，明日我要在花园里去摘一枝美丽的花儿戴。一定！一定要摘一枝最好看的！不错，我要早些起来，别给别人摘去才好……梅香迷迷糊糊的说着，觉得身子已经是在花园里了。正在伸手去摘那枝最好看的花的时候，只见那枝花儿忽然变了一个美丽的小姑娘。梅香心里想：这倒奇怪咧，花儿会变小姑娘！

这不算什么，更稀奇的还在后面咧。

梅香回头看看自己，吓了一跳，怎么变成一枝花儿了！她想，花变小姑娘已是奇怪了；我这个小姑娘也变成花儿，岂不是奇上加奇！真是天翻地覆了。

梅香在烦闷的时候，那位花变的小姑娘，慢慢的伸出一只玉也似的手来，摸摸梅香所变的花朵，梅香害怕极了，因为她是摘花的老手，知道有些不妙，料想是要把她的头摘去咧。果然不错，小姑娘只摸了一两摸，仔细的看了一下，便把梅香变的那朵花，喳的一下，摘了过去。这边，梅香哎哟一声，觉得自己的头早被那位小姑娘割掉了。她以为立刻便要死了。却是不然，头虽割下，依然会想，会说，会哭，会看。不痛不痒的像朵花儿插在小姑娘的头发上。不错，她还会嗅，嗅得这姑娘的头发是洒过花

露水的，和她用的花露水差不多的香。小姑娘戴着梅香变的花。拿了一面镜子，照了一照，说："这花真不错！百花生日有这枝好看的花戴在头上，总算是有福气了。"梅香在镜里看着自己的头分明是变了一朵花，虽然插在这位如花美眷的头发上，回想从前做人时，要戴什么花便摘什么花的威风，难免愁闷起来，有时也懊悔当年不该糟踏这么多的好花。她泪如泉涌，不断的从心头滴出，不消几个钟头，便把一副玉貌滴成枯蕊。小姑娘在黄昏时把她从头发上取下。见她枯了，顺手一下便把她摔在垃圾桶里去了。梅香猛听得嘭嗵一声，只见自己的头儿已滚在一堆东西里面，臭得令人呕心。一惊而醒，幸亏是梦，摸摸头儿，仍旧还在头颈上，然而吓得满身冷汗了。

# 乌鸦歌*

（儿歌）

南高峰有一只乌鸦，生得一身漆黑，天天飞到西湖上去照照自己的影子，觉得非常好看，便赞美自己说：

头戴乌纱帽，
身穿黑衣裳。
镜里照一照，
好个少年郎。
谁家有小姐？
待我讨来做新娘。

一天，百鸟仙子请乌鸦吃酒，有白鹅、白鸡、白鸭、白鸽做陪客。乌鸦坐首席，白鹅不服，讥笑乌鸦说：

满堂客，
个个白，
只有乌鸦身上黑。

* 本篇原载1931年7月1日《儿童生活》第3期，署名梧影。后收入《创作故事丛书》，改题为《乌鸦》，书的封面标明为“寓言儿歌”，封二注明：“小学中年级生和高年级生适用的补充读物。”

白鸡连忙和了一首：

满堂客，
个个白，
身儿黑的心也黑。

白鸭高兴极了，也唱道：

满堂客，
个个白，
白是客来黑是贼。

乌鸦气得脸上通红，百鸟仙子怕他们闹起来，便调解说；

不分黑与白，
一家南和北，
除了主人都是客。

乌鸦听了主人说出公平话，也就算了。可是受了这顿骂，心里便有些羡慕“小白脸”而看不起自己的黑羽。看看白鸟中只有鸽子没有骂它，便问鸽子如何可以把黑羽变成白羽。鸽子说：

变颜色，
我晓得，

天河里面漂得白。

乌鸦信了鸽子的话，便飞到天河里去洗澡。好容易飞了几年才飞到。它一到，便起早落夜的在天河里洗羽毛，连羽毛都洗脱了许多，还是一身漆黑，一根白毛也没有。天河神来提醒它说：

乌鸦生来黑，
天水洗不白。

乌鸦听了天河神的劝告，便飞回家来，一路埋怨鸽子说：

鸽呀鸽，
骗人贼，
脸儿白的心里黑！

唱了末了一句，忽然冲着一位白须老翁。乌鸦向他道歉说不是骂他而是骂白鸽子，便把想变白鸦的事一五一十的告诉了老

翁。老翁深表同情说：“我帮助你变一变。”说了，便捧着白胡子摇了一摇，刮阵西北风，雪花满天飞来，乌鸦一忽儿就变成白鸦了。老翁警告乌鸦说：“路上要留心一位圆脸公子，不可和他闲谈。”

乌鸦谢了老翁，一面飞去，一面唱道：

白头一老翁，
助我显神通。
胡子摇一摇，
刮阵西北风。
乌鸦变白鸦，
飞舞雪花中。
从此白鸟儿，
不敢骂公公。

白鸦飞了一夜，到了早上，在太阳光中，身上放出光芒来，愈觉可爱，得意洋洋的对太阳夸嘴。太阳老是笑眯眯的，一句话也不回答，它气起来就要飞去，回头一看，全身漆黑，又变成一只乌鸦，急得哭倒在地。一面哭，一面骂太阳说：

圆圆脸，
忒阴险，
我当你是个好人，
谁知你笑里藏剪。

这时，有人在乌鸦背上拍了两拍。乌鸦抬头一看，不是别人，就是当日请客的百鸟仙子。便从头到尾向他诉苦。百鸟仙子提醒它说：

身上一根毛，
好比那仙草。
生来不变色，
便是无价宝。
莫学黑姑娘，
爱擦雪花膏。
黑白不分匀，
越擦越糟糕。
白的固不坏，
黑的也很好。
你若爱你黑，
自然无烦恼。

乌鸦听了这番高论，心中豁然大悟，向着仙子道谢后，便飞到西湖上去重新把自己看了一看，果然不错。唱着那老调儿飞回家去：

头戴乌纱帽，
身穿黑衣裳。
镜子照一照，
好个少年郎！
谁家有小姐，
待我讨来做新娘。

# 水底点火[*]

老师：“春香！你括根火柴，用一杯水洒在火上，看火灭不灭。”

春香照样试了一试：“老师！水一洒下，火就灭掉了。”

老师：“假使我把这根火柴点着放在水底，你想会灭不会灭？”

春香：“我想火在水底必灭。”

老师：“我有一个法子能在水底点火，你愿意干吗？”

春香：“水底那能点火？你哄我吧。”

老师：“我不哄你。只要你照我的法子做，包你成功。”

春香：“我愿意照你的法子试一试，你快说吧。”

老师：“好！你先去弄个脸盆打盆水来。”

春香：“水打来了。”

老师：“再拿一个玻璃杯来，越大越好。”

春香：“玻璃杯拿来了。”

老师：“弄一片小木片来，只要铜板儿大，铜板儿厚。”

春香：“我找不着木片。”

老师：“厚纸弄一块来也行。”

春香：“旧明信片行不行？”

---

* 本篇原载1931年9月15日《儿童生活》第5期，署名梧影。

老师：“行！剪一块像铜板儿大小。方的也行。”

春香：“剪好了，能用吗？”

老师：“好得很！用剪刀在纸片中心钻一个小小的孔，再把一根火柴插在纸片中心。”

春香：“做好了，对不对？”

老师：“对！把纸片连火柴放在脸盆的水面上，让它在中央浮着。括根火柴将纸片上的火柴点着。拿那玻璃杯倒过来，罩在火上，把纸片连火快快的压到水底去，看火灭不灭。”

春香：“火到水底，还是燃着的。”

老师：“对吧！水底能点火。你把玻璃杯拿起来看，将离水面时要轻轻的。火柴和纸片上淹水没有？”

春香：“奇怪！火柴和纸片的上面一点水也没有。这个道理我不明白。”

老师：“我愿意帮助你找出这个道理。纸片上没有水是证明水儿没有走进玻璃杯，是不是？”

春香：“这个我承认。”

老师：“因为什么缘故水没有走进玻璃杯？假使有一个小房子里面只能容一个人。张三已经坐在里面，李四还能进去吗？”

春香：“把张三撵出去，李四才能进去，否则不能进去。”

老师：“如果张三和李四脸对脸，肚对肚的挤住在房门口再怎样？”

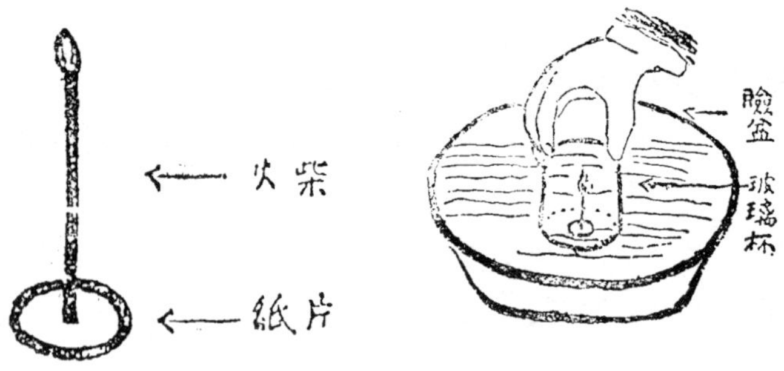


水底点灯图

春香："张三不能出来，李四不能进去，两人相持不下。"

老师："照这样说来，水儿既然不能进到玻璃杯去是不是因为玻璃杯里有个东西和水相持不下。"

春香："一定有!"

老师："是什么?"

春香："看不见什么东西。我所看见的只是纸片和火柴。"

老师："纸片和火柴占的地位很少，不能和水相持。纸片是夹在水和那样东西的中间，所以纸片的底面是湿的；纸片的上面是干的。究竟是什么东西在玻璃杯里和水相持不下？你吸一口气在嘴里，鼓起来，就知道了。"

春香："我知道了。玻璃杯里有空气，不许水进去。"

老师："一点也不错。可是你把杯口朝上放着，把水向杯里倒，为什么这样一来水就能进到杯里去呢?"

春香："水把空气撵走了，所以能够进去。"

老师："为什么杯口朝上水就能把空气撵走，杯口朝下就不能把空气撵走?"

春香："我不知道。"

老师："你想想，下回再谈吧!"

# 香姑洗碗*

老师："香姑！你在那里做什么？"

香姑："老师！我在这儿洗碗。"

老师："你会洗碗吗？"

香姑："我白米饭已经吃了二十石，难道连碗还不会洗吗？"

老师："你说你会洗，你是怎么洗的呢？"

香姑："这还不容易吗？把碗放在锅里，用水洗净，再用洗碗布揩干，就得了。"

老师："你把装菜的碗和大家吃饭的碗放在一块儿洗吗？"

香姑："是！"

老师："箸儿也和碗儿放在一块洗吗？"

香姑："是！"

老师："生痨病的人吃过饭之后，碗上筷上都有痨病虫，叫做肺结核微菌。这些微菌，小得很，眼睛看不见，要用显微镜，把微菌染过色，才能看得清楚。你把这些有痨病虫的碗筷子和没有痨病虫的放在一块儿洗，那么，所有的碗筷都要粘着痨病虫。没有病的人再用这些碗筷吃饭，不是也要害痨病吗？你会洗碗，你也会叫人害痨病，是不是？"

香姑："我倒没有想到这一点。既然一锅儿洗碗会传染病

---

* 本篇原载1931年10月15日《儿童生活》第6期，署名梧影。

痛，那么，有什么别的好法子呢？”

生痨病的人吃过的碗筷都有痨虫！

老师：“你想一想就得了。”

香姑：“老师，你看这个法子好不好？各人用公筷夹菜，放在饭上，用私筷吃。公筷和菜碗在锅里一块儿洗。各人用的私碗私筷由各人自己洗，好不好？”

老师：“这个法子很好。我还要问你一句，看你究竟明白不明白。各人洗自己的碗筷，可以不可以在公用的锅里或公用的盆里洗？

香姑：“不可以。”

老师：“为什么不可以？”

香姑：“在公用的东西里洗便要沾染微生物。”

老师：“对！各人洗的碗筷，可以不可以用同一的洗碗布揩？”

香姑：“不可以。因为也要传染病痛。”

老师：“对！我还要问你：你平常用什么水洗碗？”

香姑：“用温水洗。”

老师：“温水里的微生物还是活的，如果有了痢疾或伤寒症的微生物在里面，那么停在碗筷上，吃到肚里去，就要害痢疾、伤寒症，这是多么的危险啊！”

香姑："那么如何是好？"

老师："滚水里微生物差不多都要死掉。"

香姑："我想有法子了！把碗筷放在开水里煮一下，你看怎么样？"

老师："好，再好没有了。油怎样除掉？"

香姑："放点肥皂下去好不好？"

老师："好。洗过之后再怎样？"

香姑："再用抹布揩干。"

老师："你看看抹布上有什么东西，干净不干净？"

香姑："抹布上有苍蝇，龌龊得很。"

抹布上有苍蝇，龌龊得很！

老师："抹布不常洗，拿来揩碗愈揩愈脏。苍蝇把霍乱病菌带到抹布上，揩在碗里，吃到肚中，那就是九死一生。"

香姑："这真是两难：用布揩又怕传病；不用布揩又不干净。还有什么办法呢？"

老师："你用一只洗过的碗，再用滚热的水冲一下试试看。"

香姑：用滚热的水冲了，把水倒掉，一忽儿说："热水一下子就飞去了，碗儿不用揩就是干干净净的。妙得很！"

老师："你能把今天所谈的话做个结束吗？碗筷应该如何洗法。"

香姑："我想洗碗要注意三件事：

（一）公用筷碗在一处洗；私人的筷碗由各人自洗；

（二）用滚水、肥皂洗；

（三）洗后用滚水冲，搁在铁纱橱里，让它们自干，不用布揩。”

人多的地方用蒸笼好

老师：“从今以后，你是真正会洗碗了。如果你能做到滚水洗碗滚水冲，那么，公私碗筷就在一处洗也没有危险了。如果洗过之后把碗筷放在蒸笼蒸它五分钟，那就格外好了。人多的地方是用蒸笼好。你家里的碗是怎样洗的呢？”

香姑：“妈妈是用老法子洗，我从前洗碗就是跟妈妈学的。”

老师：“你要不要把洗碗新法告诉你妈妈？”

香姑：“一定告诉妈妈，请她改良。”

老师：“你妈妈若不相信，你可以告诉她，用温水洗碗，抹布揩碗，会生重病的。有学问的人，曾经研究过，结果如下：

“（一）每只吃过的碗未洗，平均有五七〇〇〇个微生物；

“（二）用微温水洗而不冲，有二五九〇〇〇个微生物；

“（三）用微温水洗后，又用微温水冲，有五七〇〇〇个微生物；

“（四）用温水洗而不冲，有三六〇〇〇个微生物；

“（五）用温水洗后，又用温水冲，有一〇五〇〇个微生物；

“(六）用温水洗后，用热水冲，有五一〇〇个微生物；
“(七）用热水洗而不冲，有五〇〇〇个微生物；
“(八）用热水洗后，又用热水冲，有一四〇〇个微生物；
“(九）用滚水洗后，又用滚水冲，则一个微生物也找不着。”
香姑：“我很想看看这些小怪物。”
老师：“下次我们一同来看好了。”

# 儿童的度量衡 *

## 《儿童的度量衡》目次



* 本书是上海儿童书局1931年10月版《儿童科学丛书》之一。发表时分上、下两册，署名何日平。《儿童科学丛书》由丁柱中、陈鹤琴主编。

杠杆的原理

天平秤

两个铜板的等秤

活的秤

小磅秤

弹力秤

## 卷头语——定义

科学是一种测量的学问。长短要量，大小要量，轻重要量，久暂要量，快慢要量。量久暂，量快慢是时间之测量。测量时间的工具是时计，俗语大的称做钟，小的称做表。时计的单位叫做秒。六十秒为一分，六十分为一小时，二十四小时为一日，三百六十五日五小时四十八分五十秒为一年。在这本小册子里，关于时间之测量，我们只说这几句，使大家知道时间也是要量的，详细情形，等到将来再出专书教你们。我们这本书里所谈的只是度、量、衡。度是量长短，量面积。量是量大小即容量。衡是量轻重。

## 数字与数位

你要量东西，无论是量长短，量大小，量轻重，必得用数字。各国所通行的数字是阿拉伯字1 2 3 4 5 6 7 8 9 0，一切数目都是这十个符号所造成的。数位是数字所占的位次，九个以下是单位，一十，二十，三十……九十为十位，余可类推。兹将数位列下：

| | |
|---|---|
| 一 | 1 |
| 十 | 10 |
| 百 | 100 |

| | |
|---|---|
| 千 | 1,000 |
| 万 | 10,000 |
| 十万 | 100,000 |
| 百万 | 1,000,000 |
| 千万 | 10,000,000 |
| 亿(万万) | 100,000,000 |
| 十亿 | 1,000,000,000 |
| 百亿 | 10,000,000,000 |
| 千亿 | 100,000,000,000 |
| 万亿 | 1,000,000,000,000 |
| 十万亿 | 10,000,000,000,000 |
| 百万亿 | 100,000,000,000,000 |
| 千万亿 | 1,000,000,000,000,000 |
| 兆(万万亿) | 10,000,000,000,000,000 |
| 京(万万兆) | 1,000,000,000,000,000,000,000,000 |
| 垓(万万京) | 100,000,000,000,000,000,000,000,000,000,000 |
| 秭(万万垓) | 10,000,000,000,000,000,000,000,000,000,000,000,000,000 |

上面所列是中国古来所传的数位，都是十进，比外国的完备。俗有称十万为亿，十亿为兆，这是与原来的意思不同。今年教育部因为人家弄不清楚，把万以上的字都取消掉，未免是因噎废食。近代科学，如天文学所用数目很大，万字不敷应用。我的意思还是主张保存原有亿、兆、京、垓、秭等数位，较为便利。

此外，中国还有小的数位也是十进，值得记在心里。

一分是十厘；一厘是十毫；一毫是十丝；一丝是十忽；一忽是十微；一微是十纤；一纤是十沙；一沙是十尘。

## 量长短

人类最初量东西的长短，大概是用脚量。中国五尺为步，就是用脚量的。英国一尺叫做“夫特”(foot)，就是一只脚的长度。

中国现在量长度有标准尺、市尺、营造尺，也有用英尺的。

中国所采用之标准尺，即万国公制之公尺，又称为米突尺(Meter)。

一市尺等于一公尺之三分之一。一营造尺等于〇.三二公尺。一英尺等于〇.三〇四七九四五公尺。下面的四个图便是这四种尺之比较：

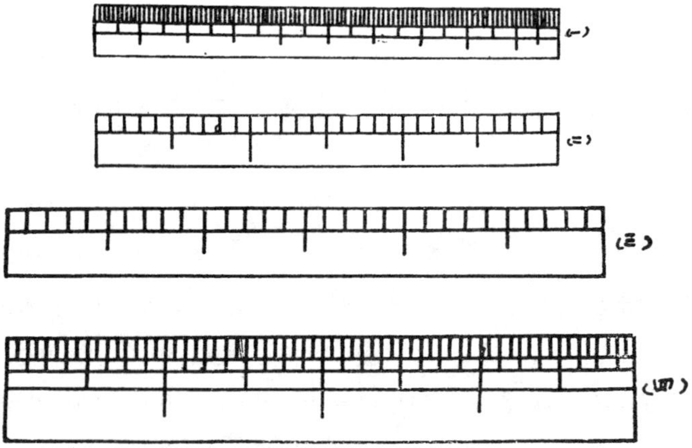

（第一图）

（一）公尺之十分之一，即一公寸，共有十公分。

（二）市尺之三寸。

（三）营造尺之三寸。

（四）英尺之四吋。

## 造　尺

上图（一）是一公寸，即一公尺之十分之一。它分成十段，每段是一公分。每公分又分成十公厘。

上图（二）是三市寸，即市尺之十分之三。你看，三市寸恰恰等于一公寸。每市寸也分为十段，每段等于一市分。

上图（三）是营造尺之三寸，每寸也分为十分。

上图（四）是英尺之四吋，每吋为十六分。

这四个图是画得很正确，和实在的尺寸一样长。小的东西，你可以合在图上一量，便知道它的长短。这些图便是纸做的尺。你如果要量大的东西，就得造把尺来量。材料可以用木条、竹条及一切不能伸缩、不易破坏的东西都可以做。

照上图（一）放大为十公寸，便是一把公尺。照上图（二）放大为十市寸，便是一把市尺。照上图（三）放大为十营造寸便是一把营造尺。照上图（四）放大三倍为十二吋，便是一把英尺。你要量地，至少要用竹竿子画成十尺，使你可以一丈一丈的量。量大块的土地，最好是用不易伸缩的布条子，取它十丈，画好尺寸，油好了，卷起来，用的时候，只要展开一量就行。我想，每位小朋友都得自造一把尺，带在身边使用。最好是用一市尺长，八分宽之木条，上面左边画公尺，右边画市尺，下面左边画营造尺，右边画英尺，画好了油一油，便可一把尺儿当作四把尺用。

## 量面积

量面积只须把量长短的方法应用一下就是了。中国旧制是十分为亩，百亩为顷。就是宽一丈长六十丈，即六十方丈，简称为六十方。所以一分地是六方丈，简称为六方。中国新行标准制一公亩等于一方公丈，即一百方公尺。中国市用制一市亩等于六十方市丈。

## 量角度

量角度也是一种距离之测量。什么叫做角度？试用甲乙和乙丙两条直线，使它们的乙端相交在一点，中间所开的口，便叫做角。口之大小便是角度。第二图（1）丙乙线与甲乙线睡在一头

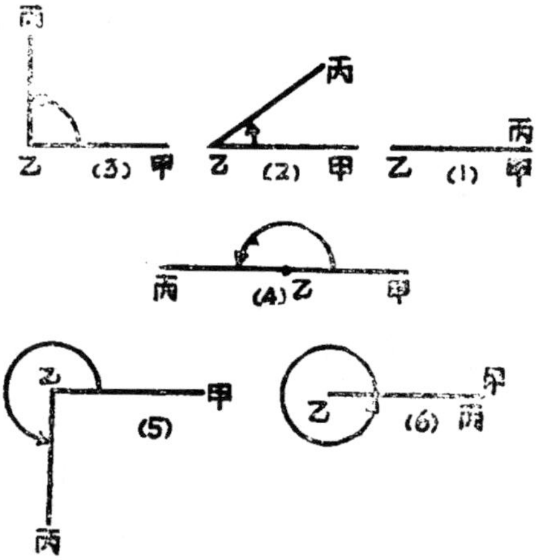


（第二图）用直线造成角度过程

打成一片时，口未曾开，角为零度。丙乙渐渐向左手上升，则角度渐渐变大成一锐角（2），到了丙乙线垂在甲乙上（3），则乙角成为直角，是九十度。再拿丙乙线向左手降下，一直到了与甲乙线脚对脚睡得一样平（4），则乙角变成平角是一百八十度。从此开始向右手下降，经过二百七十度（5），又向右手上升，再与甲乙线睡在一头（6），则丙乙线算是走了一个圆圈，即是三百六十度了。所以圆圈是三百六十度，半圈是一百八十度。圆圈的四分之一是直角，即九十度。直角折半是四十五度。直角折三折，每折是三十度。三十度再折三折，每折是十度，十度再折半便是五度。如此折去，可以折到一度。每度有六十分。每分是六十秒。

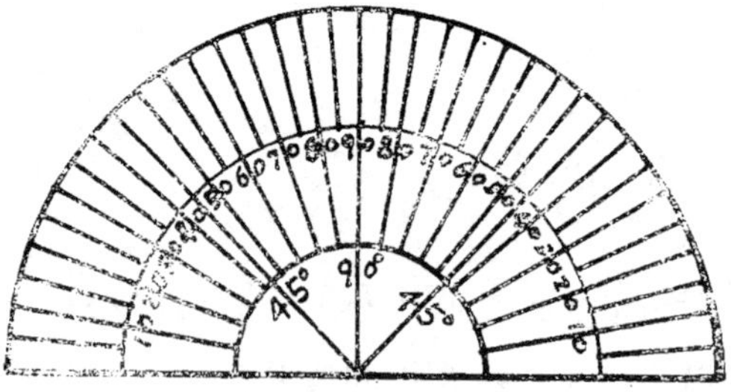


（第三图）分度器

量角度的仪器叫做半圆仪，又叫做分度器，是一个半圆形，即一百八十度。你参看第三图即分度器的图，用圆规在木片上或纸壳上照样画起来，做一个半圆仪。做好了之后，遇着有量角度需要的时候，你就可以应用了。比如你在空气的科学把戏里要做一个六十度的蜡纸管，你就可以把管的曲折处与圆心相合，把管的下一边与半圆右边半径相合，再看那管的上一边顶到六十度，就可做得合式了。有了这个半圆仪，随便你要做多少角度的曲折都可以准确。

## 量大小

量大小就是量容量。中国旧制的容量是十粟为圭，十圭为撮，十撮为勺，十勺为合，十合为升，十升为斗，十斗为石。现行标准制之容量是以一公升为标准升，立升即立特，亦即一千立方公分。现行市用制之容量与标准制同，也是以一公升为一市升，上行下行都是十进。我现在教你一个简便的法子，造一个公升或一个市升。你做一个纸盒子，长十公分，宽十公分，高十公

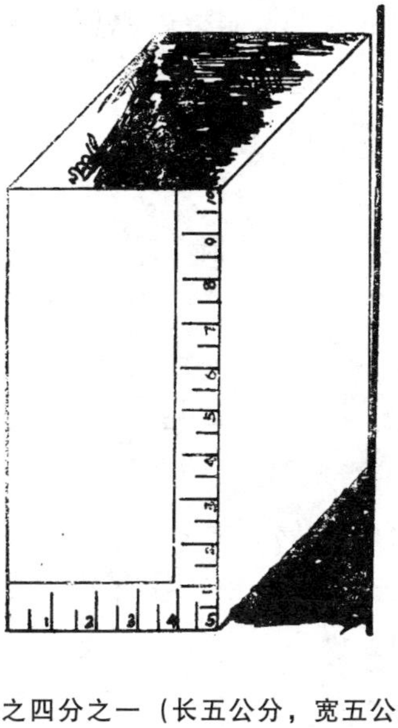

（第四图）公升之四分之一（长五公分，宽五公分，高十公分）

分，便成了一个纸做的公升，纸做的市升。这升是10×10×10，即一千立方公分。你可以把这纸盒子粘得坚固，加上一层蜡，（参看《空气的科学把戏》里做蜡纸管的方法）便可以装水。装满了水倒在大竹筒里，依水线做记号，截下来，便是一个永久的公升。若没有竹筒，就用一只顶大的碗，把蜡纸盒里的水倒下去，依水线做了记号，便是一个瓷器的公升。我家的一只大号碗，恰恰是一公升。你若没有大号碗，就找一只中号碗，做个半公升也行。大洋铁罐也能做升。倘使你没有蜡烛，不能做蜡纸盒，你可以做一个小一点的纸盒。照前面第四图做成一个长五公分，宽五公分，高十公分的盒子。一盒子的容量是5×5×10，为二百五十立方公分，即一公升之四分之一。拿这盒装满水，倒四次在竹筒或大碗里，依水线到的地方，便可做成公升或市升。市升或公升比营造升小些。一市升等于营造升九合六勺六撮。

后面我们附印了二个有用的表，根据这两个表，你可以从旧制折算新制度量衡，从新制折算旧制度量衡，很是便利。

我们对于量长短，量大小已经会了，在下一册里，我们要讨论如何量重量以及造天平、制秤之原理。我们还要把天平和秤造一两把来使用。我们要造两个铜板的等秤，要在没有秤的乡村里造出秤来。你想是该怎样去做呢？

## 附　表

### （一）度量衡币表

#### 长　度

| 本国市用制 | 本国标准制 | 英美两国制 |
|---|---|---|
| 1市里=180市丈 | 1公里（km，粁）=10公引 | 1哩（mi）=1760码 |
| 1市丈=10市尺 | 1公引（hm，粨）=10公丈 | 1码（yd）=3呎 |
| 1市尺=10市寸 | 1公丈（dm，籵）=10公尺 | 1呎（ft）=12吋（in） |
| 1市寸=100市分 | 1公尺（m，米）=10公寸 | |

| | | |
|---|---|---|
| 1市分=10市厘 | 1公寸（dm，粉）=10公分 | |
| | 1公分（cm，糎）=10公厘（mm，粍） | |
| 1市亩=60方市丈 | 1公亩（are）=1方公丈 | 1亩（acre）=4840方码 |

## 容　量

| 本国市用制 | 本国标准制 | 英美两国制 |
|---|---|---|
| 1市石=10市斗 | 1公升（l）=1立方公寸 | 1嘝（bu）=4呏 |
| 1市斗=10市升 | | 1呏（pk）=2加仑 |
| 1市升=10市合 | | 1加仑（gal）=4呏 |
| | | 1呏（qt）=2 派因（pt） |

注意：嘝、呏只用于干量，其余干液通用。

## 衡　制

| 本国市用制 | 本国标准制 | 英美两国制 |
|---|---|---|
| 1市斤=16市两 | 1公斤（kg，兛）=10公两 | 1吨（ton）=2240英磅 / 2000美磅 |
| 1市两=10市钱 | 1公两（hg，兡）=10公钱 | |
| 1市钱=10市分 | 1公钱（dg，兙）=10公分 | |
| 1市分=10市厘 | 1公分（gm，克）=10公厘 | 1磅（lb）=10常衡（oz） / 10金衡 |
| | 1公厘（dg，兝）=10公毫 | |
| | 1公毫（cg，兣）=10公丝（mg） | |

## 币　制

| 本国市用制 | 英美两国制 |
|---|---|
| 1元=10角 | 1镑（£）=20先令（S） |
| 1角=10分 | 1先令=12辨士（P） |

| | |
|---|---|
| 1分=10厘 | 1弗($)=100仙(ф) |

**时　间**

1日(da)=24小时

1小时(hr)=60分

1分(min)=60秒(sec)

**(二)度量衡比较表**

**本国制**

(1928年公布)

1公尺=3市尺

1公升=1市升

1公斤=2市斤

**英国制**

(1897年公布)

1公尺=9.370113吋

1加仑(干、液)=4.5459631公升

1公斤=2.204622341磅

**美国制**

(1914年公布)

1公尺=39.37吋

1加仑(干)=4.404788公升

1加仑(液)=3.785332公升

1公斤=2.204622341磅

（三）新旧度量衡之比较

**中国旧制折合标准制**

1营造尺=0.320公尺

1亩=6.667公亩

1升=1.0354688公升

1库平两=37.301公分

**英美旧制折合标准制**

1呎=0.3047945公尺

1浬（英）=1853.15公尺

1浬（美）=1854.98公尺

1方呎=0.09289968方公尺

1英亩=40.46710公亩

1立方呎=0.02831531立方公尺

1呏（英）=4.54346公升

1呏（美液量）=3.78521公升

1呏（美干量）=4.40465公升

1磅（常衡）=0.453592909公斤

1磅（金衡）=0.3732422公斤

**附注：**1旧营造尺=32公分（度）

1旧库平两=37.301公分（衡）

粉即公寸（度），糎即公分（度），

粍即公厘（度），瓱即公厘（重）。以下类推。

这是中国译名之不妥当，学生应知道，以免有误。

**中国市用制折合旧制**

| | |
|---|---|
| 一市尺等于 | 营造尺一尺四分一厘七毫<br>海尺九寸三分七厘五毫<br>英尺一呎又千分之九四 |
| 一市升等于 | 庙斛九合三勺<br>营造升九合六勺六撮<br>海斛八合七勺<br>加仑：百分之二二（英）<br>　　　百分之二六（美） |
| 一市斤等于 | 天平秤十三两六钱四分<br>会馆秤十五两一钱六分<br>库平十三两四钱<br>司马秤十二两九钱九分<br>英磅一磅又千分之一〇二 |

一市亩等于：营造制一亩八厘五毫

**中国旧制折合市用制**

海尺折合市尺——约打九四扣

庙斛折合市升——约打九三扣

海斛折合市升——约打八七扣

天平秤折合市斤——约打八五扣

会馆秤折合市斤——约打九五扣

司马秤折合市斤——约打八一扣

## 衡

衡是量轻重。轻重的衡位是十忽为丝，十丝为毫，十毫为厘，十厘为分，十分为钱，十钱为两，十六两为斤，百斤为担。

为什么“两”以下都是用十推进，而到了“斤”忽然变为十六两？中国从前有人比较各种金属之轻重，都以一立方寸为单位，查出来黄金一立方寸恰恰是十六两。所以定十六两为一金，又称为一斤。

中国新立标准制之标准斤，即万国公制之公斤。公斤是兛(kilogram)，即一千格兰姆（gram)，简称为一千克。一千克即一公升清水在摄氏温度计四度时之重量。您如果用上册里教您做的五公分长五公分宽十公分高之蜡纸盒装满了水大约是二百五十克，即一标准斤之四分之一。中国新立市用制之市斤，等于标准斤之一半，即五百克。市斤是十六两；一两是十钱；一钱是十分；照样以十推下去。

## 秤

您买菜要用秤，买柴要用秤，要知道自己胖了或是瘦了多少都得用秤。如果您要做科学实验，也少不了秤，而且是要用最精细的秤才能称出最正确的分量。

我在这册书里要谈秤的道理。谈秤不如用秤；用秤不如造秤。您如果会造，自然会用；如果会用，自然会谈。

秤有好多种，我们在这本书里要教您造的：一是杠杆秤；二是弹力秤。

## 杠杆的原理

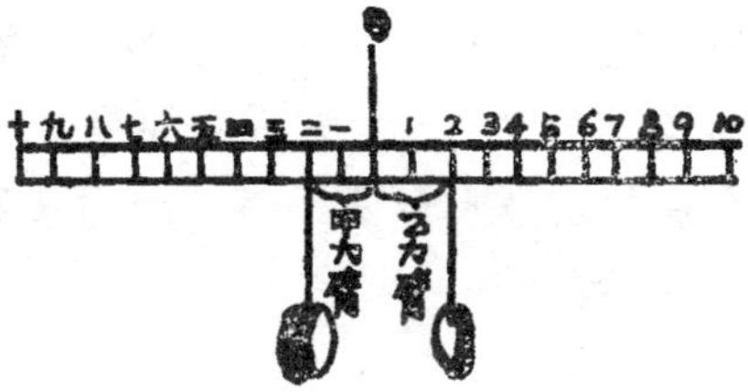

第一图

杠杆是一条硬棒，可以在一个支点上自由转动。试取一根竹筷，两头削得一样大小，中间钻一个小孔，用线穿入孔中，线之下端打一个结，将筷子横悬起来。倘使有一头垂得稍低，便用刀将这端不齐之处轻轻的削一削，务使筷子平平的凌空悬着。筷子悬平之后，即用米突尺将它的两段各分为十等分，用铅笔画好，悬线处为零，左边每一分依次写作一二三四五六七八九十；右边每一分依次写作1 2 3 4 5 6 7 8 9 10。您再用两根一样长一样粗细的线，各悬一个铜板。一根悬在杠杆之左，一根悬在杠杆之右。倘使您把左边的铜板悬在二上，要想筷子平衡，右边的铜板也必得悬在2上。同样，左边的铜板悬在三上，右边的铜板也必得悬在3上，筷子方得平衡，余可类推。假使右边加一个铜板，一共两个铜板悬在2上，那左边一个铜板必须移到四上，方可平衡。假使右边有三个铜板悬在2上，那左边的一个必须移到六上方可平衡。如果左边有两个铜板，右边有三个铜板，右边的悬在2上，左边的必须悬在三上方可平衡。这是什么道理？

杠杆（筷子）所悬之点，称为支点，从支点到悬铜板之点之距离称为力臂。力臂有二，近发动力之力臂称为发动力臂，简称臂甲；近抵抗力之力臂称为抵抗力臂，简称为臂乙。今假定左边之铜板所施之力为发动力，右边之铜板所施之力为抵抗力，以维持平衡，则左边之力臂为臂甲，右边之力臂为臂乙。上面的试验证明下列之公式：

$$发动力\times臂甲=抵抗力\times臂乙$$

因为左右都是一个铜板时，则两边力臂相等。若左边为一分，右边也必为一分，余可类推，若右边有两个铜板悬在 2 上，则臂乙为二分，左边有一个铜板必须移在四上，故臂甲必为四分。因照公式它是 $1\times4=2\times2$。若右边在 2 点上悬有三个铜板，那么，左边之一个铜板必须移至六上；因照公式它是 $1\times6=2\times3$。那左边三点上悬两个铜板，右边2点上悬三个铜板，照公式列出来是：

$$2\times3=3\times2$$

力与臂之相乘积叫做力矩。发动力与臂甲之相乘积叫做发动力矩。抵抗力与臂乙之相乘积叫做抵抗力矩。所以杠杆之定律是：

发动力矩 = 抵抗力矩

照筷子两边所悬的铜板看来，铜板多而重的一边，它的力臂短，铜板少而轻的一边，它的力臂长。

## 天 平 秤

我们在前面用的那根筷子，平悬在中央点，两边力臂相等，只要安上两个秤盘，再做几个砝码，便是一个简单的天平秤。如果您要做得更好些，可照第二图仿制。

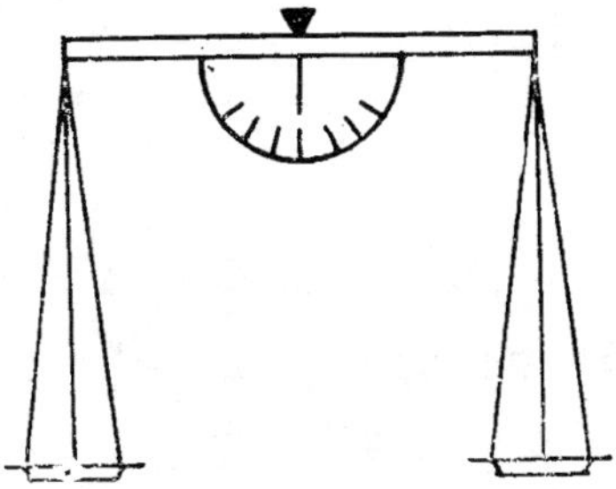

第二图 天平

秤盘可用两个一样大小的罐头盖，或用厚纸壳做成圆形，再用三根线把每个盘子穿起来，照第二图的样子悬在竹筷的两头，留心要叫它们平衡。

砝码是怎样做的呢？标准制砝码比较容易做。您做两个五公分长、五公分宽、四公分高的蜡纸盒（不透水的纸都行），一个装满水，重量便是一百克，放在左边的秤盘里，那一个盒子装一条锡（干木头也行），放在右边盘里，用刀削锡使右盘与左盘平衡，那么，右盘里的锡条便是一百克的砝码了。照样再做四个一百克的砝码，便可用以称五百克的东西，五百克便是一市斤。将一百克的砝码分为两个重量相等的砝码，每个五十克，半市斤是二百五十克，至此也可以称了。再将一个五十克之砝码分为五个重量相等之砝码，即每个十克，又把一个十克的分为两个，每个是五克。最后把一个五克砝码分为五个相等之砝码，每个便是一克。于是全部的砝码造成。

市用制之小砝码，可用五百克之市斤做起点分下去。您将一个五百克的砝码分为十六等块，则每块是一市两。两以下之砝码可以类推。

您要想做库平[1]的砝码，最便当的方法是用五块大洋做砝码之母。每块大洋是库平七钱二分，五块是三两六钱。您用锡与五块洋钱对称，使锡之重等于五块洋钱即等于三两六钱。将此锡划为六等分，取下一块是六钱，再造一个六钱砝码。将一个六钱之砝码分为三等块，则每块是二钱。六钱加两个二钱是一两。一个二钱分为两等块是一钱，由此类推，则库平秤之砝码造成了。

## 两个铜板的等秤

您现在可以做一把等秤，保您费不了两个铜板。您去找一块洋铁皮，剪成一个圆盘，约二寸直径。靠近盘边钻三个小孔（第三图图一），用三根线穿起来。再找一根筷子做秤杆，靠右手的一端钻三个小孔，近头一个孔为悬秤盘之用，其他两个小孔各穿一根绳做秤纽，秤纽便是给人拿着预备称东西的绳子（图二）。次用一个铜板，钻一个洞。穿根双线，做秤锤，预备套在秤上（图三）。如果您钻不通铜板，便做个小布袋把铜板装在里面做秤锤也行（图四）。

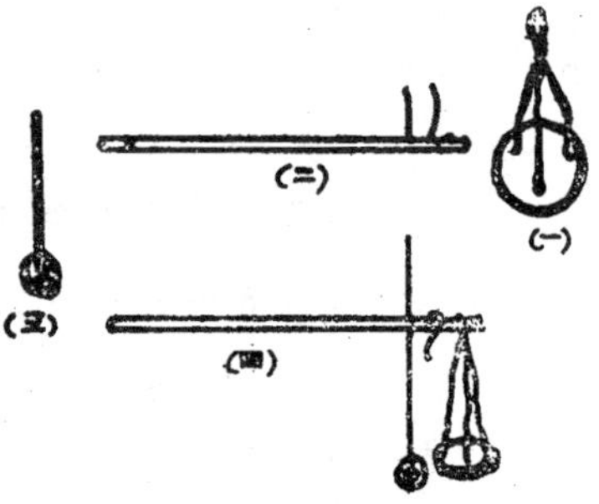


第三图

（一）秤盘

（二）秤杆秤纽

（三）秤锤

（四）完全之秤

上面的东西准备好了，就把秤盘安上秤杆，再把秤锤套上，用手拿起左边一个秤纽，将秤锤移动，使秤杆平平地横着，此时手中秤纽之左右两边的力矩相等，即秤盘乘右边力臂等于秤锤乘左边力臂。秤锤线悬在秤杆之点算为零，画一条线作记。

现在要做戥码[2]了。在中国比较靠得住，有一定重量，不易减少，而各处又通行的有一个东西，这东西便是中山侧面开国纪念银元。这银元的重是旧库平七钱二分，合标准制二六.八五六公分(克)，合市用制八钱五分九厘四丝。您可拿一块银元来，放在秤盘里，将秤锤向左移动，移到秤杆平衡为止，在止处画一条线为记，这线所在处，即库平七钱二分，市用制八钱五分九厘，标准制二六.八五六公分。您要做把库平秤，只须从零点到七钱二分，点画分为七十二等分，每等分为一分，每十等分为一钱，全秤可画二十等分，能称二两重。您可将这边的戥码用墨水笔画好，称几个恰是二两重的东西放在一边，拿起右边的秤纽，将一个二两重的东西放在秤盘里。移动秤锤，使秤杆平衡。右秤锤线止处，画一线，写个二字代表二两；又右秤盘里加二两重，移秤锤于平衡处，画一线写个四字代表四两，由此类推，您可将背面戥码画齐，便是一把可用之等秤。

如果您要做大秤称人称柴，只须弄一根长的杆子，一个大的秤锤，参照上述的办法，便可以造起来。

您如果要把秤子做得精细耐用，您可加上一层油漆。秤锤的线的上端，用马尾，较为正确。

## 活的秤

第四图　跷板

您学校中有跷板吗？若没有，您可以做一个。地上立两根粗的支柱，支柱间横穿一根铁棍做轴，轴上搁一长条厚木板，板与轴交成十字，没人玩的时候，木板要两头一样重，平衡的横在轴上。您把木板与铁轴相交之处画为零，零点之左与右各画十等分，便成了一把活的秤。你自己可以做个活秤锤。学校中，随便那个在别处称过，知道自己有多少重，都有资格做活秤锤。如果您是六十斤重，跨在左边第五格上，您的同学跨在右边第六格上，木板便平衡的横着，两头一样高，问您的同学有多少重？用前面的公式一下就算出来（60×5=发动力×6）。您的同学是五十斤重。

## 小 磅 秤

您现在可照第五图放大做一个小磅秤。先用马粪纸做个模型试试看。试得合式就可以用木头做一个较为永久的小磅秤。1是钝角秤杆。秤杆之短头与长头所成之角大于直角，故称为钝角秤杆。长头等于短头三倍长，系一圆秤锤在底端。6是要用圆规画成九十度的弧。将6插在5上，再将1钉在6之丙点。丙点之孔要略大而滑。1在丙点可以转动自如。丙点即为支点。试拿1之短头向下压，则长头向上升。短头走多少度，长头也走多少度。发动力是加在短头上；抵抗力是加在长头上；力所走的路线是圆周，发动力以短头为半径旋转，抵抗力则跟着以长头为半径旋转。照圆周的公式（二乘三.一四一六乘半径）算起来，如果长头等于短

1. 钝角秤杆
2. 秤杆短头平行夹条
3. 秤盘
4. 后面平行夹条
5. 秤架
6. 弧形秤戥
7. 装好之小磅秤

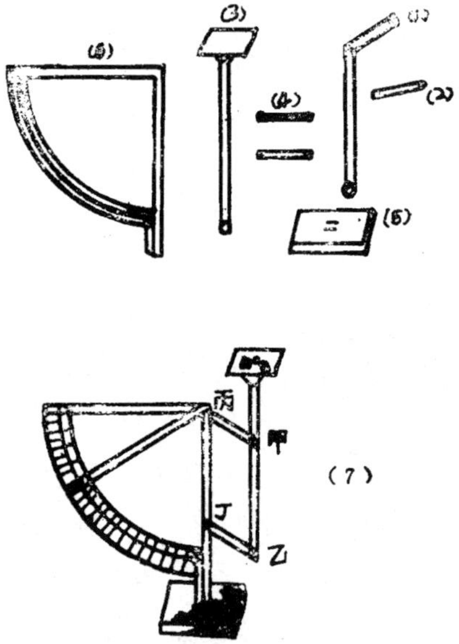


第五图

头二倍，则长头圆周等于短头圆周二倍长；长头等于短头三倍，则长头圆周等于短头圆周三倍长。但长头、短头虽是秤杆，却不能算为力臂。您穿过支点丙，画一条横线与桌面平行，再从短头之发动力重心画一垂线在横线上，其交点与丙点之距离为发动力臂；再从长头之抵抗力重心画一垂线垂在横线上，其交点与丙点之距离为抵抗力臂。懂了这个道理，我们可以把秤盘3，用2、4平行夹条和秤杆短头前后夹钉起来。甲乙丙丁四个小孔都要光滑自如。最好是上一层蜡或油。甲乙与丙丁，甲丙与乙丁都得绝对平行，可以上下移转。

如果您要叫这把秤多称些东西，您可以将秤杆之长头加长，或是把秤锤加重，反之，则叫长头减短，或秤锤减轻。

戥码是画在6之弧边，秤盘中无物时，长头右边与弧之交点为零，盘中放开国纪念币一元，则长头上升与弧之交点为库平七钱二分，或约二十七克（公分）。依前面所述之方法将弧分成若干等分，则小磅秤造成了。

## 弹力秤

弹力秤是用能伸缩的弹簧做的。这秤是依虎克发明的定律做的。虎克的定律是："在完全弹性限度以内，同一之力所得之伸长皆相等。"您可买一个旧弹簧照右图造一把弹簧秤。若买不着弹簧，您可用您的松紧带或弄一条橡圈来试一试。用一个长的牙膏盒，顶上钻一个小孔，把松紧带用细铁丝穿入锤直，再穿入孔中悬起来。松紧带底横穿一枚小针为指示伸缩长度之用。将盒之前后边对向剪去一条，以便小针可随松紧带

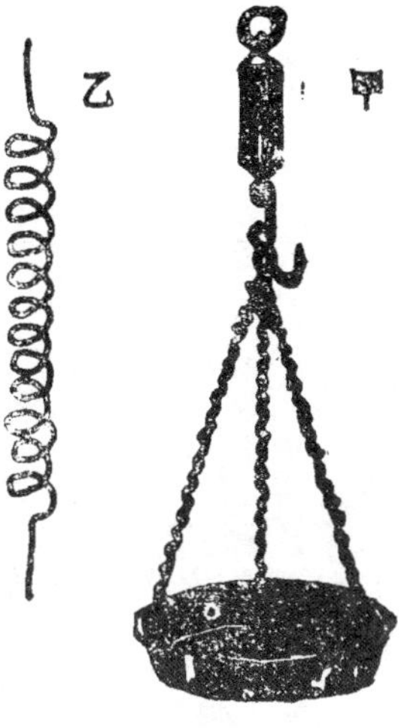


第六图

甲：弹簧秤　乙：弹簧

上下。松紧带底再挂一个秤盘。秤盘挂上，松紧带即垂下一些，针指处，在盒边画一零点。再放一开国纪念币，针又下垂，在针指处，画一线为七钱二分。参用前述办法，一把小小弹力秤便不费什么钱而造成了。

## 注释

①库平　旧中国部库征收租税、出纳银两所用的衡量标准。清康熙时制定。1库平两等于公制37.301克。

②戥码　戥亦作“等”。戥码狭指戥子或秤等子（一种称量金银、药品的小秤）上的数码（点、花或格），此处通指一般秤具上的数码（点、花或格）。

# 肥皂的把戏*

## 《肥皂的把戏》目次



* 本书是上海儿童书局1931年10月版《儿童科学丛书》之一。

# 肥皂膜

小淘气：“你把那洗衣服的肥皂弄一小块来，放在大半碗温水里，用只筷子拨拨，使它易于溶化。你若有钱买一块加斯梯尔肥皂（Castile）来玩这个把戏，成绩当更有可观。若让肥皂液溶化两小时，倒在一个瓶里，加上四匙子甘油，将瓶中液质摇几摇再用，更有效力。倘使不易得到这些东西，那么，只须有一块洗衣服的肥皂和温水也就行了。次用细铁丝照第一图甲的样子做一个直径二寸的圈子。把这个铁丝圈放在清水里试试，缓缓的拿出来，又放在肥皂液里试试，缓缓的拿出来，看看有什么分别？”

小厌蛋：“肥皂液能成这样大的肥皂膜，有趣!”

小淘气：“你在铁丝圈上横系一根比直径长些的线，连圈带线放在碗中的肥皂液里，缓缓的拿起来。次用一根针在烛火上烧热，向线左之肥皂膜刺刺看。”

第一图

小厌蛋：“好玩！线的左边的肥皂膜被热针一刺即破，右边之肥皂膜不但不破，而且把这根线儿都拉到右边去了。”（如第一图乙）

小淘气：“热针刺入左膜，吸收很多水分，致左膜破裂，线儿便被右膜之表面张力拉了过去。你还可以玩一个更好玩的把戏。试把这线儿的中央一段，加上一短线，合成双股，约一寸光景。再将全线的一头系在铁丝圈的左边，另一头系在铁丝圈的右边，使中央之双股线及两头之单股线之总长度比铁丝圈之直径稍微长一点。次将铁丝圈连着线儿浸入肥皂液，缓缓的拿起来，只见中央之双线粘成一片，夹在肥皂膜里。现在将针烧热，对准着线圈的夹缝里刺刺看。”

小厌蛋：“妙！妙极了！一个圆圈完完整整的像那中秋的月

亮浮在天空（如第一图丙）。这是什么缘故？为什么中央之双线不成一个四方形，不成一个多方形，偏偏成了一个完整的圆圈？”

小淘气：“你这个问题问得真聪明。我告诉你吧。肥皂液的各分子彼此拉拢，要拉到不能再拉的最小范围为止，这种拉拢的力量叫做凝聚力（Cohesion）。铁丝圈的面积是一定的；有膜的地方要拉成最小，那么无膜的地方必定要拉成最大才行。照几何的道理说来，假定用一定长之线做成种种多边形所得面积必小于用同长之线做成之圆圈之面积。你用一样长的线，把铅笔和筷子捆成长方、正方和圆圈的腰圆，便知道捆得最多的是圆圈。故圆周所圈之面积为最大！肥皂液的分子互相拉拢到最亲密的时候，那双股线自必被拉成圆圈。因双线不拉成圆圈，则肥皂液便不能算是拉拢到最亲密的状态。”参看《儿童的几何》[①]。

## 透明的房子

小淘气：“你可以用肥皂膜造成各种东西。如第二图甲是一个棱镜体，图乙是一个立方体的架子。你用细铁丝照样做成，浸在肥皂液里，慢慢的拿起来，看！”

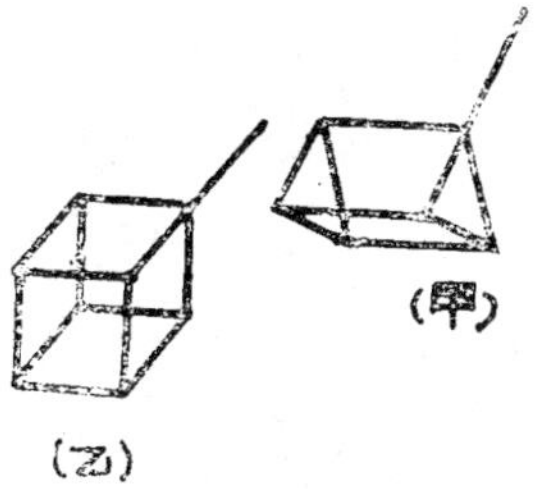

第二图

小厌蛋：“好一个棱镜体！这立方体是多么的美丽啊！喂，让我来做一座屋架子，用肥皂膜当做玻璃窗，不会不成功。”

## 捉空气

小淘气：“你从前用玻璃杯捉过空气，是不是？好，我们现在要用肥皂膜捉空气。你拿你做成的铁丝圈，把柄子弯过来，垂直在圈子上。手拿着柄，把铁丝圈浸在肥皂液里（如第三图甲），

第三图

慢慢的提起来，则铁丝圈上粘了一层肥皂膜（如第三图乙）。用最快的手段把肥皂膜压在碗里的肥皂液上（如第三图丙），看!”

小厌蛋：“有趣! 成了一个大泡。这泡里面是捉着的空气吧?”

小淘气：“是! 铁丝圈压下越快，则空气捉得越多，泡儿也越大，你试试看。……现在你把铁丝圈再压下去一些，慢慢的提起来，越慢越好。看!”

小厌蛋：“妙! 一个水晶样的圆柱体造成了。”（如第三图丁）

小淘气：“再提起来一些，看!”

小厌蛋：“圆柱变成漏斗了。”

## 吹肥皂泡

小淘气：“这种泡儿用呼气也吹得起来。你拿那个竹笔套，先将套口润一点水，浸入肥皂液，拿起来，吹! ……你要换气的时候，须将舌尖抵住笔套上口，否则，气会逃掉一些。”

小厌蛋：“美丽呀!”

小淘气：“换一滴肥皂液再吹，留心看它的颜色。……你看，红色先来……绿色也来了……现在蓝色来了……有黑点出现，泡儿快要破了……”扑!

小厌蛋：“为什么有这许多颜色?”

小淘气：“白色光为红、黄、绿、蓝各色之混合光。各色之光波有长短：红的最长，黄的次之，绿的又次之，蓝的又次之，紫的最短。在白光中，任何东西所现之颜色是由它所不能吸收之波长决定的。现白色之物体，对于各种波长，都一律使它扩散或反射。若物体在白光中现红色，是因为它不能吸收白色光之红色波长，将它扩散反射过来，达到我们眼睛里的，看去便成红色的物体。别的颜色也是如此解释。肥皂膜越吹越薄，因液膜厚薄不同，所以吸收波长不同，现出颜色也不同了（参看《奇异之光》[②]）。肥皂膜初现颜色时，是一吋之百万分之七十五光景，到差不多破裂的时候，它是薄至一吋之百万分之五了。”

小厌蛋：“为什么肥皂泡是球形而不是立方形？”

小淘气：“这是因为两个缘故：（一）吹入的呼气，八方的压力都是均匀的；（二）肥皂膜的各分子的凝聚力也是均匀的。凡液体不受本身过分的重力压扁及外面磨擦力拉平而可以自由活动时，它必把自己凝聚成球形。若有两个同体积的东西，一个是球体，一个是任何立体，那么球体的表面积为最小。这个道理很深，等你学到立体几何时，可以明白。我现在只说，液体自由活动时，只受分子间之凝聚作用，分子愈聚愈密，不达到最小之表面积不止，故成球形。你看荷叶上的小水点、盒子里的一滴水银和我们吹出来的肥皂泡，都成球形，就是因为分子凝聚力之作用。”

## 拍　球

小淘气：“你把密斯张，那位摩登小姐的羊毛手套借来。……吹个肥皂泡……拍拍看。”

小厌蛋：“好玩！怎么拍不破？”

小淘气：“羊毛上是油滑的，不吸收水分，所以能够把肥皂泡拍来拍去。还有一个法子可以拍它。你用双手将空气向上拍，不使手碰着，肥皂泡也会被空气拍上去咧。”

## 两球相碰

小淘气：“你用一条木头做个支柱，近上的一端钻个小孔，使铁丝柄可以穿入。次用细铁丝做个两吋直径的圆圈带一个铁丝柄。次将铁丝圈浸入肥皂液，粘上一层肥皂膜，再将柄儿插在支柱上。次将竹笔套取点肥皂液吹个小泡，搁在铁丝圈的肥皂膜上继续的吹，吹到很大的时候为止，这大泡便托在圈上，稳稳的站着（如第四图甲）。你再另吹一个大泡（如第四图乙），并将乙泡和甲泡碰碰看。”

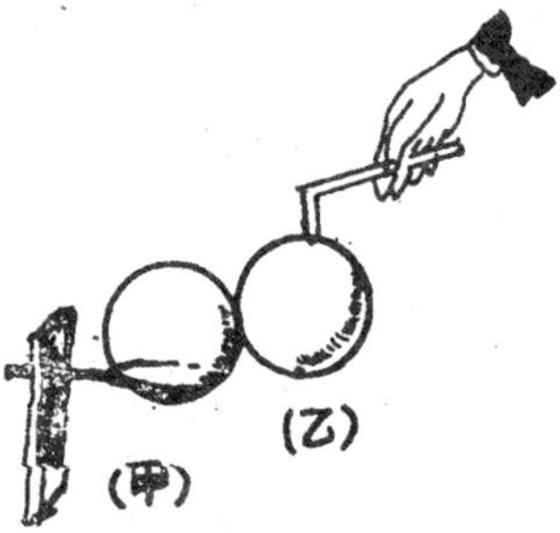


第四图

小厌蛋：“有趣！碰不破吗！这是什么缘故？”

小淘气：“这两个大泡虽然互碰，但两泡之间夹有少许空气，并未相粘，若已相粘，则拉开时必破无疑。肥皂泡不但可以碰不破，而且可以压不破。你用细铁丝做一个帽形的圈子，浸入肥皂液，粘上一层肥皂膜，将支柱上铁丝圈托着的肥皂泡压压看，又将帽形圈拿到下面托托看。（托之前，帽形圈也须粘一层肥皂膜。）

第五图

小厌蛋：“压得下来，也托得上去。妙！”

## 圆柱泡之分裂

小淘气：“你用两个铁丝圈，一圈粘了肥皂膜后插在支柱上；一圈粘了肥皂膜，用右手拿着，放在第一圈之下，使两圈相离约半寸。次用竹笔套取一滴肥皂液，吹一小泡，放在上圈肥皂膜上继续的吹，一直吹到与下圈肥皂膜相接触，打成一片。然后用右手将泡子拉成圆柱体（如第六图）。往下直拉，留心看拉破

第六图

第七图

后有什么现象。”

小厌蛋：“成了三个泡，一个大的在下圈，一个稍小在上圈，一个最小在中央（如第七图）。这是什么道理呢？”

小淘气：“下圈系用力处，自然要占强些，因此所成之泡比上圈大得多。中央是肥皂膜自由行动处，因凝聚力而收缩得最小。”

## 泡中吹泡

小淘气：“吹一个泡，倒悬（如第八图甲），次用帽形圈浸入肥皂液粘上一层膜，托住泡之下部，再用竹笔套取肥皂液，穿过帽形圈膜直达大泡中心吹一个小泡（如第八图乙）。次将帽形圈慢慢揭下，看。”

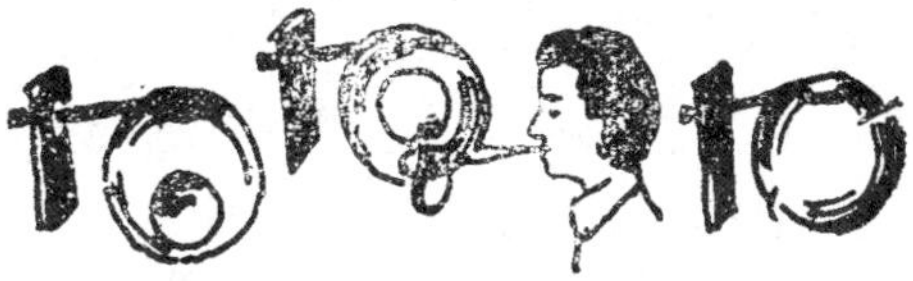

（丙）　　（乙）　　（甲）

第八图

小厌蛋：“大泡中包了一个小泡。”（如第八图丙）

小淘气：“你是很幸运的。这把戏不易玩，若弄得不好，内泡堕入底下，大泡小泡合成一只花篮的模样。”

## 玉连环

第九图

小淘气：“你用竹笔套，取些温热的肥皂液，让它一滴滴的滴入一瓶冷水里，看！”

小厌蛋：“一滴一个环，什么道理？”

小淘气：“肥皂液冲出时，四围被管口拉着，这冲出与拉着两种力量，叫每个分子翻筋斗，翻成一个空心的环子。”

## 泡里起旋风

第十图

小淘气：“你在一个小碟里或是一个小盖里放一些热的肥皂液，把竹笔套放在液里吹一个大泡，让它架在碟子上，看!”

小厌蛋：“热气上升，被泡膜顶住，不能出去，又顺着曲线旋转而下。这热气上而复下，下而复上，老是在泡里旋转。”

## 肥皂泡里是什么气

小淘气：“你吹一个大泡，让它连着竹笔套，再把吹的一头对着蜡烛的火焰，看!”

小厌蛋：“火焰倒过去了（如第十一图甲），似乎里面有气吐出来。”

小淘气：“是！泡里是呼气，呼气是炭酸气、淡气、水气③及少量养气所成。前三种气都不助燃，烛火在它里面烧不着。少量养气又无能为力。你如不信，将竹笔套之吹口对着火根上试试看。”（如第十一图乙）

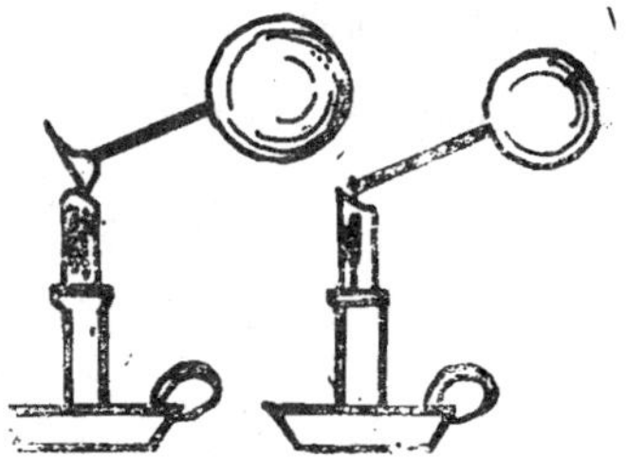
第十一图

小厌蛋：“烛火果然熄了!”

## 轻 气 球

小淘气：“找一个玻璃瓶。做一个软木塞恰好配上瓶口，不使漏气。在软木塞之中央钻一个一吋之八分之三的小孔；要锉得圆，插入一根六吋长之玻璃管。与塞孔配好，也要密不通风。次在玻璃管的外口上，包上一根二呎或三呎之橡皮管，橡皮管的另一头套上一根香烟管。做这试验，不可靠近火焰，故烛火、炉火须移开。称一两锌放在瓶里。（干电池里的锌壳可以废物利用。）再倒六两水进瓶。然后慢慢的滴下一两硫酸。（你必定先倒水进瓶再把硫酸加入，切不可把水倒在硫酸上。）现在把软木塞塞进瓶口，要塞得紧。用香烟管口取点肥皂液，拿起来朝上扶着，它已灌成一个大泡，用手把香烟管摇一摇，看!”（如第十二图）

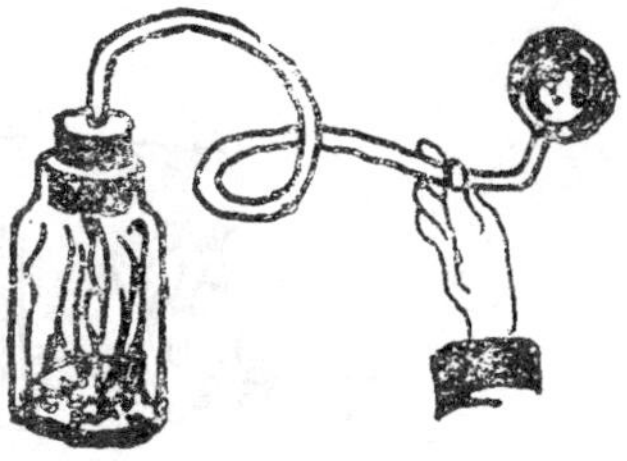

第十二图

小厌蛋：“泡儿飞上去了！这是什么道理?”

小淘气：“锌与硫酸在水里起化学作用，变成硫酸锌，放出轻气（氢），把肥皂液灌成轻气泡。轻气比空气差不多轻十四倍半，所以轻气泡在空气中是必定要升上去的。”

## 小炸弹

小淘气：“等轻气泡脱离香烟管，上升不远，你用一支小蜡烛插在棒上，把泡儿烧烧看。”……轰!

小厌蛋：“好家伙，简直是个炸弹!”

## 放炮竹

小淘气：“你用一个猪尿泡压扁，套在第十二图之香烟管上，灌满了轻气，用手指夹紧拿下来，用线捆紧，留一吋套上一个玻璃管，也用线捆好。次将玻璃管插入肥皂液里（如第十三图）。次把第一条线解开，你看。”

小厌蛋：“怎样吹成一个聚宝盆了?”

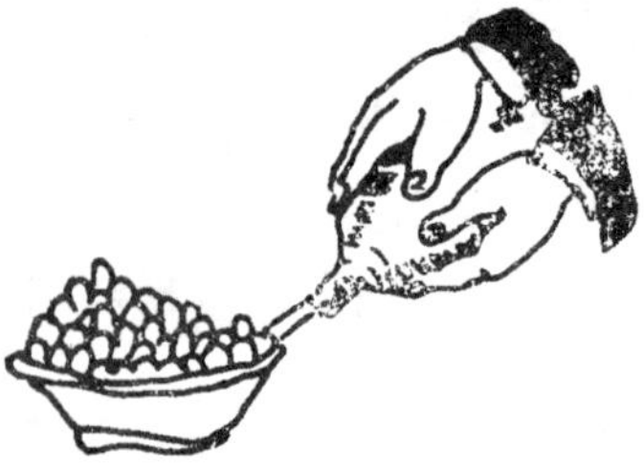

第十三图

小淘气："你把猪尿泡拿开。用棒子捆一支小蜡烛，点着，放进盆上的小泡，看。"劈啪……劈啪……

小厌蛋："好炮竹！为什么发这样的声音？"

小淘气："轻气与养气见火变为水，以很大的气体忽然变为很小的水点，腾出空位，由四边空气猛烈进来占据，相碰故发炸声。"

## 注释

①《儿童的几何》《儿童科学丛书》之一。

②《奇异之光》《儿童科学丛书》之一。

③炭酸气、淡气、水气　即二氧化碳、氮气和水蒸气。

# 火碗收水 *

水收入碗中　　盆里半碗水　　碗里烧纸

小淘气——拿了半碗水倒在脸盆里，再把空碗里放了一些破纸。括根火柴把纸烧着。乘火焰正盛的时候，立刻将碗带火罩在盆水上，盆里水立刻被收进碗里去了。他自己很得意的说：“我这次居然做成功了!”

小厌蛋——夹着书包，从门口走来：“你在干什么把戏？碗里是什么东西?”

小淘气——“你猜!”

小厌蛋——“猜不着。”

小淘气——把碗拿起来。

小厌蛋——“碗里怎么有这些水？为什么不能流出来呢？老大哥！你教我玩一次吧!”

小淘气——“你弄点破纸，点着火，在烧得很盛的时候，把碗倒过来，罩在水面上就得了。”

小厌蛋——照法试了一试，喊起来说：“水儿一起收进去了！这是多么好玩的一个把戏呀！老大哥！请你告诉我，为什么水要跑到碗里去?”

小淘气——“碗里充满了空气，空气是五分之四的淡气和五分之一的养气合起来做成的。养气助燃烧和所烧的东西化合变成

---

*　本篇原载1931年11月15日《儿童生活》第7期，署名梧影。

别的一种气体，这种气体可以溶化在水里，所以养气的地位几乎完全腾了出来，让水占领。但是养气至多只能让水进去五分之一之地位，可是实在进去的水，不止五分之一，这又是什么道理呢？淡气被燃烧，膨胀了许多，等到碗儿罩下，火熄，变冷，便缩小，它因冷缩而腾出的地位也让水儿占领，所以水能占去几乎半碗的地位。

小厌蛋——“这个我明白了。但什么是养气？什么是淡气？我怎么一样也看不见吗？”

小淘气——“咱们下次多玩他一两个养气、淡气的把戏便明白了。”

**注释**

① 淡气　即氮气。

② 养气　即氧气。

# 一年白到头的手巾*

小朋友！有些人洗脸也不会洗，把一条雪白的手巾洗得漆黑。如果这些手巾是挂在一间房子里，那么，这间房子便成了一间黑手巾陈列室，气味也难闻得很。有客人来看见，这是多么难为情啊！

我从前有一个法子，只要看见学生有黑手巾就把它充公，当作抹布用。其实，黑手巾只配做抹布；雪白的手巾才配揩脸咧。只要照我的话做，保你的手巾一年雪白到头。

洗脸须先洗手。用水在脸盆外把手冲洗干净，再去洗脸。

先把手巾上揩脸的地方擦一点肥皂，然后再拿这一块有肥皂的地方去擦脸，擦鼻孔，擦耳朵。这样一来，脸之各部，既洗得干净，手巾又不致弄脏，这是多么清洁的一个习惯啊！倘使手巾上还不免有点污，你立刻要用肥皂擦在湿手巾上在盆外干搓，再下水去漂。若先在水里搓，则肥皂跑入水去，搓不干净。洗脸手巾代表一个人的习惯。手巾脏，则人也脏。我们大家要有雪白的手巾——一年雪白到头的手巾。

* 本篇原载1931年11月15日《儿童生活》第7期，署名梧影。

# 空气的科学把戏*

## 《空气的科学把戏（一）》目次



## 开　场　白

我是小淘气，

---

* 分为（一）（二）（三）（四）（五）册，均属上海儿童书局出版的《儿童科学丛书》。其中（一）（二）于1931年出版，署名听雨；（三）（四）于1932年出版，署名何日平；（五）于1932年出版，署名陶知行。

有些不如意！
讨厌读死书，
要玩活把戏。

小淘气：“科学是从把戏中玩出来的。咱们那能将宝贵的光阴埋葬在阴沉沉的课堂里？有志气的孩子决不可和洋八股鬼混。咱们所要学的是把戏的科学，科学的把戏。小厌蛋！您倒是我的忠实同志。咱们来玩他几套空气的把戏，好不好？”

小厌蛋：“这是再好无比了；但是我得知道空气是什么东西。”

小淘气：“您玩了几套把戏就会知道了。去打盆水，再带一个玻璃杯来。”

## 捉空气

小厌蛋：“水和杯儿都拿来了，怎么玩呢？”

小淘气：“你别性急！这杯里有没有东西？”

小厌蛋：“是个空杯，一点儿东西也没有。”

小淘气：“这杯里有空气。”

小厌蛋：“我看不见嘛！”

小淘气：“你看不见的东西多着咧。你虽看它不见，不能说它没有。你若不相信，我可以教你一个法子把空气捉着。是的，我们可以把空气捉着，不放它走。你用右手把玻璃杯拿着，倒过来，罩在水面上，压到盆底。”

小厌蛋：“为什么有水泡冲出来？”

小淘气：“这是杯里的空气逃走。你把杯口平平正正的罩在水面上再压下去，空气就逃不出来，水泡也就没有了。你再试试看。对了！你看，杯里的空气，完全给你捉住了。你只要把杯子放平，就是上下移动移动，空气也逃不出来。”

小厌蛋："你怎么知道它逃不出来?"

小淘气："空气在水里逃上来必发水泡；没有水泡，便是把它完全囚住了。"

小厌蛋："你别哄我。杯中还是一点东西也看不见。我看只是捉着一个空，那有什么气呢?"

## 把空气移进肺里监禁

小淘气："你不相信，我可以教你把捉着的空气吸到肺里去，再看你相不相信。杯儿让我压着，你去找根长而细的玻璃管来。"

小厌蛋："没有玻璃管。"

小淘气："麦秆也行。"

小厌蛋："麦秆也没有。"

小淘气："那么做根蜡纸管代替吧!"

小厌蛋："学校里没有蜡纸。"

小淘气："统统自己做。你去拿一张纸，一支蜡烛，一把剪刀，一点浆糊，一盒火柴来。"

小厌蛋："都拿来了。"

小淘气："我们要做一个✓字形的管子，一头插入杯中，一头衔在嘴里。剪两条纸：一条十寸长，另一条长六寸，宽都是一寸。用笔杆做模将纸各转成一个管形，拿浆糊粘起，便成了两根管子。次将每管之一端斜剪搭榫，约成四十五度之角粘成一根✓字管。次将蜡烛点着，把蜡烛油滴在管之各部。次将纸管放在火边均匀的烘一忽儿，油即化开。冷了便成一个蜡纸管，不漏水也不透气。"

小厌蛋："做好了，你看合用不合用?"

小淘气："好得很！我把杯儿平平的升上一点，你把蜡纸管短的一头插入杯里来。好，把那长的一头放在嘴里。你吸气的时候，留心看杯里有什么变化。你吸吧!”

小厌蛋：“我一面吸，一面水就升进杯里来，这是什么缘故?”

小淘气：“你把空气吸进嘴里去，杯里渐渐的空，水便被外面空气压了进来。现在杯里有什么东西?”

小厌蛋：“水。”

小淘气：“水从前为什么不能进入杯中?”

小厌蛋：“因为从前杯中有空气。”

小淘气：“现在空气到那里去了?”

小厌蛋：“被我吸出来了。”

小淘气：“你吸的时候，可觉得有空气到你嘴里来呢?”

小厌蛋：“觉得。”

小淘气：“你现在可相信从前那只杯里是的的确确有空气吗?”

小厌蛋：“杯里的确有空气。”

小淘气：“那只杯儿的确是只空杯吗?”

小厌蛋：“不是真正的空杯，因为里面有空气。”

小淘气：“空气在杯里，把杯平拿罩在水上，压下去，水就不能进杯吗?”

小厌蛋：“水不能进杯。”

小淘气：“你这句话在脸盆里试是对的，在深水里试便不完全对。因为水也有压力，越深越大，到了三丈四尺深，空气被水压迫体积要缩小一半。这个道理，我们将来一定要做个实验，看它对不对。”

## 打倒帝国主义

小淘气：“现在我要问你，如果有气再灌进杯里，能不能把水打出去?”

小厌蛋："我想不能。空气怕打不倒水之侵略。"

小淘气："瞎猜不是科学。你必得动手去做，才能知道清楚。你再把蜡纸管放在嘴里，那一头仍旧是在杯中。从管里呼气进去吧!"

小厌蛋："奇怪! 水被呼气打出来了。这是什么道理?"

小淘气："凡是流质，轻的浮在上面，重的沉在底下。水比呼气重。呼气进杯自必占据最高的地位；水也自然而然的退到底下来。在同体积之空间里，同时不许两样同体积的东西存在，若中间毫无空隙，则彼此不许侵犯。一杯水与一杯空气或一杯呼气，不能同时并立在一只杯里。空气去则水来；空气来则水去；好像是冤家一般。你去拿点破纸来。"

## 纸不湿

小淘气："先把杯儿拿起来，将破纸塞到杯里去，不要叫它伸出杯口，最好是伸到杯口里一分光景的地位。次把杯儿倒过来，罩在盆水面，平平的压下去。拿起来，看，纸儿沾湿没有?"

小厌蛋："纸还是干的，一点也不潮湿。"

小淘气："你想想：这是因为什么道理?"

## 水底点火

小淘气："你去弄点厚纸壳或薄木片来。若找不着，我们可以用火柴盒的木片代替。将纸壳或薄木片剪成铜元大小，在中央刺个小孔，拿一根火柴插在上面。再将这东西放在那盆水面的中央。点着火柴。拿玻璃杯倒过来把火罩住，快快的平压到水底。

小厌蛋："好玩! 火还是亮的。还是亮的。要熄了。这好玩。"

小淘气："平平的把杯儿拿起来。快到水面的时候，你仔细

火柴插入小孔

看，里面有什么不同？”

小厌蛋：“杯底有二分来深的水跑进来了。这是什么缘故？”

小淘气：“你这问题问得很有意思，记下来，等你再多做几个试验我再答复你。我现在要问你：为什么水底能点火？”

小厌蛋：“空气在杯里，水不能进去，点起火来水也只能进去一二分，所以火儿还能不熄。对不对？”

小淘气：“对！杯里点火，水就能进去一两分深，这个道理，你非等到将来玩过几套《养气的把戏》不能明白。我现在姑且说两点：一是因为杯里空气所要占的地位空了一点；二是因为水受外面大量空气的压迫所以跑进杯去。地位空了一点是可以让水进去，外面受了压迫是不得不进去。不得不进去，而不可以进去，则也不能进去。反过来说，虽然是可以进去，而非不得不进去，则也不必进去。水之所以进杯，是因为里面有了变化，可以进去；外面受着压迫，不能不进去，你懂了没有？”

小厌蛋：“还有那空气的压迫不大懂。”

## 鼓　嘴

小淘气：“你把嘴儿鼓起气来，觉得怎样？”

小厌蛋：“嘴鼓起气来，觉得有点痛。”

小淘气：“这就是你嘴里的空气，对你嘴的四方八面所加的压迫。你再挑担水试试看。”

小厌蛋：“重得很！把我的肩脖都压痛了。”

小淘气：“你所以觉得重，是因为这担水加在你的肩脖上的压迫。这种压迫的力量叫做压力。空气也是有压力的。整个的地球是被空压所包围。我们头上的空气，一层层的堆上去，照科学家的估计有一百至五百英里高。它压下来的力量是每平方糎为一千克，每平方吋为一五磅。那杯里一两分深的水，便是这种大气的压力给它压进去的。你要彻底的知道大气的压力，还得多玩几套把戏。”

## 嘴唇生瓶

小淘气：“你找找看，校里有没有十滴水的小瓶子，功德水的小瓶也可用，装眼药的小瓶也行。找着之后用开水洗得干干净净之后再拿来玩。”

小厌蛋：“我找着一个装藿香丸的小瓶，你看合式不合式?”

小淘气：“很好，你看我做。”

小厌蛋：“瓶儿怎么挂在你的嘴唇上，不落下来呢?”

小淘气：“让我把小瓶放在开水里，消了毒，再教你干干看。……你把小瓶口放在嘴唇间，用舌头与两唇，尽力将小瓶中的空气吸出一些，移至上唇! 便挂在那里。”

小厌蛋：“这有趣，我得试他一试。”

小淘气：“干得不错。你可知道是什么道理? 我再教你玩一个。你去拿一个小茶杯来。”

## 手掌颠倒举杯

小厌蛋：“茶杯拿来了。”

小淘气：“你看我干。用右手拿茶杯口，把茶杯底压迫在左手手掌下面多肉的一角，使劲叫这角的肌肉把杯底空气挤出，然后将茶杯压移到手心，不可漏一点气进去。再把手掌翻过来，则茶杯倒挂在手掌上，不掉下来。你干干看吧!”

小厌蛋：“这个把戏好玩极了，让我来试他一试。成功! 有趣!”

小淘气：“你把杯子拉下来，可要用一些力气?”

小厌蛋：“是。”

小淘气：“你如果吸气太多，拉不下来，真不好办咧。马德堡市长葛利克（Otto Von Gucricke），在十七世纪发明了一个东西，是用两个直径一尺的铜制半球合起来做的，只要把球中空气抽掉。将气门闭着，连四匹马都不能把它们分开。若气门一开，则不用什么力气便把它们分开了。你想一想，这些把戏都是证明什么道理?”

小厌蛋：“小瓶和杯里的空气被排挤出去，大气的压力压在嘴唇和小瓶上，便叫小瓶和嘴唇联着；压在手掌和杯子上，便叫杯子倒挂在掌中。对不对?”

小淘气：“一点也不错。”

## 竹笔套吸水

小淘气：“你把自来水笔的橡皮管一摄，放在墨水里，放了手，怎样?”

小厌蛋：“我这穷小子是连自来水笔都没有见过，如何玩得这个把戏?”

小淘气：“那么，换个东西玩也行。竹笔套儿你有没有?”

小厌蛋：“有，我去拿来。”

小淘气：“你把竹笔套放在水里，用大拇指紧盖着笔套之上口，拿出水，把大拇指放掉。”

小厌蛋：“这么多的水流出来!”

小淘气：“你再把大拇指紧盖着笔套的上口，插入水中，拿起来，放开大拇指，再看。”

小厌蛋：“怎么这回没有水流出来呢? ……我想出了。前一次开口笔套入水，空气被水挤出之后再用大拇指盖上，拿出来有大气压力托着，待拇指放开，自然有水流出来。后一次闭口笔套入水，因有空气在笔里，水简直不能进去，如何有水流出来？”

小淘气：“你的话丝毫也不错。我们今天总算玩够了。现在回家吃中饭。吃过中饭，我们再来玩几个比早上还要好玩的把戏。”

小厌蛋：“受君半日教，胜读十年书。你饭后早点来呀！”

## 《空气的科学把戏（二）》目次



## 水　　枪

小淘气：“你去弄一段八寸来长，像铜板粗细的竹筒，要一头有节，用钻在有节的一头的中心钻一个洞。次找一根筷子，要比竹筒长些，用刀在离筷子头一寸三分的地方画一条痕，以便用线捆活塞。照着竹筒内径大小，用布包着棉花做一个活塞，将筷子插入，用线扎紧。次把活塞润潮，通入竹筒。次把竹筒放在水里，将活塞向上抽后，拿出来，左手握竹筒，右手持活塞柄，瞄准把活塞推下竹筒。怎样？”

小厌蛋：“好一把水枪！”

小淘气：“什么道理？”

小厌蛋：“竹筒的上面是开口的。活塞上抽之时，筒内空气即为活塞推出，底下的水受大气压迫，便由小孔而进。活塞抽上多少高，水便跟着它升到多少高；活塞停，抽水又为大气所托，一点也不漏掉。等到活塞一下，筒里的水便向小孔射出来了。对不对？”

小淘气：“大致不错。只是缺少一点没有说明。我问你，如果底下的洞打得像筒口一样大，你想水还能不流掉吗？”

小厌蛋：“我可以试了之后再回答。”

小淘气：“这的确是科学家的态度。”

## 杯水倒拿

小淘气：“你找一张厚纸壳来，只要小饭碗儿大小，我们再来玩他一个好玩的把戏。”

小厌蛋：“厚纸壳没有。昨天城里杂货铺里来了一张明信片讨债，你看这张明信片好用不好用。”

小淘气：“很好，很好。讨厌的讨债人，校长不欢迎你的明信片，我却十分欢迎，下次多来几张吧。我正需用咧。好，你把玻璃杯，装满水，要十分满，把明信片盖上，在杯口的边上用指头把纸片压平，留心不要把水漏出，连碗带纸放在那儿润一忽儿。用右手拿杯底，左手手掌平压在纸上，把杯水快快的翻过来。放开左手，不要再托着。……”

小厌蛋：“手放开了，水要倒在我的脚上了。”

小淘气：“大着胆子放开左手。”

小厌蛋：“妙！怎么水儿不漏出来？我知道了，大气的压力将纸压住了。”

小淘气：“将杯横拿着。”

小厌蛋：“不可以吧？横拿不要漏水吗？”

小淘气：“不会的。勇敢的信我吧！”

小厌蛋：“这是奇怪了。下面有空气浮力托着，横放又有什么东西托着它呢？”

小淘气：“大气的压力上下、左右、前后都是一样的有，如果是透气的，那末内外也是一样的有。这个实验证明，大气的压力不但可以从底下向上托，并且可以横撑。你知道大气在杯口的压力有多少?"

小厌蛋："你曾经说过，我们住的地带大气压力每方粴大约是一千克，现在只要求玻璃杯上口的面积就知道了。我来量一量：杯口直径是六六毫米，半径是三三毫米，三三毫米自乘，为一〇八九平方毫米，再乘三.一四一六，等于三四.一九平方粴，所以这个玻璃杯口所受大气之压力为三万四千多克，大约是八十磅光景。"

小厌蛋："你怎么知道每平方粴的大气压力是一千克?"

小淘气："等我得到水银之后，我一定教你自己去找出这个答案。"

## 水姑娘跳高

小淘气："水是往下流的，是不是?"

小厌蛋："是的。俗话说：'水向下流，人向上攀。'"

小淘气："我今天要证明这话有例外，一切格言都有例外。

人有时下流；水也有时高升。你怀疑吗？好，弄根玻璃管来。……用大拇指闭着上口，压入一个水池或一个装满水的缽子里去，眼睛望着水面左近之玻璃管，把大拇指一放（做法参看水族箱养池里面的图)，你看见什么?"

小厌蛋："水跳起来了。"

小淘气："你看见它将要跳高的时候，立刻把大拇指闭起来，把水捉着，不叫它再跳下去。"

小厌蛋："行！我把它捉住了。"

小淘气："你闭着玻璃管之上口，把玻璃管插入水中，管中空气直接受水压迫，间接受大气压迫，不得已，缩小了一点。这叫做空气的压缩性。凡属气体都是受压即缩，受压越重，缩得越小。等你手指一放，这被压缩小的空气便膨胀开来，当它向上逃出的时候便给下面的水推了一推。水因空气逃出，即来占据它的地位，又因那一推的反动力，水就跳了。比水平线高得多。我们再拿那竹筒做的水枪来，试它一试。用大拇指将那有小孔的一头闭着，放入水中，只留小孔近处在水面，你留心静听，眼睛望着小孔。现在把大拇指放开。”

小厌蛋：“这好玩！怎么扑的一声之后，要等一忽儿才有水点射上来？”

小淘气：“空气在上，水在上，要等空气逃走完，水才能追上来，所以要等一忽儿。如果你家里水缸底下有点脏，又不能搬出来洗，你可有什么办法？”

小厌蛋：“我想一想，得了！用一个长竹筒，上面打个小孔，闭起来对准那脏东西插下去，开放一忽儿。等‘扑’的一声，再闭了孔拿出水缸，脏东西便被我收进竹筒里来了。”

小淘气：“说的很好。你这个竹筒好比是那妖怪捉孙悟空的瓶子，利害很很。”

## 活的抽气唧筒

小淘气：“我们在嘴唇生瓶和手掌颠倒举杯两个把戏里，知道如果我们可以把一个东西里的空气排除掉，或吸收掉，或减少掉，我们便可以用那东西来吸别的东西。人自己就是一个抽气唧筒。你去弄一根长的玻璃管，用尺量一量。”

小厌蛋：“拿来了。三九.八糎长。”

小淘气：“你用开水将玻璃管洗干净，最好用火酒将上口揩一下。次用左手的中指将玻璃管之下口闭紧，将管之上口衔入嘴里，尽量将管中空气吸出，吸几次，最后将它挂在上唇，将管之下端放在水里之后，放开中指，水即跳进管里。你来干。我代你记载水究竟能跳几多高。……管之上口不可开放。把闭着下口之中指放开吧。……二七粴六粍。再来一次。……三一粴八粍。好了。我还要看毛细管本身的吸力有多少。你把管儿放在水里不用开闭，拿上来，下口吸了多高的水。量一量。……四粍，这是毛细管的吸力。凡是小管子都有这吸力。我们可以算一算你这个活的抽气唧筒有多少效力，看你能抽出多少空气。管长三九.八粴。抽气最高纪录等于进管水高度，即三一.八粴。但在这三一粴八粍里面，有四粍是毛细管吸力之功，应该扣除。相减得三一.四粴是你抽气的真本领。现在用三九.八粴当一百，要求三一.四之百分比。你算算看是多少？”

小厌蛋：“百分之七九。”

小淘气：“你是一个活的抽气唧筒，有百分之七九的效力。同时你也可以算是一个小小的活的抽水机。”

## 风　车

小厌蛋：“空气实在是有的，但是看它不见，我总不满意。有什么法子可以教我看看空气呢？”

小淘气：“你知道随便什么东西都可以有三种形态：一为气体；二为液体；三为固体。比如在水的科学把戏里，你知道水是液体，烧滚了就变成蒸气，蒸气是一种气体；冷到摄氏寒暑表零度，它就变成冰，冰是一种固体。空气是一种气体，冷到一定的度数，它就变为液体空气（胡士顿Houston在一八七四年试验成功）；再冷下去到一定度数便成为固体（地瓦耳Dewar在一八九三年试验成功）。液体空气与固体空气是可以看得见的，但制造起来很不容易，我们将来总得要见识见识，现在却做不到。你现在一定要看空气，也有一个法子，不是看空气，而是看空气之动作。你把手掌在脸边摇一摇，觉得有什么？”

小厌蛋：“有风，风就是空气在动吗？”

小淘气：“空气时常在运动，它运动得特别快的时候就是

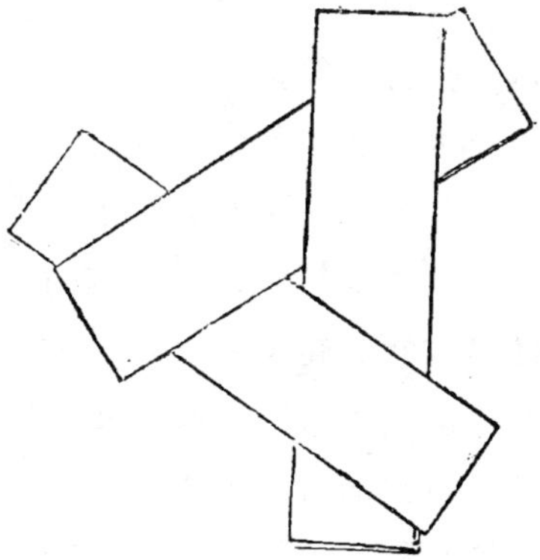

三脚金字塔风车套法

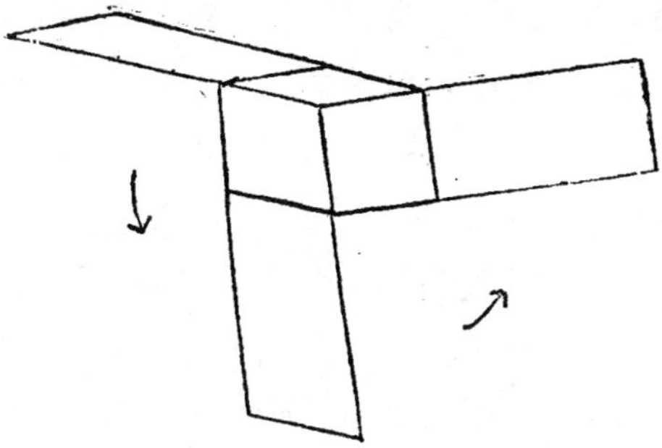

三脚金字塔风车的旋转

风。你看树上的叶子在动，那女人的头发在飘，都是因为空气运动的缘故。你看见它们在动，就是空气在动。我们现在来运用空气运动的道理，再做一个纸风车好吗？你弄一张纸，剪成一个四寸见方的方块。次将方块对角折起来，将四个角都平分的剪到离中心一寸的地方。剪好之后，仍摊开。在中心点粘浆糊。将每角之右边一半之尖端拉到中心粘下。四个角之右半都在中心粘好之后，则纸轮已经告成。再用一枚有头的针从车轮中央穿过，将背面插在一只筷子或木片上，那么，你拿着筷子或木片之下端，以纸轮之正面逆着空气前进或打圈，则风车运行很快，最有趣味。

你若想减少纸轮与木片之摩擦力，你可以在木片上面横钉一个三分来长筷子粗细的木钉，再将纸轮插在木钉上。如此，则纸轮凌空，可以旋转自如，不受木片之掣肘了。”

小厌蛋：“这风车好玩。但是我不明白如何能够旋转?”

小淘气：“纸轮正面逆着空气走，空气直向正面冲来，折入纸轮之耳形腔，顺势推去，便旋转了。汲水的风车也是运用这个道理，我们将来可以细谈。纸风车不但是四角形，你可以随便做几个角，三角、五角、七角，都做得起来。三角风车是用一张三等角的三角纸做的，余可类推。此外，还有一种三角金字塔的纸风车，做法格外便利，不用浆糊不用针，只要三条纸条，每条六寸长，七分宽，剪好之后，每条依中缝横折起来，变为三寸长之双条，一端为折缝，另一端是双叶的。次用甲条折缝将乙条双叶套入。又用丙条折逄将甲条双叶套入。又用乙条折缝将丙条双叶套入：甲乙丙之折缝将乙甲丙之双叶连环套起成一个三角。次将成三条纸之双叶往外拉出，使三折缝紧紧衔接一三角金字塔形之风车。至此，风车已经做成。你可用一枝尖铅笔，或圆头筷子抵在尖顶的里面，以尖顶向前跑去，风车自然转动。这里面的道理是因为双叶纸条斜在对称线之外，前进时空气压在双叶上使失平衡，顺势接连推去即旋转。你并且可以预测旋转的方向，每根纸条折起双叶，套起来之后，它在空气中可以自由活动的部分，成了不平均，一边长些，一边短些，旋转的方向是从长的一边向短的一边去。如果你的金字塔风车是向右旋转，你试把相套之处弄松一点，把整个的风车翻一边再套紧，看看它的旋转方向有无变动。”

## 潜水钟

小淘气：“如果你没有饭吃，又没有别的工做，现在有个地方造桥，倒愿意请你到一丈深的水度下去建筑桥基，你可有法子干呢?”

小厌蛋:“我还不会游水,怎好吃这门饭?”

小淘气:“我教你的把戏可算是白白地教了。你怎么一点头脑也不用。单玩把戏而不会运用的人,最多只能在新世界或“大世界”的游戏场里卖艺,决不能做科学家。……”

小厌蛋:“你别失望,让我想一想。……呵……得了!我可以用铁或石头做一个大钟,钟挂在铁链上,可以升降。我弄一块木板比钟口小一半,成半圆形。我拿着工具坐在木板上,再把大钟罩着我和木板,沉到一丈深的水底,我就可以在水底做工,有空气给我呼吸,淹我不死,对不对?”

**潜水钟内部的影**

小淘气:“好孩子!你想得这样透彻,将来一定可以赛过牛顿和爱因斯坦。我是多么的快乐呀!现在的潜水钟比从前改良了好多。钟顶还安了一根气管,通到岸上,由岸上打空气下来,使工人可以呼吸新鲜空气,又能将水压下,使齐钟口。你还有一点忘记说起，我从前不是告诉你，空气在水下三十四尺的地方，要比原有体积缩小一半。现在你的潜水钟沉下一丈深，钟里的空气该要缩小几多呢？”

小厌蛋：“我猜大约是要缩小一半的三分之一，即六分之一光景。你看错不错？”

小淘气：“大约是如此。”

小厌蛋：“为什么空气在水下三十四尺[①]便要缩小一半？在六十八尺深之水下又要缩小几多呢？”

小淘气：“聪明的老弟！和你玩把戏也不容易。你现在发的问题大可以考倒洋八股的先生。我实在告诉你：你这个问题很有价值，今天晚了，不可匆匆忙忙的讨论，咱们明天早些来，玩个把戏来求这个问题的答案。此外还有许多把戏可以玩咧。”

小厌蛋：“那么再会。明天早些来呀！”

**注释**

①1932年版《儿童科学丛书·空气的科学把戏（三）》第二页注：“第二册把‘呎’字误写为‘尺’字，应当更正。”这里仍从原本。

## 《空气的科学把戏（三）》目次



## 乡下人造的气压计

小淘气：“我们要想知道三十四英尺（注）深，或六十八英

第一图

尺深水下之空气该缩小多少，先要知道海面上大气的压力能支持多高的水柱。我们必得先造一个气压计，才能明白这里面的道理。小厌蛋！我们来做他一个气压计好不好？”

小厌蛋：“气压计是什么？”

小淘气：“气压计是一个测量大气压力的仪器，有了这个仪器，我们便可以知道，大气的压力是多少，并且可以知道天时之变动。我们先要用我们本乡所有的材料来造这个仪器。这是一个很笨的法子，可是在这笨法当中，我们乡下老也可以得到一些真知识。”

小厌蛋：“要用些什么材料呢？”

小淘气：“您到竹园里去砍一棵四丈来长，茶杯一般粗的竹子，把太细的竹杪和多节的下部以及枝叶完全除掉，做成一根三十四尺长（营造尺）的竹竿。用尖刀扎在长棍上将竹节一齐打通。再向您妈妈要一个酒瓶或酱油瓶，瓶口要大，但比竹竿上口小一些以便插得进去。瓶里放一个小小的木偶。还要一些破布烂棉花，不必多，只要把瓶口紧紧的倒插在竹竿里，密不透气，就得了。还要一只水桶一把尺，一把锯子。”

小厌蛋：“准备齐全了，您看合用不合用？”

小淘气：“样样都好，您再去邀问真和探真来帮忙。”

小厌蛋：“都来了！”

问真探真：“您们的把戏真多，叫我们来干吗？”

小淘气：“这把戏我们俩干不了，特请您们两位科学家来帮忙。我们四人把这些东西一起搬到大塘边去！……好，放下来。探真！您把水桶装满了水，放在一边。小厌蛋！问真！您们俩，每人抬一头把竹竿连瓶放在塘里，有瓶的一头放低些，开口的一头放高些，整个的竹竿都要压在水里。”

问真："为什么有瓶的一头要放得低些，开口的一头要放得高些？"

小淘气："空气比水轻，开口的一头放高些则竹竿里瓶里的空气完全跑了出来，里面便充满了水了。"

小厌蛋："瓶里充满了水，一点空气也没有了。"

小淘气："我来帮助您们把竹竿子竖立起来，开口的一端站在水里一尺半深光景，和水桶一样深。探真，您走远些看，瓶里有没有水？我们摇动竹竿，您看瓶里的水动不动？"

探真："瓶里看不见有水。"

小淘气："把锯子拿来，让我把竹竿锯去几寸。……好，再照从前的样子把竹竿放下水，竖起来，摇一摇，探真！您看瓶里有水动吗？"

探真："有水动了！还有小木偶浮在瓶里咧！"

问真："探真！您来扶住竹竿，让我来看看，好玩极了，为什么水能升得这样高，不落下来？"

小厌蛋："问真！您来扶着，让我看一看，我可以答复您的问题。……哈哈，成功了，我告诉您，这是因为地面上有几百里高的空气压在水上，力量很大，把竹杆里的水托住了，所以降不下来。这种压力，叫做大气压力。小淘气！我说的对不对？"

小淘气："就是这个道理。"

问真："这大气压力有多么大？"

小淘气："您拿营造尺量一量就知道了。从塘的水面量到竹竿上瓶里的水面，看这水柱有多么高？"

问真："三十二尺。"

小淘气："我们这乡下的气压便是三十二尺，换句话说，这里的大气压力能支持三十二尺高的水柱。每一营造尺等于三一.七五糎，那么这里的气压能支持一〇一六糎高的水柱。每一立方糎的水是一克重，一〇一六立方糎是一〇一六克重。所以我们这里的大气压力是每平方糎为一〇一六克，约算为一公斤或是两市斤。在海面上测量起来，水柱平均高度为一〇三三.六糎，气压每平方糎是一〇三三.六克。我们这里的地面高些，空气比海面稍稀，压力也较小。地面上的大气压力是愈高愈小，愈低愈大。现在让我把竹竿底用手掌托得紧紧的，使它点水不漏，您们慢慢的把竹竿提出水面，插入水桶，等竹竿放入水里，我再把手掌放开。这竹竿和水桶便成了一个气压计。我们抬回去摆在学校里，便可以知道天气变不变。”

问真：“这是如何能知道呢？”

小淘气：“天晴，气压大，水柱高，木偶便像今天一样出现在瓶里；天气不好，气压小，水柱低降，木偶便不能出现。这是德国葛利克（Otto Von Guericke）在公元一六五〇年玩的把戏，当时的人以为他神通广大与魔鬼私通，所以木偶都听他命令。现在看起来，这只是一个很平常的科学把戏，连乡下小孩都会玩。”

## 城里人造的气压计

问真：“城里没有这长的竹又没有塘，如果要想做一个气压计，该是如何做法呢？”

小淘气：“这很容易办。我们可以用水银代水，用细玻璃管代竹竿，做起来，格外简便，用起来，尤其省事，只是贵一点就是了。小厌蛋！水银比水重多少倍？玻璃管要多少长？”

小厌蛋：“科学的孩子要说科学的话，怎么可以随便回答，我现在不知道，我想试验一下再回答您，您可能教我做这个试验吗？”

小淘气：“好！您取十立方糎水称称，再取十立方糎水银称称，比一比就知道了。”

小厌蛋：“水是十克重；水银是一百三十六克重；我断定水银比水重一三.六倍。对不对？”

小淘气：“玻璃管要多少长？”

第二图

小厌蛋："我们知道了，玻璃管可以比竹竿短一三.六倍，放宽一些，我想八十粴长或营造尺二尺五寸长就够了，对不对？哈，我有一根三尺长的玻璃管，何不拿来做他一个气压计？"

小淘气："干！您去拿玻璃管来。我房里有些水银，请探真代我去拿来。问真！我去拿点纸，再带一只小碗来。我来用墨水瓶做火酒灯。……现在东西齐备，我们动手。小厌蛋！您把玻璃管的一头放在火酒灯上烧热，封起口来。……问真！您把纸做一个小漏斗帮助小厌蛋把水银倒入封了口的玻璃管里。探真！您把余下的水银倒在碗里。好，小厌蛋！您的大拇指给我看看，好，没有破皮，您把左手大拇指紧闭住玻璃管，再把右手扶着玻璃管倒立起来，放在碗中水银里，将大拇指抽开，您们看！这就是一个水银做的气压计。最初发明水银气压计的人是托里拆利（Torricelli），他在一六四三年第一次用水银造成这种气压计。量量看水银柱有几多高？"

探真："我来量。……七五.四四粴。营造尺是二尺三寸五分。正是等于竹竿做的水柱之一三.六分之一。"

小淘气："海面的水银柱是七六粴。科学界里称大气压力支持水银柱七六粴高为一气压。我们这里的大气压力是不到一气压。我们现在可以证明三十四英尺深的水里的空气体积会缩小一半的道理了。"

## 叫空气缩小

小厌蛋："怎样证明呢？"

小淘气："您拿一根三尺来长的玻璃管的一头，在火酒灯上烧成第三图的样子。倒入水银少许，使长短两管之水银面在甲乙两点齐平。这时两管内之空气都是一气压。现在将短的一头封口，留心封口之后甲乙两处之水银仍要齐平。量一量封口内之空气从甲到封口是多少长？”

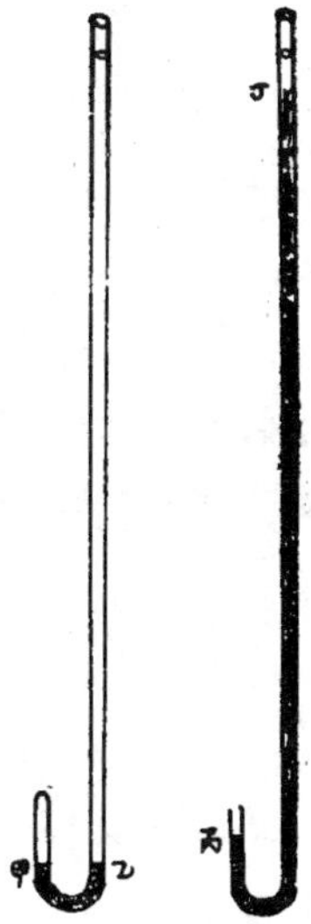

第三图

小厌蛋：“二寸长。”

小淘气：“探真！您用纸漏斗将水银倒入开口之一端，倒到丁点为止，使短管里的水银上升一寸到丙点则短管里的空气体积缩小一寸也到丙点。从丙到丁的垂直距离便是七六糎。七六糎水银柱为一气压；加上水银柱上之大气压力又是一气压，所以从丙点至封口之空气所受压力，为两气压，体积便缩小了一半。如果受的是三气压那末闭住空气体积也得缩小为三分之一，例如六呎八呎深的水底的潜水钟里的空气体积只等于岸上原来的三分之一了。这是波义耳（Boyle）试出来的道理，所以叫做波义耳定律。”

## 我们一天要吸多少空气

小淘气：“好，我们现在要玩一个呼吸的把戏。我喊一二三，您立刻把鼻子捏着，嘴儿闭着，看要多少时候是不得不呼吸。我看表，一二三。”

小厌蛋：“闭死我了！”

小淘气：“您本事不错，能够五十秒钟不透气。我现在再看看您一分钟呼吸多少次。要平常的呼吸，不要故意的快，也不要故意的慢。你自己数，一呼一吸为一次。好，一二三。……几多次？”

小厌蛋：“二十次。”

小淘气："再来一回，一二三。……几多次？"

小厌蛋："十六次。"

小淘气："您每分钟平均呼吸十八次；您五十秒钟不透气便要闷得喊救命。如果有人把您的鼻子和嘴闭得紧紧的，丝毫不放松，那末，空气吸不进去要不了几分钟便要翘辫子。我们现在还要做个实验，看看每次要吸多少空气进肺。你去装一钵头的水来，要装得十分满，如有玻璃缸更好。"

小厌蛋："拿来了。"

小淘气："盆里如有水应该倒掉再把鉢头里的水倒在盆里。用一只玻璃杯再将盆里的水，一杯一杯的装满倒入鉢头里，数数一共有几多杯；如有零头，在杯上做个记号。再将钵头里的水倒入盆里。如果您有玻璃量杯那就可以拿来一用。倘使没有，也可以做个临时的量杯。倘使您没有米达尺，您可以把《儿童的度量衡》翻开，那书里印了一柄米达尺，和实际的米达尺一样大小，拿厚纸量好做一个宽高各十糎（糎一名公分）之盒子。这盒子每边十糎；十糎自乘三次（10×10×10）是一千立米糎，便是公升，又称为立特（Liter）。这盒子能装一千立方糎之水也能装一千立方糎之空气。现在把这盒子平分为十格，每格代表一百立方糎。用玻璃杯从另一地方（不要用盆里的水）取水装满倒在纸盒里看这盒子能装几杯水。……哈，四杯水达到九格半多一点。每杯约有二百四十立方糎之容量。你再做一根长的L字蜡纸管或芦柴管，或玻璃管。各事准备好了。我们动手。我把含有空气的鉢头倒罩在水里，把管插入鉢头由下口一直伸入到顶，您把那一头插入嘴中。您用嘴吸气，用鼻孔呼气，不要深呼吸，只要平常呼吸，您照平常速度行八次呼吸，看每次平均吸气多少。……一次……二次……三次……四次……五次……六次……七次……八次好了。用匙子把鉢外水倒在纸管里……哈，九格点六，是四杯水。鉢外四杯水的体积等于鉢内四杯水的体积等于鉢内四杯空气。那末八次共吸十六杯，每次吸气两杯，约四百八十立方糎。您每分钟呼吸几多次?”

小厌蛋:“十八次。”

小淘气:“每天呼吸多少次?”

小厌蛋:“每天二十四小时,每小时六十分钟,每分钟十八次,是用二十四乘六十乘十八等于二五九二〇次。我每天呼吸二万五千九百二十次。”

小淘气:“您一天喝多少杯空气?”

小厌蛋:“每次喝两杯,一天要喝五万一千八百四十杯空气。”

小淘气:“您每天喝多少公升空气?”

小厌蛋:“一公升等于一千立方粴,每玻璃杯是二百四十立方粴。大约每公升是四杯多一点。我每天要喝一万三千公升的空气。”

小淘气:“您每天所喝的空气要一间十英尺高,六英尺八英寸宽,四英尺深的房子才能装得了。假使你能活一百岁,您要喝多少空气?”

小厌蛋:“一年三百六十五天,一百年是三万六千五百天用来乘每天五万一千八百四十杯就得了。”

小淘气:“地球绕太阳一次是三百六十五天五小时四十八分五十秒。所以每四年要闰一天,四年中必有一年是三百六十六天。一百年该加上二十五天计算。您该用三万六千五百二十五天来乘五万一千八百四十杯。”

小厌蛋:“那末我在一百年当中便该喝一八九三四五六〇〇〇玻璃杯空气。”

小淘气:“全世界有二十万万人即二〇〇〇〇〇〇〇〇〇人,每人每天要喝五一八四〇杯空气,问全世界人类每天要喝多少杯空气?”

小厌蛋:“抹除零头,以五万杯计算全世界人类每天该喝一〇〇〇〇〇〇〇〇〇〇〇〇〇〇〇杯空气,即一百万万万杯空气。

如果没有空气一个人也不能活。你现在可相信这只玻璃杯，这只鉢子里的的确确有空气吗?”

小厌蛋：“杯里鉢里的确有空气。”

小淘气：“杯里和鉢里的空气就是空中的空气吗?”

小厌蛋：“杯里鉢里的空气和空中的空气一样。”

〔注〕 三十四英尺其实是三三.九英尺即一〇三三.六糎合中国营造尺三二.五五八四尺。第二册把呎误写为尺字应当更正。



## 《空气的科学把戏（四）》目次



## 称 空 气

小淘气：“我们该想个法子把空气称称看。”

小厌蛋：“让我想一想……行！我家里有个猪尿泡，拿来，灌了气称称，放了气称称，一比就知道了。你想好不好呢?”

小淘气：“别做呆子，空想出来的法子未必能用。你这猪尿泡的法子，我早年试过，不灵！旧时代有一位科学老祖宗叫做亚里斯大德，生于公元前三八四年，死于公元前三二二年。他也曾用猪尿泡称过空气，他把气灌足了称过之后，又把气放完了称称，觉得重量丝毫没有减少，所以，他下了一个断语，说空气没有重量。你说这不是可笑吗？你若不信我的话，也可以试一试。失败是我们的老师。一个法子失败了，我们便知道去找别的法子去试试看。我不阻止你。俗语说，‘不到黄河心不死。’我看你如果不拿猪尿泡试一试，你的手总不免有些痒。”

小厌蛋：“老哥！我素来信你的话，这次却有自信心。我若不拿猪尿泡去干他一下，连睡也睡不着。我来试试看。……怎么不行？灌了气和放了气我都称过，简直是毫无分别！这是什么道理？”

小淘气：“不信老人言，吃苦在眼前。可是我很佩服你做试验的勇气。告诉你吧。猪尿泡是一个能屈能伸的东西，用处很大，称空气却不灵。它的体积随着灌气之多少而变动。灌多则胀大，一放便缩小。把放了气的猪尿泡放在天平上称，似乎泡内没有空气，但因为它体积缩小，泡外的空气便占了地位，紧紧的围着它要天平一起称。所以放了气与灌了气称是一样的重。你若用你的猪尿泡，灌了水，放了水，在水里称，也是分不出轻重。在空气中称空气，在水中称水，都不能用那能大能小的东西装空气或水。”

小厌蛋：“我却没有想到这点。好，你说你的法子吧。”

小淘气：“称空气的法子多着咧。有轻气比称法，有玻璃球抽气称法，这些不是我们今天所能办到的。我们要找一个体积不大变的东西和一个打气筒就行。你去把学校里的排球、篮球或足球借一个来，再问邮差借个打气筒。”

小厌蛋：“借了一个排球。打气筒也借来了。”

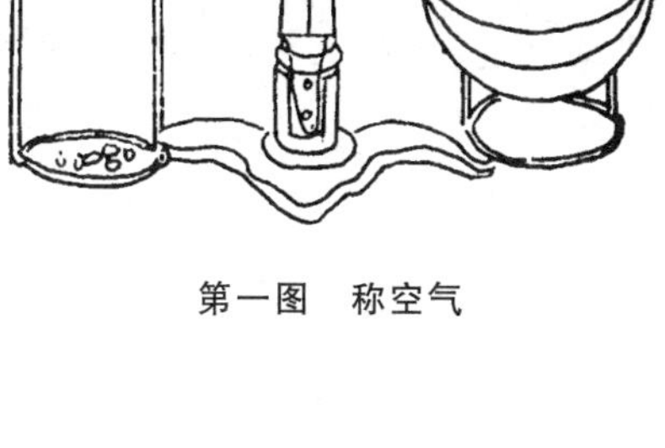

第一图　称空气

小淘气："先放了球里的气再摆在天平上称称看是多少重。"

小厌蛋："七两七钱二分。"

小淘气："用打气筒把空气打进去，打到不能再打了，扎起球上橡皮管，挂在天平上再称。同时数打气的次数。"

小厌蛋："七十五次，不能再打。七两八钱，比前重八分光景。"

小淘气："用两本书把皮球夹起来量它的直径和半径扣除皮厚。"

小厌蛋："扣除皮厚直径是一八.八糎；半径是九.四糎。"

小淘气："用下面公式求皮球的体积：

球体积$=\frac{4}{3}\times3.1416\times9.4^3$."

小厌蛋："三四七四立方糎。"

小淘气："三四七四立方糎大的排球装足了空气比放完了气称起来要重八分（库平）合标准衡制二.九八四克，约为三克。这只证明空气有重量，不能说是空气真正的重量。空气真正的重量必须用真空玻璃球试验。据科学家精密的计算，在平常的气压下，每千立方糎即每一公斤空气重一.二九三克。我们的皮球是三四七四立方糎空气重量该是四.四九一八八四克，约四克半之谱。"

## 洋铁罐中风

小淘气："一个人忽然跌倒死了。俗语叫做'中风'，其实他是害了心脏病。我现在可以叫一个洋铁罐中风。你信吗？"

小厌蛋："只要是您讲的，我是没有不信的。但是百闻不如一见，您做给我看看，好不好。"

小淘气："行！你去代你妈妈开一个洋铁罐。在罐的中央剪一个小圆洞，和我这木塞的下端一般大。你看我这木塞是上端大，下端小，要照小的一端的大小剪。剪好了，把罐头里的东西慢慢的取出，洗得干干净净装五分之一的水拿来。我在这里预备一个烧水的灯和一个三脚架。”

小厌蛋：“洞小东西很难取出，足足费了我一刻钟咧。水也带来了。”

第二图　洋铁罐被大气压倒

小淘气：“做科学实验总得有耐心。好，你把洋铁罐带着水放在火上烧。……滚了！让它滚两分钟。……把木塞使劲将罐口塞紧，密不通气。立刻把火吹熄。我们看他中风好了。”

小厌蛋：“洋铁罐还不是好好的！那里中风呢？”

小淘气：“你别心急！十分钟不到，这罐头便要呜呼哀哉。且等一忽儿。”……括擦！

小厌蛋：“洋铁罐坏了！肚子怎么压扁了！奇怪！这是什么道理？”

小淘气：“你知道大气的压力一平方糎是一〇三三.六克是不是？”

小厌蛋：“这个我是老早知道了，怎么空罐不被压扁，而烧了水倒被压扁了呢？”

小淘气：“空罐头不是真空，里面有空气。外面空气压进去，里面有空气抵住，两下相消，正好平衡。罐里烧水，滚了，水蒸气把空气冲出之后，罐里只有水蒸气而没有空气了。等到木塞塞住小口，外面空气走不进去。水蒸气冷了，变成水，罐之大部分变成真空，没有抵抗力，所以被大气一压就压扁。”

## 自流茶壶

小淘气：“小厌蛋！你看我这把自流的茶壶好不好？用不着我动手，它自己会倒下茶来。”

小厌蛋：“这是什么做的？芦柴杆！给我看看。教我做一个好吗？”

小淘气：“行！把那个芦柴杆拿来。用这铁丝将杆戳通。这茶壶是五寸高。芦柴杆要弯成⌈形：长头八寸，短头七寸，中间二寸。怎样将一根芦柴杆弄弯曲呢？你在预备要屈折的两处用剪刀各剪一个◊形的洞，一折就成。然后用浆糊或胶水将布条糊着里上，密不通气，等干了便好用。……现在干了。你把短头插入茶壶，长头放在茶壶外。你把长头用嘴吸到有茶进嘴便不要吸了。……”

第三图　弯曲芦柴管

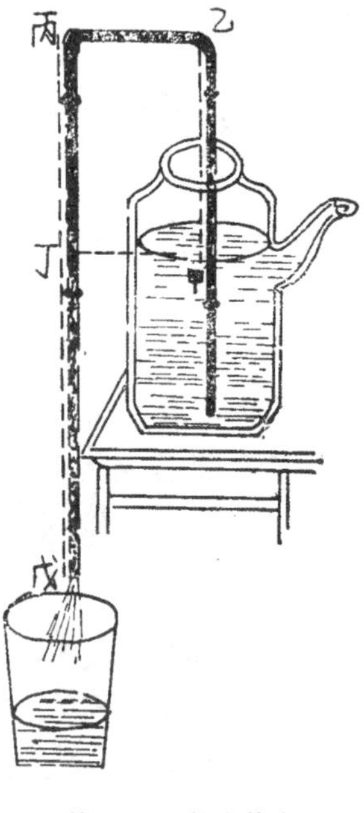


第四图　自流茶壶

小厌蛋：“茶进嘴了。……哎哟！怎么茶儿流得不歇？”

小淘气：“你的茶壶已经成了一把自动的茶壶了。它要自动的流到壶里没有茶了为止。你要停止它，有两个法子，一是将指头把长头之口闭着；二是将短头与壶里茶脱离关系。”

小厌蛋：“我把短头拿起来看看。……果然不流了！再插进去看看，……为什么不流了呢？”

小淘气：“你还要拿着长头吸到茶

进嘴，它才能自动的流咧。”

小厌蛋：“这里面当然离不了大气压力，但是为什么要把茶吸到长头的底下呢？长头的长短有没有关系？”

小淘气：“关系就在这点，我们可以用前面的图来说明。大气在短头的水面（甲）和在长头的水面（戊）的上压力是几乎一样。短头水柱的下压力可用甲乙线代表；长头水柱的下压力减去甲乙水柱之下压力；长头的总压力是大气上压力减去丙戊水柱之下压力。两相比较，短头压力比长头压力大。大多少呢？等于丁戊水柱之压力。因此，长头愈长则两头压力相差愈多，水也流得愈猛。如短头伸到壶底，则壶中之茶必由短头流过长头，到流尽为止。”

小厌蛋：“我懂了！用细长玻璃管在火酒灯上烧戊⺊形不是比芦柴好吗？”

小淘气：“玻璃管当然很好，但是乡下孩子有的是芦柴，做起来便利。毛竹戳通了也可以做。还有一句话，您得留意，茶是可以用嘴吸。若是生水，决不可以进嘴。你可把芦管的长边先放下水，再将短边放下水，待水没了管，管中装满水，空气一齐挤出，然后用右手大拇指将长边管口（子）闭住，拿起来，将短边插入瓶中水里，再将右手大拇指放开，水就从长管口不断的流出了。”

## 双料喷泉

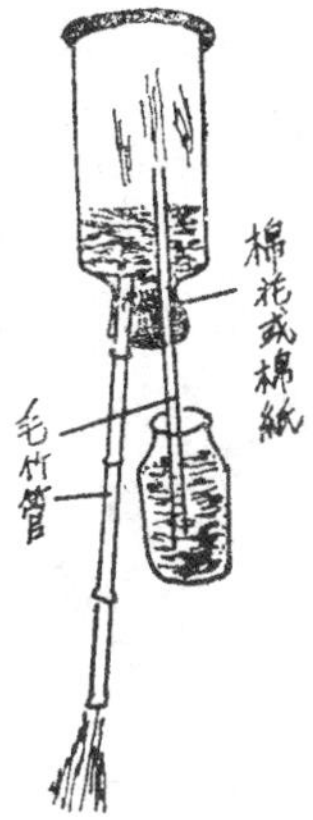

第五图　单式喷泉

小淘气：“我有一个把戏叫做双料喷泉。未玩双料喷泉之前先玩一个单式喷泉。你找一个瓶盛满水，另一瓶盛三分之一的水。再找两根毛竹管或芦柴管一长一短用铁丝戳通，将湿棉花或棉纸像第五图扎起来，紧紧的插进水少的一个瓶里。将这瓶和管子颠倒过来，把短管

第六图 双料喷泉

插入水盛满的一个瓶里。”

小厌蛋：“好玩！瓶里喷起水来了！”

小淘气：“你能叫长管也变喷泉吗？”

小厌蛋：“让我想一想……有了！把长管底向上弯起来就行。竹管难些，芦管像前次做的曲管便能用。玻璃管，橡皮管都行。你讲对不对？”

小淘气：“对！出水处要做得尖些，长管要做得顶长，水就喷得高。若有长的橡皮管加上一节尖玻璃管，那是再好没有了。这叫做双料喷泉。这喷泉与自动茶壶在物理学上都叫做虹吸。虹吸是运用两边不平均的压力使水从压力大的一边流向压力小的一边。水路虽中断而压力由瓶中空气传达未尝断，所以喷射出来。”

## 小小潜水艇

小淘气：“从前我们实验过，空气可因压力而缩小，二气压下之空气，体积要缩小一倍。受压缩的空气的力量之大与所受的压力成正比例。科学家曾经把空气压缩在四千气压之下。这种压缩的空气所蓄的压力每方呎有八百五十多万磅。寻常应用只能运用这种力量之二十分之一，即二百气压下之压缩空气。压缩空气的用处多得很，如雕刻，钻钢，开石，采煤，抽水，不下一千种。潜水艇也须运用压缩空气来浮沉。我们用压缩空气来造他一个小小潜水艇，好不好？”

小厌蛋：“不难吗？”

小淘气：“科学的孩子的字典里没有难字。你把你的猪尿泡拿来；再找一个玻璃试验管，一根绳子，一个大口长的玻璃杯，或一个口子较大的长玻璃瓶装满水。”

小厌蛋："拿来了！我这猪尿泡是很新鲜的。"

管内装水三分之二及空气二分之一

**第七图　小小潜水艇**

小淘气："新鲜的猪尿泡正好代橡皮用。你把试验管大约装三分之二的水，用右手大拇指盖，颠倒拿着，不使漏气，插入瓶中水里，放手。浮得太高，不行，还要加水在试验管里，务使试验管的头顶只有一丝露在水面。拿出来，加一点水，再照前样插入瓶中水里。……好！试验管头顶恰恰只有一丝露在水面。……把瓶里倒去五分之一光景，留心不要叫试验管离水漏气。让试验管浮在瓶里。你看那管里上部的空气便是我们小小潜水艇之空气箱。现在用猪尿泡把瓶口蒙住，将绳子系紧不使走气。你若用手将猪尿泡往瓶口里压下，看那玻璃管怎样？"

小厌蛋："沉下去了！"

小淘气："松了手再看。"

小厌蛋："又浮起来了，好玩！"

小淘气："我们揭开猪尿泡把试验管上贴上一小纸条，当它浮的时候，齐空气下端画一条细线，再干。……你看，当你将猪尿泡压下，玻璃管下沉的时候，管内空气是否缩小一点？"

小厌蛋："空气下端缩上来了。"

小淘气："松了手，玻璃管上升的时候，管内空气怎样？"

小厌蛋："管内空气下伸，显然是膨胀回原了。"

小淘气："正是！手压猪尿泡，将泡下瓶里的空气压缩，这压缩的空气对瓶里各部传达这增加的压力，传到玻璃管内，把管里空气压缩了一些，水便从管的下部多进了一点到管里去，玻璃管便沉了下去。放了手，增加的压力消减，瓶里空气膨胀回原，玻璃管里的空气也膨胀回原，将管内的水排挤一些出来，于是玻璃管又浮起了。我们运用压缩空气，叫它沉它不敢不沉，叫它浮，它不敢不浮。如果加上一个推动的机器，那末，它不但能浮能沉而且能进能退。潜水艇便是运用这样的学理做的。我们这个玻璃管叫做浮沉子（Cartesian Diver）是法国哲学家笛卡儿（Descartes，1596~1650）玩出来的一个把戏。”

## 《空气的科学把戏（五）》目次





## 空气做的温度计

第一图

小淘气：“伽利略是温度计的第一个发明者。现在的温度计有好多种。最通行的是用水银做的，平常称为寒暑表。但是当初伽利略发明的温度计是用空气做的。我们也用空气来做一个温度计好不好？”

小厌蛋：“怎样做法呢？”

小淘气：“这很简单！你去找一个玻璃瓶（甲），瓶里装五分之一的水，再用湿棉花将一根长细玻璃管（乙）的一端包裹好，塞进瓶里，把瓶颠倒过来，水就从细管里流出，等到瓶里水流完只留下玻璃管里有些水的时候，便把瓶连管插入一碗水（丙）里，就成了一个空气做的温度计。”

小厌蛋：“做好了。怎样测验温度呢？”

小淘气：“把你的双手的手掌紧紧的捧着玻璃瓶身，看有什么变化。”

小厌蛋：“管里的水下去了。嗐！下，下，下，一起下去了。”

小淘气：“你把手掌放掉，只用两个指头扶住瓶颈，再看如何变化。”

小厌蛋：“水从管底升上来了。嗐！上，上，上，一直上来了。这是什么缘故？”

小淘气：“空气遇热则膨胀。你的手掌是很热的。瓶里空气受热膨胀。管里的水受空气排挤，所以下降。你把手掌放掉，空气遇冷收缩，水因外面大气压力，便逐渐上升，这个温度计当然不大准确，但是用来证明空气遇热则膨胀，遇冷则收缩的道理，是再简单没有了。”

## 火杯收水

小淘气：“你拿个玻璃杯，装半杯水，把这半杯水倒在脸盆里，再找一条纸放在空杯里，点着火，等火焰正盛的时候，把火杯倒盖在水上，看它怎样？”

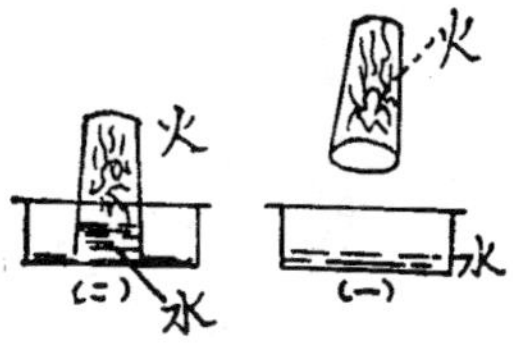

第二图

小厌蛋：“水儿都跑到杯里去了！这是什么缘故？”

小淘气：“这叫做火杯收水。空气中有两种主要的气体：一种叫做氧，通俗称为养气；一种叫做氮，通俗称为淡气。气体中有助燃的，有可燃的，有不助燃又不可燃的。淡气是一种不助燃又不可燃之气体，所以不易与别的东西化合。养气是助燃气体，帮助东西燃烧。纸在杯中，有养气的帮助，点着火，便烧成灰。若没有养气帮助，纸便点不着火。养气帮助纸燃烧起来，就与纸中之炭素化合，成为炭酸气。炭酸气又溶化在水里，所以杯中养气所占的地位，几乎完全腾了出来。杯外的水受了大气压力，便进入杯中占据养气所腾出的地位。”

小厌蛋：“空气中，养气与淡气各占总体积几分之几？”

小淘气：“在养气与淡气的把戏里，你将来可以分析出来，知道养气约占五分之一，淡气约占五分之四的体积。”

小厌蛋：“养气既占五分之一的体积，那末，进杯之水至多也只能占据杯之容量之五分之一，现在竟能进去半杯，又是什么道理？”

小淘气：“杯内纸条点火，淡气因热膨胀。等到杯儿颠倒罩在水里，火已熄灭，淡气因冷收缩，也腾出一部分地位来，让水占据。因此水能进杯占领几乎一半的容量。这半杯的容量一部分是因为养气与炭素化合为炭酸气溶化在水里；一部分是因为膨胀的淡气收缩。”

小厌蛋：“水既占了半杯，共余一半是不是即为淡气？”

小淘气：“几乎全是淡气。淡气是不助燃又不可燃之气体，你可以点根火柴预备着，将杯子拿起，速拿点着的火柴送入杯中，看有什么变化？”

小厌蛋：“火焰立刻灭掉了。”

小淘气：“这证明留下的淡气是不助燃又不可燃的。我们在这个小试验里知道空气中至少有两种气体：一种是助燃的，叫做养气，一种是不助燃又不可燃的，叫做淡气。”

小厌蛋：“我想出一个新花样来把这试验变成魔术。我可以用一个脸盆装半碗水，手上拿着一只空碗，告诉人说，我们能把碗儿颠倒盖在水上，将水收去，同时，使个手法，用纸点火放在碗中，罩在水上，立刻水儿不知去向。你看这魔术使得使不得？”

小淘气：“很好，可以试他一试。”

## 小小换气机

小淘气：“换气机的功用是把脏的空气送出去，把新鲜空气换进来。我们现在来做一个换气机试一试。你拿一个碟子或小盘子，点一短段洋蜡烛，倒两三滴蜡油在碟子上将蜡烛粘住，放些水在碟子里，将一个洋灯罩把烛火罩住，立在水里。看有什么变化?”

小厌蛋：“火要熄了。是，你看，熄掉了!”

小淘气：“灯罩里的养气用完，没有新鲜养气进来，所以火儿熄了。”

小厌蛋：“灯罩罩在洋灯上，为什么灯火不熄?”

小淘气：“灯罩底下有灯罩架，灯罩架有气孔可以通气。洋灯点着之后，罩里热空气上升从罩口出去，罩外冷的新鲜空气从灯罩架的气孔里源源而来，所以灯里只要有油，灯火便不会熄。现在灯罩站在水里，水把外面新鲜空气阻住，不能进来，只要罩里养气用完，烛火便灭。”

小厌蛋：“但是常常有种奇怪的现象，就是烛火在几乎要熄的时刻，又慢慢的亮起来；亮了一忽儿，又渐渐的昏暗了，等到几乎要熄的时刻，又能慢慢的亮起来。好像一个人昏晕了又醒转来一般。 这又是什么道理呢?”

小淘气：“这是因为烛火很亮的时候，有很多的热空气由罩口冲出，外面冷空气没有窜入罩内去的机会，罩内养气渐渐减少，所以烛火渐渐昏暗；当烛火几乎要熄的时刻，罩内热空气很少了，罩外的冷空气乘机窜入罩内，将要熄灭的烛火忽然得到养气来援救，所以又能够大亮起来。大亮的时候，热空气又多起来了，冷空气又不能进去了。所以这烛火能够在‘昏而复亮，亮而复昏’的状态下延长很久的时间。我们要叫烛火不暗，不熄，必得为它换气。你有什么法子可以叫新鲜空气继续不断的进去?”

小厌蛋：“让灯罩底的一边脱离水面，新鲜空气进去，点起火来，当不会暗，更不会熄。”

小淘气：“不错！我还有一个妙法，在灯罩口中使它换气。你用一小块厚纸壳剪成丁形

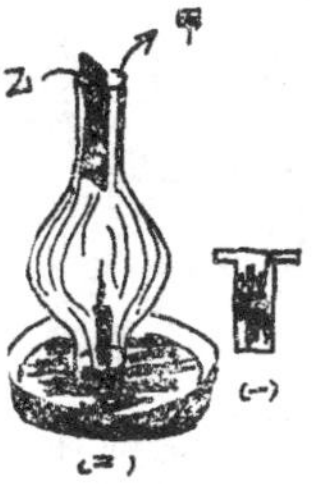

第三图

隔间如第三图（一）一样，搁在灯罩上如第三图（二）一样，点起火来，火便不会熄。你将纸壳隔间搁在灯罩上的时候，务使罩口分成一个大半圆管和一个小半圆管，决不可搁在中央把它平分。好，你去试试看。”

小厌蛋：“奇怪！果然不灭。为什么纸壳不可搁在灯罩口之中央？”

小淘气：“你用纸壳把灯罩口隔成两个大小不等的半圆，则大半圆管，包含火头在内比小半圆管稍热，成为热空气的出口（甲）。小半圆管在火头之外，温度较低，便成为冷空气之进口（乙）。因此，热空气从甲口出去，冷空气由乙口进来，一进一出，毫无间断，火便不会熄灭。若隔间放在中央，恰在火头之上，使两半圆管内空气平均受热，同做了热空气的出口，新鲜空气不能进来调换，养气不足助燃，火便熄了。这是一个简单的试验，懂得这里面的道理，则烟囱，火炉，开窗换气，以及换气机的道理都可以推想而知。”

## 小小飞机

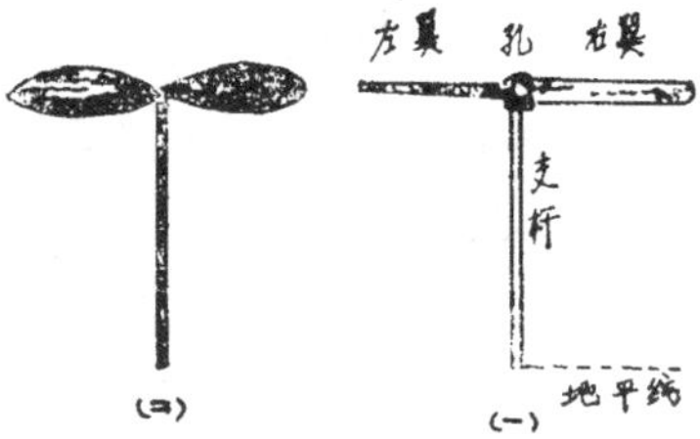

第四图

小淘气：“我们来做一个小飞机玩玩。你找一条木片或一条竹片，约四寸长，六分宽，二分厚，削成第四图（一）或（二）的上部两翼一般。靠右手的一翼称为右翼，要向着你斜削下来，与地平线约成三十度之角。靠左手的一翼，称为左翼，要背着你斜削下去，也与地平线约为三十度之角。左右翼交接凸起处向各方面依曲线削成斜面，不使稍露棱角，以减少运动时之阻力。中间钻一小孔，插入一根比筷子稍细之支杆，要插得紧。这物叫做竹蜻蜓，我叫它为小飞机，因为它是应用了飞机的一项重要原理造成的。你用右手中间三个指头与左手掌之后端夹着小飞机之支杆，向前使劲一搓，看它会飞不会飞。”

小厌蛋：“怎么飞得这样高？有意思!”

小淘气：“你现在把你的右手三中指放上前些，向后一搓，不要使劲，试试看。”

小厌蛋：“好痛! 打着我的手了。怎么向后搓就飞不上去呢?”

小淘气：“如果小飞机的右翼是向外斜削下去，左翼是向内斜削下来，那么，你用右手向后一搓，它也会飞得上去。但是我们的小飞机是右翼向内斜下，左翼向外斜下，故右手必须向前搓去，才能飞起。你用右手指压着左手掌向前搓去，觉得手上有什么不同?”

小厌蛋：“觉得手上有风。”

小淘气：“对啦! 你看划船的，桨向后划，船便向前进；游水的，手向下拍，人便向上浮。这都是反动力的运用。右手向前搓支杆则两翼旋转将空气往下打，那小飞机便借这反动力而上升了。你将头儿低下来，俯看两翼，用右手向后搓，不要放手，脸上觉得有什么不同?”

小厌蛋：“脸上觉得有风。”

小淘气：“对啦! 脸上觉得有风，是两翼往上打。两翼往上打，小飞机要往何处飞呢?”

小厌蛋：“往下飞。对了。所以右手向后搓，小飞机就跌下来。”

小淘气：“因此，一个竹蜻蜓拿在手里的时候，你可以用右手指与左手掌压着支杆向前搓搓，向后搓搓，觉得向哪个方向搓时有风吹到手上，即向那个方向搓去，小飞机一定飞起，万无一失。我现在还要教你一个法子使这小飞机飞得很高。你用一根线依右手指所指的方向在支杆上从底下绕上去，绕到差不多到顶为止，如第五图（甲）。再找一根芦柴

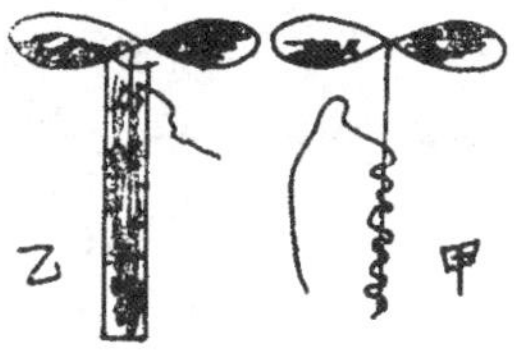

第五图

管或毛竹管，在近顶处开一孔，将绕好线的小飞机插入管中，再将线头挑出如第五图（乙），使劲用右手把线头一拉，则小飞机可以飞得很高，比手搓要高几倍。”

## 化一个铜板做的唧筒

小淘气：“自行车的打气筒要一块多钱才买得来，造真空的抽气筒要几块钱才买得来？我现在从吕镜楼先生那里得了一个法子，只要化一个铜板，就可以做个唧筒，既可以打气进去，又可以抽气出来，你愿意学吗？”

小厌蛋：“打气筒和抽气筒，虽然看过，却不懂得里面的奥妙，现在有你教我做，那是再好没有了。”

小淘气：“妙处就在那个气瓣，说破并不难懂。你去找一段八寸长，酒盅粗细的竹子，要一头有节，一头开口。次找两段毛竹，或芦柴，寸楷大字笔套粗细，两寸长，也是要一头有节，一头无节。这一段长而粗的竹和两段短而细的竹或芦柴管排列如第六图(一)。次将长竹管之近节一寸处，依短管粗细左右各凿一洞如图(二)。次将两个短管之管节钻通，在中央钻成一个小气孔如图(三)。次依短管管节内圆，大小剪两小块圆橡皮，或漆布，或油布，如图（四）。这便是气瓣，只要不透气之漆布、油布或橡皮少许便可用。次用胶水将两个气瓣（四）粘在短管之钻孔的节（三）上如图（五），只要粘住上部一小半，使气瓣下部可以活动。次照气瓣（四）大小做两块小圆木片，各挖去一点，成一小凹，其立体之造成如图（六）。次将这小圆木片用胶水粘在气瓣之上部，四周也用胶水粘在短管节处之圈沿上如图（七），于是短管节边之气瓣之纵剖面就成了图（八）的样子。次用布包着棉花，扎一个活塞，活塞柄可用筷做，如图（九）。次将装成气瓣木片之两短管紧紧装入长管之横洞里，左右各一，再将活塞从长管开口处插入如图（十），一根短管是用有节的一头插入长管；

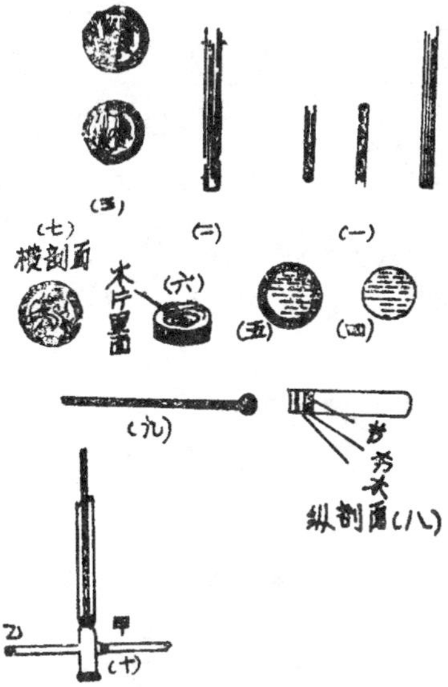


第六图　怎样做抽气筒

另一根短管是用开口之一端插入长管。这样，我们一个铜板的打气筒和抽气筒便造成了。”

小厌蛋：“这东西是怎样运用呢？”

小淘气：“你用手把活塞压下去则甲气瓣被长管内的空气挤在节上，把节中之小孔闭住，空气便不能由此出去，乙气瓣却被活塞压下来的空气推开，空气便向木片凹处走出。反过来若活塞上升则外面空气压力将甲气瓣推向木片凹处，进入长管，乙气瓣则被外面空气压力挤在节上，把节中之小孔闭住，不能通入。所以将甲气瓣与无空气之皮球相接，则是打气进皮球。你只要用一段橡皮管（有时湿棉花也行）便把唧筒与须抽气或打气的东西接了起来。接起来之后，只要活塞一上一下的运动，便能达到目的。这个价廉的唧筒，当然不能像买来的那样好，但是你在这上面可以明白做唧筒的道理。这道理明白之后，你可以精益求精，用铜或白铁做长管，用铅子做气瓣，一步一步的造成那更有效力的唧筒。”

# 怎样做一个科学的孩子*

## 一　科学的世界

二十世纪的世界，是一个科学的世界。科学的世界里要有一个科学的中国。一个迷信的国家，在科学的世界里是难以存在。科学的中国要谁去创造呢？要中国的孩子去创造！朋友把自己造成科学的孩子，便是把中国造成科学的中国。

## 二　手脑联盟

科学的孩子是怎样做的呢？脱掉你的手套！剪掉你的指甲！把你的一双小手从荷包里拿出来！拿出来玩科学的把戏！科学是从把戏中玩出来的。科学的把戏是不可以瞎玩的。你必得把你的头脑请来做总司令。你要在劳力上劳心，在玩的时候想。如果你只会玩不会想，那么，你只配跟新世界的把戏大王做小喽啰，不是科学的孩子。人生两个宝：双手与大脑。你别把这两个宝贝埋在地下不用，也别把它们拆散。你该把你的头脑和双手结成同盟，向大自然进攻。

* 本篇原载1932年3月上海儿童书局出版的《儿童科学丛书·儿童科学指导》。

## 三　两个侦探

你向大自然进攻，不可没有侦探。你的侦探是现成的，你猜猜看是谁？一个叫做眼睛，一个叫做耳朵。你的眼睛原来是明亮的，为什么要戴上老师们送你的染色眼镜？把染色的眼镜放下，它们便成了你的千里眼。你的耳朵原来是听得清楚的，为什么要戴上老妈子送你的迷信耳朵套？把迷信的耳朵放下，它们便成了你的顺风耳。有了千里眼、顺风耳做侦探，你的总司令和两员大将，十个小兵，便能知己知彼，百战百胜。

## 四　活的兵书

打仗要用兵书，否则有勇无谋，怕要一败涂地。旧中国的孩子是读死书，死读书，读书死。科学的孩子也离不了书。但他们是用活书，活用书，用书活。与大自然作战的小小义勇军应该用活的兵书，不应该读死的兵书。书呆子只配做大自然的俘虏，不配做大自然的征服者。

## 五　废物是武器的原料

世上只有废人，没有废物。不会运用废物的人，便是废人。在科学的孩子的手里，没有无用的东西。竹头、木屑、破布、烂棉花都是做枪炮子弹的原料。你遇了糕饼盒、药水瓶、洋铁罐、破碗碟、铁丝、钉、针、绳一类的东西，都要保存起来，预备做制造武器的原料。

## 六　自造枪炮

科学的小兵要自造作战的工具，一般科学八股的酸先生，专靠外国仪器哄骗学生，也如同一般八股的军人，专靠外国枪炮杀同胞。外国仪器贵得很，那里是我们穷孩子玩得起的呀！我们要想做个科学的孩子，必得自造仪器。没有玻璃管吗？找根毛竹、芦柴或是做个蜡纸管来替代。没有火酒灯吗？用墨水瓶做一个小小火酒灯。没有软木塞吗？拿棉花、棉纸试一试。没有火酒吗？看看汾酒、烧酒蒸馏后能不能用。每逢做一个实验，我们必须问一问："有什么东西可以替代外国仪器？"自己实在做不起来，本国实在没有代替的东西，才向外国买。

## 七　处处是战场

大自然是无所不在，到处是我们与大自然短兵交锋之战场。课堂只是书呆子避难的租界，不是科学的孩子用武之地。学打仗是要在战场上学的。老农种稻，老圃种菜，蚕妇养蚕，医生开刀，瓦匠砌墙，木匠做桌，铁匠打铁，铜匠补茶壶，电气匠装置电灯、电话、电铃的时候，都是与大自然作战。你切不可轻轻放过，你必得留心看，虚心问。观战不如参战。如果有机会，你该自己在"做"上去"学"。几天前我买了一个表送我的母亲。这表走得有些不准，我送到一家表店去修理。钟表店要我一块六毛钱。我说价钱依你，但是我要带几个孩子来看你修，使他们长些见识。老板答应了，这天下午我便找了两位先生，带了三位学生去看修表，看他拆，看他装，从头到尾看了一点半钟。我说："百闻不如一见；百见不如一做。我们自己也得弄一个表来试一试。"我们于是跑到河南路美华利楼上买了一付简单修表仪器，又去买了一个一元钱的小钟。当晚由一位先生领导拆开，又装上。这小钟与表的构造不同。从晚上七时一直弄到十二时才装起来，费的力气虽不少，我们毕竟是得了真知识。第二天，一位学生另外拆了一个旧表，居然也装成功。第三天，另一位学生拆了一个夜光表，装不起来，由一位先生指导一下，也装得起来了。我自己化了七毛钱，在一家小押店里买了一个很好的旧表，预备拿他来学一学。大家同时要看书，找出钟表发明的历史及其原理。我们已经决定，在一个月内谁的身上有表，桌上有钟，而不会自拆自装并说明原理的，一概充公。这个例子代表我们求学的方法，也就代表我们向大自然进攻的方法。钟表店是我们的学校，柜台前是我们的课堂，修表匠是我们的老师。那一小时半是我们上课的钟点，一元六毛钱是我们出的学费。我们这两位先生、三位学生和我自己便是同学。回到家来，我们六人又是其余的人的老师了。

## 八　肃清捣乱分子

科学的战场上不能有捣乱分子，我们的捣乱分子便是违反科学之嗜好、习惯。一切不合乎科学之说话、行动，都要斩草除根的消灭掉。“笼统先生”、“含混太太”、“一定小姐”、“差不多少爷”一流的人，都要和他们断绝关系，不与来往。否则近墨者黑，习惯成自然，久而久之，他也笼统了，含混了，满嘴一定、差不多了，那么，你在科学的战场上怕是要吃败仗的。

## 九　屡败屡战

科学的孩子不怕失败，把戏玩不成决不灰心。跌倒了爬起来，又走；再跌，再爬，再走，不走到不止。失败是我们最伟大的老师。我们必须有屡败屡战的精神，才能把自己造成一个科学的孩子，才能把中国造成一个科学的中国。偶尔尝试，何异小有接触即临阵脱逃。这种孩子决不是科学的孩子，也决不能负起创造一个科学的中国之使命。

# 送科学丛书*

新安小学出世之日，即文渼先生去世之日。①我于今把二周祭要买祭品的钱买了这部书，来送给新安小学作为开校二周纪念的礼物。这里面有许多小小的实验！俗语说："百闻不如一见。"说得更确些是："百见不如一做。"科学实验要从小做起。每天找些小小实验，教小朋友们去做吧！倘使不照书上所说而能独出心裁的指导小朋友在做上追求真知，那就格外的好了。文渼先生有灵，看见一个个小朋友都成了小小科学家、实验家，她该是多么的快乐啊！倘使这部书只藏而不看，看而不讲，讲而不做，那便等于金银香纸烧成一缕黑烟，飘入天空终于不知所止，岂不可叹！我深信新安小学的老师、小朋友必能善用这微小的礼物去造成伟大的前途。那么将来的伽利略（Galileo）、巴士笃（Pasteur）、法拉第（Faraday）也许就是你们的同学咧。

## 注释

①新安小学于1929年6月6日开校，陶行知的胞妹文渼于同日病逝于晓庄师范。

* 本篇作于1931年6月6日。载上海儿童书局1932年3月版《儿童科学指导（二）》。

# 怎样选书*

书有两种：一种是吃的书；一种是用的书。吃的书当中，有的好比是白米饭，有的好比是点心，有的好比是零食，有的好比是药，有的好比是鸦片。

中国是吃的书多，用的书少。吃的书中是鸦片的书多，白米饭的书少。

我从前写了四句三字经，警告一般不劳而获的人：

不做事，
要吃饭。
什么人，
是混蛋！

吃饭不做事，尚且不可，何况吃鸦片而不做事！

一个过合理生活的人，三餐饭当然是要吃的，可是也不能忘记那八小时的工作。要想工作做得好，必须有用的书。用的书没有，如何去做？一个学校要想培养双手万能的学生，自然要多备用的书，少备吃的书，而吃的书中尤须肃清一切乌烟瘴气的书。

* 本篇出自上海儿童书局1932年4月版《儿童科学指导（二）》，原题为《儿童用书选择标准》，署名吴健人。此文的最后的三条标准曾载1931年4月15日《儿童教育》3卷8期。

可是，现在中国学校里的情形，适得其反：只有吃的书，没有用的书，而吃的书中，多是一些缺少滋养料的零食与富有麻醉性的鸦片。在这些书里讨生活的学生们，自然愈吃愈瘦，愈吃愈穷，愈吃愈不像人。

我们要少选吃的书，多选用的书。我们对于书的态度之变更，是由于我们对于儿童的态度之变更。我们在《儿童生活》杂志上发表对于儿童的根本态度是：

儿童是新时代之创造者；不是旧时代之继承者。

儿童是创造产业的人；不是继承遗产的人。

儿童生活是创造，建设，生产；不是继承，享福，做少爷。

新时代的儿童是小工人。

这工人，是广义的工人，不是狭义的工人。

在劳力上劳心便是做工。这样做工的人都叫做工人。新时代的儿童，必须在劳力上劳心，又因他年纪小一些，所以称他为小工人。

小工人必是生产的小工人，建设的小工人，实验的小工人，创造的小工人，改革的小工人。

儿童的生活便是小工人生活，小生产生活，小建设生活，小实验生活，小创造生活，小改革生活。

儿童用书便是小工人生活之写实与指导。这里面所要包含的是一些小生产、小建设、小实验、小创造、小改革、小工人的人生观。

无论他是生产也好，建设也好，实验也好，创造也好，改革也好，他必须做工，他必须在劳力上劳心，他必须在用手时用脑。

这里所画的画，是小工人做工之画；所唱的歌，是小工人做工之歌；这里所问的问题，是小工人做工之问题；这里所答的解答，是小工人做工之解答；这里所用的数，是小工人做工之数；这里所写之文字，是小工人做工之文字；这里所介绍的工具，是小工人做工之工具；这里所说的故事，是小工人做工之故事；这里所讲的笑话，是小工人做工之笑话；这里所主张的人生观，是小工人认真做工之人生观。

儿童用书既是以指导儿童做工为主要目的，那么，一本书之好坏，可以拿下列三种标准判断他：

（一）我们要看这本书有没有引导人动作的力量，有没有引导人干了一个动作又干一个动作的力量。

（二）我们要看这本书有没有引导人思想的力量，有没有引导人想了又想的力量。

（三）我们要看这本书有没有引导人产生新价值的力量，有没有引导人产生新益求新的价值的力量。

# 《儿童科学丛书》的用法*

我们编辑这部书的目的，在引导小朋友把自己造成科学的孩子。科学的孩子必得动手去做，用脑去想，所以这部书是科学的孩子实验、观察、思想的指南，而不是静坐在那儿诗云子曰一样的读的书。如果买了回去，读而不做，做而不求做之所以然，那便是违背我们编书的宗旨了。

但是这些书不是单为小朋友编的，凡是幼时没有学过科学的成人都可以像小孩子样从头做起，即是从头学起。倘使您是位学贯中西的教师、家长，也别轻看这些书。它们能够帮助您去引导孩子们从事科学的工作。您每天自己先玩一两个把戏，玩成功了，再教孩子们一起来玩，一起来谈，一起来想，不消几个时候，您便变了一位科学的教师，科学的家长，而您的孩子便变成了科学的孩子。

孩子有很小的，有很大的，有能看书的，有不能看书的。千万不要让文字挡着科学之路。会看书的大孩子，自己可以依着书

---

* 本篇原系《儿童科学指导（三）》，1932年4月17日写，1933年上海儿童书局作为《儿童科学丛书》之一出版。

原文以书信的形式，开头有“爱用儿童科学丛书的教师，家长，小朋友”的字样，末尾署有“陶知行”。附表原系直排，栏目“书名”、“小标题”之下有“面数”及最后有“备注”两个栏目，此次改为横排，制表时均略去。其中，《苍蝇与瘟疫（上）》一书的小标题《苍蝇怎样传播瘟疫》的“备注”栏内有“幼稚生和低年级只能观苍蝇的大概形态”句。在《种稻（上）》一书的小标题《秒田》的“备注”栏内有“成人做”字样。

上所画的路线去追求。那年小而不认识字的可以先玩科学把戏，等到大一点再看科学的书。我们把已出版之四十册，将小标题提出，略依年龄学级排列。

幼稚生系指四五岁的孩子。他们有一些科学把戏可以玩，但绝对不可教他们看书，连字也不必勉强他们认。低年生系指六七岁的孩子。他们不但能玩许多科学把戏，并且还稍认几个字，但不可勉强他们看书。中年生系指八九岁的孩子，可以教他们一面干些合乎他们的能力的实验，一面开始教他们用书。高年生系指十岁以上的孩子，如果小时没有失学，这些书只要有一本字典，便可以自己看得懂了。这时须教他们不以看书为满足，必在实验上去追取真知识。我们这样分类也不可把他看得太呆了。聪明的幼稚生何妨顺便认两三个字。笨的高年生也不必苦苦的要他看书。科学把戏只要玩得成功，玩了一个便想玩第二个，并且说得头头是道便算满意。若能独出心裁干得与书不同，这孩子在将来便有发明创造的希望。至于暂时能否认字看书，并无重大关系。我们决不可因他不能看书便不教他实验。

有了以上的说明，您们便可以拿下面所列的表做教导孩子的参考，幼稚生、低年生、中年生、高年生的自然科学的一部分的课程便可以假定试验，随时修正。

假使您有四十位学生要教导，您可以挑选几位富有科学兴趣、才能的学生做您的助手。您与小孩们在科学的生活中共同参加了一两天，便可以使您有知人之明。小学生决不会推诿的。您得了几位助手。就可事半功倍了。

有些实验所用的工具只是家常用品和一些竹头、木屑、芦秆、洋铁罐、酱油瓶、破布、烂棉花罢了，用不着多大经费。先把这些实验干了，一面共同省吃、俭用、生产，一面随时添置工具，去干其余的实验。

如果每样工具只有一套，那么四十位学生就有分配的困难，这也可以有个法子解决。每四人分一组，共分十组，同时有十种实验进行，每组轮流的干，干完十种再换。您若有几位助理，加以特殊指导，这个办法便不难行得通。

中年生、高年生须有实验记录簿，将每个实验的情形写一篇报告写在簿上。应列的细目是活动名称、工具、材料、画图、做法、论理等等。这个簿子是必须有的。教师对于幼年生、低年生、中年生、高年生都该各有一本考核簿，登载每一个学生一学期所干的科学活动。

全书有什么错误，我们所建议的方法行出去有什么困难，诸位教师、家长、小朋友用这些书时有什么心得，都希望大家提出具体的例子随时指教，以备汇齐，修正重印，作为全国同志更进一步之参考。

**表一　儿童自然科学活动程度分配表**

| 书名 | 小标题 | 幼稚生 | 低年级 | 中年级 | 高年级 |
|---|---|---|---|---|---|
| 空气的科学把戏（一） | 捉空气 | 做 | 做，认字 | 做，用书 | 做，用书 |
| | 把空气移进肺里监禁 | | 做，认字 | 做，用书 | 做，用书 |
| | 做蜡纸管 | | | 做，用书 | 做，用书 |
| | 打倒帝国主义 | 做 | 做，认字 | 做，用书 | 做，用书 |
| | 纸不湿 | 做 | 做，认字 | 做，用书 | 做，用书 |
| | 水底点火 | 做 | 做，认字 | 做，用书 | 做，用书 |
| | 鼓嘴 | | 做，认字 | 做，用书 | 做，用书 |
| | 嘴唇生瓶 | | 做，认字 | 做，用书 | 做，用书 |
| | 手掌颠倒举杯 | | 做，认字 | 做，用书 | 做，用书 |
| | 竹笔套吸水 | 做 | 做，认字 | 做，用书 | 做，用书 |

续表

| 书名 | 小标题 | 幼稚生 | 低年级 | 中年级 | 高年级 |
| --- | --- | --- | --- | --- | --- |
| 空气的科学把戏（二） | 水枪 | | 做，认字 | 做，用书 | 做，用书 |
| | 杯水倒拿 | 做 | 做，认字 | 做，用书 | 做，用书 |
| | 水姑娘跳高 | 做 | 做，认字 | 做，用书 | 做，用书 |
| | 活的抽气唧筒 | | | 做，用书 | 做，用书 |
| | 风车 | 做 | 做，认字 | 做，用书 | 做，用书 |
| | 潜水钟 | | | 用书 | 用书 |
| 空气的科学把戏（三） | 乡下人造的气压计 | | | | 做，用书 |
| | 城里人造的气压计 | | | | 做，用书 |
| | 叫空气缩小 | | | | 做，用书 |
| | 我们一天要吸多少空气 | | | 做，用书 | 做，用书 |
| 空气的科学把戏（四） | 称空气 | | | | 做，用书 |
| | 洋铁罐中风 | | | | 做，用书 |
| | 自流茶壶 | | | | 做，用书 |
| | 双料喷泉 | | | | 做，用书 |
| | 小小潜水艇 | | | | 做，用书 |
| 空气的科学把戏（五） | 空气做的温度计 | | | | 做，用书 |
| | 火杯收水 | | | | 做，用书 |
| | 小小换气机 | | | | 做，用书 |
| | 小小飞机 | | | | 做，用书 |
| | 化一个铜板做的唧筒 | | | | 做，用书 |
| 儿童的度量衡（上） | 数字与数位 | | | 做，用书 | 做，用书 |
| | 量长短与造尺 | | 做，认字 | 做，用书 | 做，用书 |
| | 量面积 | | | 做，用书 | 做，用书 |
| | 量角度 | | | 做，用书 | 做，用书 |
| | 量大小 | | 做，认字 | 做，用书 | 做，用书 |

续表

| 书名 | 小标题 | 幼稚生 | 低年级 | 中年级 | 高年级 |
| --- | --- | --- | --- | --- | --- |
| 儿童的度量衡（下） | 天平秤 | | | 做，用书 | 做，用书 |
| | 两个铜板的等秤 | | | 做，用书 | 做，用书 |
| | 活的秤 | | 做，认字 | 做，用书 | 做，用书 |
| | 小磅秤 | | | | 做，用书 |
| | 弹力秤 | | | 做，用书 | 做，用书 |
| 水的科学把戏（上） | 水有力气么 | 做 | 做，认字 | 做，用书 | 做，用书 |
| | 水的习惯 | 做 | 做，认字 | 做，用书 | 做，用书 |
| | 小小的自来水 | 做 | 做，认字 | 做，用书 | 做，用书 |
| | 一个小滤水器 | 做 | 做，认字 | 做，用书 | 做，用书 |
| | 阿基米得的故事 | | | 做，用书 | 做，用书 |
| | 木头浮和石子沉的道理 | | | 做，用书 | 做，用书 |
| | 水向上流 | 做 | 做，认字 | 做，用书 | 做，用书 |
| | 水变气 | 做 | 做，认字 | 做，用书 | 做，用书 |
| | 纸锅烧水 | 做 | 做，认字 | 做，用书 | 做，用书 |
| 水的科学把戏（下） | 蒸气炉 | 做 | 做，认字 | 做，用书 | 做，用书 |
| | 水泡 | 做 | 做，认字 | 做，用书 | 做，用书 |
| | 沸腾的水不会烧得更热 | | | 做，用书 | 做，用书 |
| | 水蒸气变水 | | 做 | 做，用书 | 做，用书 |
| | 水蒸气变云和雾 | 做 | 做，认字 | 做，用书 | 做，用书 |
| | 云变雨 | 做 | 做，认字 | 做，用书 | 做，用书 |
| | 水蒸气变霜和雪 | 做 | 做，认字 | 做，用书 | 做，用书 |
| | 水变冰 | 做 | 做，认字 | 做，用书 | 做，用书 |
| | 奇怪的冰 | 做 | 做，认字 | 做，用书 | 做，用书 |
| | 流水的把戏 | 做 | 做，认字 | 做，用书 | 做，用书 |

续表

| 书名 | 小标题 | 幼稚生 | 低年级 | 中年级 | 高年级 |
| --- | --- | --- | --- | --- | --- |
| 云雾观察记（上） | 大雷雨 | | | 用书 | 用书 |
| | 狂饮者 | | | 做，用书 | 做，用书 |
| | 云雾究竟是怎样来的呢 | | 观察，认字 | 观察，用书 | 观察，用书 |
| | 在雾中 | 观察 | 观察，认字 | 观察，用书 | 观察，用书 |
| | 雾和烟雾 | | 观察，认字 | 观察，用书 | 观察，用书 |
| | 高雾 | | 观察，认字 | 观察，用书 | 观察，用书 |
| | 积云 | | 观察，认字 | 观察，用书 | 观察，用书 |
| 云雾观察记（下） | 雨云 | | 观察，认字 | 观察，用书 | 观察，用书 |
| | 雷云 | | 观察，认字 | 观察，用书 | 观察，用书 |
| | 层积云 | | 观察，认字 | 观察，用书 | 观察，用书 |
| | 卷云 | | 观察，认字 | 观察，用书 | 观察，用书 |
| | 卷层云 | | 观察，认字 | 观察，用书 | 观察，用书 |
| | 卷积云 | | 观察，认字 | 观察，用书 | 观察，用书 |
| | 积卷云 | | 观察，认字 | 观察，用书 | 观察，用书 |
| | 层卷云 | | 观察，认字 | 观察，用书 | 观察，用书 |
| | 漏斗形的旋云 | | 观察，认字 | 观察，用书 | 观察，用书 |
| 雨虹 | 雨从何处来 | | 做 | 做，用书 | 做，用书 |
| | 雨是怎样来的 | | | 做，用书 | 做，用书 |
| | 雨的形状 | 观察 | 观察，认字 | 观察，用书 | 观察，用书 |
| | 暴雨和雷雨 | | 观察，认字 | 观察，用书 | 观察，用书 |
| | 喷水成虹 | 观察，做 | 做，认字 | 做，用书 | 做，用书 |
| | 预测天气法 | | | | 做，用书 |
| | 量雨器 | | | 做，用书 | 做，用书 |

续表

| 书名 | 小标题 | 幼稚生 | 低年级 | 中年级 | 高年级 |
| --- | --- | --- | --- | --- | --- |
| 霜雪 | 霜从何处来 | 观察 | 观察，认字 | 观察，用书 | 观察，用书 |
| | 霙 | | | 观察，用书 | 观察，用书 |
| | 雹和霰 | 观察 | 观察，认字 | 观察，用书 | 观察，用书 |
| | 雪 | 观察 | 观察，认字 | 观察，做，用书 | 观察，做，用书 |
| 风 | 风是什么 | 做 | 做，认字 | 做，用书 | 做，用书 |
| | 风从何方来吹向何方去 | 观察 | 观察，用书 | 观察，用书 | 观察，做 |
| | 风的大小 | | 观察 | 观察，用书 | 观察，用书 |
| | 海风陆风与山风 | | | 用书 | 用书 |
| | 节气风 | | | 用书 | 用书 |
| | 地球上的风带 | | | 用书 | 用书 |
| | 旋风与反旋风 | | | 做,观察,用书 | 做,观察,用书 |
| | 飓风 | | | 观察 | 观察，用书 |
| | 风的工作 | | | 用书 | 用书 |
| 电的把戏（一） | 电的现象 | | | 做，用书 | 做，用书 |
| | 电的特性 | | 做 | 做，用书 | 做，用书 |
| | 木髓球验电器的制造法 | | | 做，用书 | 做，用书 |
| | 神奇的蟹爪 | | | 做，用书 | 做，用书 |
| | 纸与桌之恋爱 | | | 做，用书 | 做，用书 |
| | 金箔验电器的制法 | | | 做，用书 | 做，用书 |
| | 锯糖生电 | | | 做，用书 | 做，用书 |
| | 拉琴生电 | | | 做，用书 | 做，用书 |
| | 使人发电 | | | 做，用书 | 做，用书 |

续表

| 书名 | 小标题 | 幼稚生 | 低年级 | 中年级 | 高年级 |
|---|---|---|---|---|---|
| 电的把戏（二） | 何以摩擦便生电 | | | 做，用书 | 做，用书 |
| | 传电的物质 | | 做 | 做，用书 | 做，用书 |
| | 不传电的物质 | | 做 | 做，用书 | 做，用书 |
| | 使猫发电 | | | 做，用书 | 做，用书 |
| | 电盆的制造和用法 | | | | 做，用书 |
| | 草做的鸟兽跳舞 | | | | 做，用书 |
| 电的把戏（三） | 怎样造来顿瓶 | | | | 做，用书 |
| | 怎样使来顿瓶蓄电 | | | 做 | 做，用书 |
| | 怎样使来顿瓶放电 | | | | 做，用书 |
| | 奇怪的自来火 | | | | 做，用书 |
| | 光怪陆离的火花 | | | | 做，用书 |
| | 自动的皮球 | | | | 做，用书 |
| | 云中的电——雷电 | | 观察 | 观察，用书 | 观察，用书 |
| 磁的把戏（上） | 白纸上生刺猬 | | 做 | 做，用书 | 做，用书 |
| | 磁针指示方向 | | 做 | 做，用书 | 做，用书 |
| | 磁针变成磁石 | | 做 | 做，用书 | 做，用书 |
| | 磁石的制法 | | | 做，用书 | 做，用书 |
| | 什么叫磁力线 | | | 做，用书 | 做，用书 |
| | 什么叫磁场 | | | 做，用书 | 做，用书 |
| 磁的把戏（中） | 电生磁 | | | 做，用书 | 做，用书 |
| | 用铁屑证明磁力线 | | | | 做，用书 |
| | 螺旋锥断定磁力线方向 | | | | 做，用书 |
| | 用手掌断定磁力线方向 | | | | 做，用书 |
| | 电磁石的制造法 | | | 做，用书 | 做，用书 |

续表

| 书名 | 小标题 | 幼稚生 | 低年级 | 中年级 | 高年级 |
|---|---|---|---|---|---|
| 磁的把戏（下） | 神奇的手指 | | | 做，用书 | 做，用书 |
| | 神奇的铅笔 | | | 做，用书 | 做，用书 |
| | 活卡片 | | | | 做，用书 |
| | 游泳大王 | | | | 做，用书 |
| 耍杠杆（上） | 杠杆是什么 | | 做，认字 | 做，用书 | 做，用书 |
| | 杠杆上的部分 | | | 做，用书 | 做，用书 |
| | 第一种杠杆 | | | 做，用书 | 做，用书 |
| 耍杠杆（下） | 第二种杠杆 | | | | 做，用书 |
| | 第三种杠杆 | | | | 做，用书 |
| | 杠杆的算式 | | | | 做，用书 |
| | 杠杆的用处 | | | | 观察，用书 |
| 玩滑车 | 滑车是什么 | | 观察，认字 | 观察，用书 | 观察，用书 |
| | 滑车杠杆的比较 | | | 观察，用书 | 观察，用书 |
| | 定滑车 | | | 做，用书 | 做，用书 |
| | 动滑车 | | | | 做，用书 |
| | 复滑车 | | | | 做，用书 |
| | 单线复滑车 | | | | 做，用书 |
| | 滑车的用途 | | | | 观察，用书 |
| 煤 | 煤对于我们的关系 | | | 观察，用书 | 观察，用书 |
| | 木炭是怎样成的 | | | 做，用书 | 做，用书 |
| | 煤是什么成的 | | | 用书 | 用书 |
| | 植物怎样变成煤 | | | 用书 | 用书 |
| | 煤的种类 | | | 观察，用书 | 观察，用书 |
| | 怎样发现煤 | | | 用书 | 用书 |

续表

| 书名 | 小标题 | 幼稚生 | 低年级 | 中年级 | 高年级 |
|---|---|---|---|---|---|
| 惯性的把戏 | 纸条抽铜板（一） | 做 | 做，认字 | 做，用书 | 做，用书 |
| | 纸条抽铜板（二） | 做 | 做，认字 | 做，用书 | 做，用书 |
| | 木板打木板（一） | 做 | 做，认字 | 做，用书 | 做，用书 |
| | 木板打木板（二） | | 做，认字 | 做，用书 | 做，用书 |
| | 木板打木板（三） | | 做，认字 | 做，用书 | 做，用书 |
| | 惯性实验器制造 | | | 做，用书 | 做，用书 |
| | 惯性实验器实验 | | 做，认字 | 做，用书 | 做，用书 |
| | 推球向前走 | 做 | 做，认字 | 做，用书 | 做，用书 |
| | 推粉笔向前走 | 做 | 做，认字 | 做，用书 | 做，用书 |
| | 陀螺旋转 | | 做，认字 | 做，用书 | 做，用书 |
| 儿童的木工具（上） | 装置锯子 | | | | 做，用书 |
| | 装置刨子 | | | | 做，用书 |
| | 装置木钻 | | | | 做，用书 |
| 儿童的木工具（下） | 装置斧头 | | | | 做，用书 |
| | 装置凿子 | | | | 做，用书 |
| | 修理锯子 | | | | 做，用书 |
| | 修理刨子 | | | | 做，用书 |
| | 修理凿子 | | | | 做，用书 |
| | 使用锯子 | | | 做，用书 | 做，用书 |
| | 使用刨子 | | | 做，用书 | 做，用书 |
| | 使用斧凿 | | | 做，用书 | 做，用书 |
| | 使用曲尺 | | 做，认字 | 做，用书 | 做，用书 |

续表

| 书名 | 小标题 | 幼稚生 | 低年级 | 中年级 | 高年级 |
| --- | --- | --- | --- | --- | --- |
| 苍蝇与瘟疫（上） | 苍蝇发源地参观记 | 观察 | 观察，认字 | 观察，用书 | 观察，用书 |
| | 苍蝇的四变（一） | | | 做，用书 | 做，用书 |
| | 苍蝇的四变（二） | | | 做，用书 | 做，用书 |
| | 苍蝇的四变（三） | | | 做，用书 | 做，用书 |
| | 苍蝇怎样传播瘟疫 | 观察 | 观察，认字 | 观察，用书 | 观察，用书 |
| 苍蝇与瘟疫（下） | 扑灭飞蝇 | 做 | 做，认字 | 做，用书 | 做，用书 |
| | 杀蛆和防止产卵 | | | 做，用书 | 做，用书 |
| | 助人杀苍蝇的动植物 | | | 用书 | 用书 |
| | 苍蝇的冬眠 | | | 做，用书 | 做，用书 |
| | 怎样制蝇拍 | | | 做，用书 | 做，用书 |
| 螳螂生活观察记 | 楔子 | 做 | 做，认字 | 做，用书 | 做，用书 |
| | (野外捕捉、观察螳螂) | | | | |
| | 螳螂的猎食 | 观察 | 观察，认字 | 观察，用书 | 观察，用书 |
| | 螳螂的结婚 | 观察 | 观察，认字 | 观察，用书 | 观察，用书 |
| | 螳螂的产卵 | 观察 | 观察，认字 | 观察，用书 | 观察，用书 |
| | 螳螂的孵化 | 观察 | 观察，认字 | 观察，用书 | 观察，用书 |
| 蚯蚓 | 全书 | | | 做，用书 | 做，用书 |
| | 追寻蚯蚓的巢穴 | 做 | 做，认字 | | |
| | 观察蚯蚓的形态 | 观察 | 观察，认字 | | |
| | 观察蚯蚓夜间出洞觅食 | 观察 | 观察，认字 | | |
| 养兔 | 怎样做兔笼 | | | | 做，用书 |
| | 饲养与观察 | 做 | 做，认字 | 做，用书 | 做，用书 |
| 水族箱养器 | 水族箱养器的设置 | | | 做，用书 | 做，用书 |
| | 水族箱养器的管理 | | 做，认字 | 做，用书 | 做，用书 |
| | 观察水里生物的生活 | 观察 | 观察，认字 | 观察，用书 | 观察，用书 |

续表

| 书名 | 小标题 | 幼稚生 | 低年级 | 中年级 | 高年级 |
| --- | --- | --- | --- | --- | --- |
| 鸟类迎宾馆 | 全书 | | | | 做，用书 |
| | 鸟的研究 | 观察 | 观察 | 观察 | 观察，用书 |
| 蔬菜一年种到头（上） | 种菜会议 | 做 | 做，认字 | 做，用书 | 做，用书 |
| | 开农具清单 | | | 做，用书 | 做，用书 |
| | 写种菜月令 | | | 做，用书 | 做，用书 |
| | 分组 | 做 | 做 | 做，用书 | 做，用书 |
| | 采办农具 | | | 做，用书 | 做，用书 |
| | 农具装柄 | | | 做 | 做 |
| | 割去细柴杂草 | | | 做 | 做 |
| | 垦辟荒地 | | | 做，用书 | 做，用书 |
| | 拾石块瓦片 | 做 | 做 | 做 | 做 |
| | 做苗床下种子 | | | 做，用书 | 做，用书 |
| | 管理整洁农具 | 做 | 做 | 做，用书 | 做，用书 |
| | 种菜施肥中耕管理 | 做 | 做，认字 | 做，用书 | 做，用书 |
| 蔬菜一年种到头（中） | 秋冬两季种的菜 | | 做，认字 | 做，用书 | 做，用书 |
| | 举行选拔 | 做 | 做，认字 | 做，用书 | 做，用书 |
| | 豆类用的肥料 | 做 | 做，认字 | 做，用书 | 做，用书 |
| | 霜降后做的收藏和管理 | | 做，认字 | 做，用书 | 做，用书 |
| | 春夏两季种的菜 | | 做，认字 | 做，用书 | 做，用书 |
| | 豆棚瓜架的做法 | | | 做，用书 | 做，用书 |
| | 南瓜架下做游戏 | 做 | 做，认字 | 做，用书 | 做，用书 |

续表

| 书名 | 小标题 | 幼稚生 | 低年级 | 中年级 | 高年级 |
| --- | --- | --- | --- | --- | --- |
| 蔬菜一年种到头（下） | 中耕 | | | 做，用书 | 做，用书 |
| | 除去菜的害虫 | 做 | 做，认字 | 做，用书 | 做，用书 |
| | 冷苗床育苗 | | | 做，用书 | 做，用书 |
| | 疏行与假植 | | | 做，用书 | 做，用书 |
| | 甘蓝的特别种法 | | 做，认字 | 做，用书 | 做，用书 |
| | 柏子菇桑菇的制造 | 做 | 做，认字 | 做，用书 | 做，用书 |
| | 蔬菜展览会 | 做 | 做，认字 | 做，用书 | 做，用书 |
| | 捐助救灾抗日 | 做 | 做，认字 | 做，用书 | 做，用书 |
| 种麦 | 整理园地 | | | 做，用书 | 做，用书 |
| | 拌麦种 | | | 做，用书 | 做，用书 |
| | 点播与条播 | | 做，认字 | 做，用书 | 做，用书 |
| | 中耕施肥 | | 做，认字 | 做，用书 | 做，用书 |
| | 点播黄豆 | | 做，认字 | 做，用书 | 做，用书 |
| | 麦穗的比较 | | 做，认字 | 做，用书 | 做，用书 |
| | 选种 | | | 做，用书 | 做，用书 |
| | 割麦 | | | 做，用书 | 做，用书 |
| 种稻（上） | 铲削田塍 | | | 做，用书 | 做，用书 |
| | 耕田与翻青 | | | | 做，用书 |
| | 耙田 | | | 做，用书 | 做，用书 |
| | 作旁塍 | | | 做，用书 | 做，用书 |
| | 耖田 | | | | 观察，用书 |
| | 做秧田版 | | | | 做，用书 |

续表

| 书名 | 小标题 | 幼稚生 | 低年级 | 中年级 | 高年级 |
| --- | --- | --- | --- | --- | --- |
| 种稻（下） | 选浸谷子 | | | 做，用书 | 做，用书 |
| | 下谷子 | | | | 做，用书 |
| | 管理秧水 | | | 做，用书 | 做，用书 |
| | 拣　稗 | | | | 做，用书 |
| | 露　秧 | | | 做，用书 | 做，用书 |
| | 上种粪 | | | | 做，用书 |
| | 插　秧 | | | 做，用书 | 做，用书 |
| | 实验播种秧苗 | 做 | 做，认字 | 做，用书 | 做，用书 |
| | 实验种稻 | 做 | 做，认字 | 做，用书 | 做，用书 |

**表二　儿童自然科学活动数目统计表**

| 书　　名 | 幼稚生活动数 | 低年生活动数 | 中年生活动数 | 高年生活动数 |
|---|---|---|---|---|
| 空气的科学把戏（一） | 5 | 9 | 10 | 10 |
| 空气的科学把戏（二） | 3 | 4 | 6 | 6 |
| 空气的科学把戏（三） | | | 1 | 4 |
| 空气的科学把戏（四） | | | | |
| 空气的科学把戏（五） | | | | |
| 儿童度量衡（上） | | 2 | 5 | 5 |
| 儿童度量衡（下） | | 1 | 4 | 5 |
| 电的把戏（一） | | 1 | 10 | 10 |
| 电的把戏（二） | | 2 | 4 | 6 |
| 电的把戏（三） | | 1 | 2 | 7 |
| 磁的把戏（上） | | 3 | 6 | 6 |
| 磁的把戏（中） | | | 2 | 5 |
| 磁的把戏（下） | | | 2 | 4 |
| 惯性把戏 | | | 10 | 10 |
| 儿童木工具（上） | | | | 3 |
| 儿童木工具（下） | | | 4 | 9 |
| 耍杠杆（上） | | | 3 | 3 |
| 耍杠杆（下） | | | | 3 |
| 玩滑车 | | | 4 | 7 |
| 煤 | | | 3 | 3 |
| 水的科学把戏（上） | 7 | 7 | 9 | 9 |
| 水的科学把戏（下） | 8 | 9 | 10 | 10 |
| 云雾观察记（上） | 1 | 5 | 6 | 6 |

续表

| 书　　名 | 幼稚生活动数 | 低年生活动数 | 中年生活动数 | 高年生活动数 |
|---|---|---|---|---|
| 云雾观察记（下） | | 9 | 9 | 9 |
| 雨虹 | 2 | 4 | 6 | 7 |
| 霜 | 3 | 3 | 4 | 4 |
| 风 | 2 | 3 | 8 | 8 |
| 苍蝇与瘟疫（上） | 2 | 2 | 3 | 3 |
| 苍蝇与瘟疫（下） | 1 | 1 | 5 | 5 |
| 螳螂生活观察记 | 5 | 5 | 5 | 5 |
| 蚯蚓 | 3 | 3 | 4 | 4 |
| 养兔 | 1 | 1 | 1 | 2 |
| 水族箱养器 | 1 | 2 | 3 | 3 |
| 鸟类迎宾馆 | 1 | 1 | 1 | 2 |
| 蔬菜一年种到头（上） | 5 | 5 | 12 | 12 |
| 蔬菜一年种到头（中） | 3 | 6 | 7 | 7 |
| 蔬菜一年种到头（下） | 4 | 5 | 8 | 8 |
| 种麦 | 1 | 4 | 8 | 8 |
| 种稻（上） | | | 4 | 7 |
| 种稻（下） | 2 | | 6 | 9 |
| 活动总数 | 60 | 98 | 195 | 234 |

**表三　自然科学每周考核表**

| 学生姓名 | | 完成本周自然科学工作名称 | | | | | | | | 自　年　月　日　至　月　日 | | | | | | | |
|---|---|---|---|---|---|---|---|---|---|---|---|---|---|---|---|---|---|
| | | 纸锅烧水 | 火碗收水 | 1… | 2… | 3… | 4… | 5… | 6… | 7… | 8… | 9… | 10… | 11… | 12… | 13… | 14… |
| 1.探真 | 月 | | | | | | | | | | | | | | | | |
| | 日 | | | | | | | | | | | | | | | | |
| 2.问真 | 月 | | | | | | | | | | | | | | | | |
| | 日 | | | | | | | | | | | | | | | | |
| 3.…… | 月 | | | | | | | | | | | | | | | | |
| | 日 | | | | | | | | | | | | | | | | |
| 4.…… | 月 | | | | | | | | | | | | | | | | |
| | 日 | | | | | | | | | | | | | | | | |

注（一）此表钉在实验室，由学生自填，教员考核。空格内填入实验完成之日月。此表由教师每周考核收集，等到一学期装订起来，即成为本学期自然科学成绩之登录簿。

注（二）每学期所作工作之产品，在可能范围内应陈列起来。较为复杂之作品如能将主要之过程，一并陈列起来，更可以互相观摩。

注（三）中年生、高年生为充分得益起见，使实验工作不受牵制，宜多备本丛书才敷应用。普通计算每四人宜有一部。

# 少爷门前*

（儿童剧）

**登场人物** （以出台先后为序）

少爷——纨袴子弟

书童

卖菜女

拾香烟头的孩子

小乞丐

小丫头

卖报童子

**布景** 一个富家的大门口

**时代** 现代的一个早晨约莫十时左右

**开幕**

少爷 肥肥的小白脸，凶来些，在门口踢小皮球。一个书童陪他玩着。球不见了。少爷从衣袋里拿出一包香烟，书童马上替他刮火柴。少爷喷出一口烟，说："去把小皮球找来!"说了，大抽而特抽。

书童 去找皮球，一会儿回来说：

"少爷！找不着!"

少爷 把香烟拿在左手，右手一举起来，就向书童敲了一个耳

* 本篇原载1934年3月1日《生活教育》第1卷第2期。

光，显出很不高兴的样子说：

“你这个蠢东西！只会吃饭。再去找！”

卖菜女　头扎布巾，手提菜篮。一面叫一面走来：

“卖菜！卖菜！妈妈舍不得吃，叫我拿来卖。菠菜、萝卜、小白菜，三个铜板一斤，便宜卖……啊！李公馆——在这里卖一会儿吧！……”少停又叫：“菠菜、萝卜、小白菜，三个铜板一斤，便宜卖，便宜卖！”

少爷　怒气冲冲的说：

“滚开些，这里不是小菜场！”

卖菜女　显出乞求的样子说：

“可怜哪！小本生意，求您让我在这里卖一会儿吧！”

少爷　把菜篮踢翻，说：

“滚！”菜篮内的青菜、萝卜一个一个的滚出来。

卖菜女　一面哭，一面把菜呀，萝卜呀，一个一个的拾起来。叹了一口气，走开了。

书童　很高兴的跑来，说：

“皮球找着了。少爷！”

少爷　把香烟头摔在地上，预备再去踢球。

拾香烟头的孩子　身穿破烂衣服，背着小篓快步走上来：

“走走走！我的名字叫小牛。到处要找香烟头。（地上一望，在少爷面前，拾了一个，拿起来，立刻把香烟头放在鼻子上一嗅，快活的接着唱。）香烟头！香烟头！如果没有你，怎么能糊口？”

少爷　很小气的，说：

“混蛋！我的香烟头，你敢拿？滚！”（说时顺手就敲了他一下）。

少爷一面望着拾香烟头的孩子，一面又从衣袋里摸出一个蜜橘来，剥着往嘴里送。拾香烟头的孩子望望少爷，只好把已经拾着的香烟头丢下来，愤愤的走回去。少爷也气哼哼的把橘子皮往地上用力一摔，将要去踢球。

小乞丐　走过来：

“老爷！太太！可怜我这苦孩子，快饿坏。……好少爷，好少爷，给我点东西吃吃吧！我饿了一天一夜。”

(看见地上有橘子皮，拾起来就啃。)

少爷　显出很不耐烦的样子，说：

“脏东西！滚开！”

小丫头很活泼的跑出来：

“少爷！太太叫你去吃点心呀！快来，快来！”

少爷　和书童就一起回家去，乞丐跟着去。少爷回头望见乞丐跟他来了，就转身踢他一脚，乞丐倒下。少爷哼了一声进门去了。

小乞丐　痛极。两手扪着肚子：

“救命啊！”

拾香烟头的孩子　急上：

“什么事？什么事？”

小乞丐：“李公馆的少爷，快把我踢死了！”

拾香烟头的孩子：“什么？……小畜生这样凶！”

卖菜女　奔来：

“什么事？什么事？”

小乞丐：“李公馆里的小少爷，差不多把我踢死了。”

卖菜女　抱不平的表情：

“没良心的小畜生！”

正在拾香烟头的孩子给小乞丐揉肚皮，卖菜女将要扶他起来的时候，卖报童子左臂下挟有几十份的报纸，右手拿着一份，一路走着，一路叫着，上场。

卖报童子：“《申报》《新闻报》，刮刮叫。呸！嘴都喊干了，没人要。……”(看见小乞丐在哭。拾香烟头的孩子替他揉肚子。)“这是怎么一回事！……谁打你呀？”

小乞丐　一面哭一面说：

“李公馆里的少爷……”

卖菜女：“那个没良心的顶坏！也把我一篮子的青菜、萝卜，都打翻了，害得我拾了半天!”

拾香烟头的孩子：“那个小畜生也敲了我一下。”

大家一面讲一面安慰小乞丐。有的替他揉肚子，有的替他除去身上的泥土……只有卖报童子站在那儿转念头。

卖报童子：“我们这些穷孩子老是被人家欺负，岂有此理。……要想不给人家欺负（右手举起，伸出三个手指高声的说），只有三个法子。”

小乞丐：“什么法子呢？”（大家都望着卖报童子，显出惊异的样子。）

卖报童子：“第一个法子要做工。靠着自己的劳动换饭吃。从此你要做一个小工人，不要向人家讨饭。”

小乞丐　“好！我跟你去学卖报，好不好？”

卖报童子　和小乞丐拉拉手：“好极了。我一定帮你想法子。”

卖菜女　怀疑：

“我和妈妈靠种菜过活，总不能说不是拿自己的血汗去换饭吃吧。怎么也要受人欺负呢？”

卖报童子：“因为还缺少两样呀！一样是求学，一样是团结。”

拾香烟头的孩子：“饭都没得吃，还要进什么学堂去读书，怎么能行呢？”

卖报童子：“怎么不行？……吃饭不忘求学。求学不限定要进学堂，也不限定是读死书。处处是学校，事事是活书，人人是先生。你们每天费个把钟头，我来帮你们的忙，好不好？”

大家　很高兴的：“好，好，好。”（拍手）

卖报童子　继续的说：

“做工，求学，还不够；我们还得团结。大家联合起来对付我们的敌人。谁欺负我们当中一个，就是欺负我们全体。那么就要用全体的力量和他奋斗。比方再要有人踢翻他的菜篮，我们大家都要拿起我们的拳头去解决他。”

少爷　拿着球，书童跟他一道从左边上来，少爷说：“哗啦哗啦的在这里干什么？讨厌！走！”

大家　一齐向前：“不走!”

少爷　大声：“滚!”

大家　又向前一步：“你滚!”

少爷　拿起拳头想打……

大家　拿起右拳，一齐作将要猛攻势，眼睛瞪着少爷，渐渐地逼近他。少爷有点怕了，面孔有点发白，身体手脚吓得发抖。在他转身想要逃走的时候，闭幕。

# 附：

## 编辑出版小工人丛书契约

立契约 商务印书馆（以下简称甲方）<br>陶知行君（以下简称乙方） 兹经双方同意，由甲方特约乙方编辑小工人丛书，议定条件如下（原为“左”）：

一、小工人丛书全部一百册，由乙方担任编辑，自订立本契约之日起，于一年内将全稿陆续交齐。

二、丛书内所有插图均由乙方绘成可以直接付印之图稿。

三、乙方交到之稿，甲方如认为有修改必要时，得商请乙方修改之。

四、乙方每次交到之稿，甲方应于两个月内出版。但同时交稿在十种以上者，得酌量展长出版之期限。

五、丛书由甲方出版后，按照发售部数之定价百分之七计算版税报酬。乙方如遇须发售预约特价、减价，则按照预约特价、减价百分之七计算版税。普通门市发售之折扣不作减价论。又特价时，如普通门市十足发售者，即照特价计算。如普通门市有折扣者，即按特价与普通门市折扣比例计算。如普通门市八折，特价为六折，则比例按定价七五折计算版税。

六、乙方每次交稿时，由甲方按交稿之数学□□先行垫付版税贰元交与乙方。

此项垫付之版税即就以后乙方应得该丛书版税尽先扣还。

七、乙方每次交稿后，双方另定出版权授与契约，其契约条文依照甲方印成之契约办理。

八、本契约一式两纸，双方各执一纸为凭。

立契约 商务印书馆 王云五
陶 知 行

中华民国二十二年七月十五日

# 附　录

（歌　曲）

## 编 者 按

这里收入陶行知作词的歌曲41首。一首诗词有几种曲谱者只收一种。

# 锄头舞歌

南京山歌调

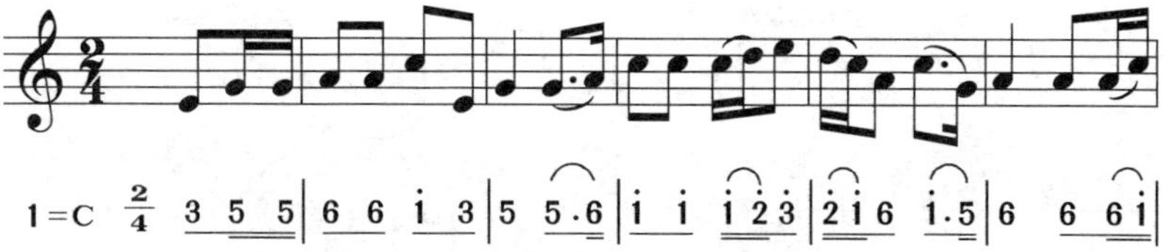

1．手把个锄头锄野草呀；锄去野草好长苗呀。哝呀

2．五千年古国要出头呀；锄头底下有自由呀！哝呀

3．天生了孙公做救星呀；唤醒锄头来革命呀。哝呀

4．革命的成功靠锄头呀；锄头锄头要奋斗呀！哝呀

5．光棍的锄头不中用呀；联合机器来革命呀。哝呀

嗨，呀嗬嗨，锄去野草好长苗呀。呀嗬嗨，哝呀嗨。

嗨，呀嗬嗨，锄头底下有自由呀！呀嗬嗨，哝呀嗨。

嗨，呀嗬嗨，唤醒锄头来革命呀。呀嗬嗨，哝呀嗨。

嗨，呀嗬嗨，锄头锄头要奋斗呀！呀嗬嗨，哝呀嗨。

嗨，呀嗬嗨，联合机器来革命呀。呀嗬嗨，哝呀嗨。

# 镰刀舞歌

南京山歌调

1=F 2/4
1. 太阳起山墩墩，呀嗬嗨镰刀雪亮嗬嗬。
2. 太阳当顶墩墩，呀嗬嗨砍啊砍啊嗬嗬。
3. 太阳偏西墩墩，呀嗬嗨砍啊砍啊嗬嗬。
4. 太阳下山墩墩，呀嗬嗨砍干净了嗬嗬。

遇着草儿割梅绮紫梭，捆去好烧锅，见得婆婆嗬嗬。
大嫂子听啊听梅绮紫梭，好花儿砍掉，没有戴了嗬嗬。
大嫂子看啊看梅绮紫梭，树苗若不留，秋山秃头嗬嗬。
春风吹又生梅绮紫梭，留下种子多，刀儿刀儿嗬嗬。

# 自立立人歌

赵元任　曲

1=♭E 2/4
1. 滴自己的 汗， 吃自己的 饭， 自己的 事
2. 滴自己的 汗， 吃自己的 饭， 别人的 事
3. 滴自己的 汗， 吃自己的 饭， 大众的 事
4. 大众流了 汗， 大众得吃 饭， 大家的 事
自 己 干， 自己的 事 自 己 干， 靠 人，
我 帮忙 干， 别人的 事 我 帮忙 干， 不 救
不 肯 干， 大众的 事 不 肯 干， 架 子
大 家 干， 大家的 事 大 家 干， 若 想
靠 天， 靠 祖 上， 不 算 是 好 汉！
苦 来 不 救 难， 可 算 是 好 汉？
摆 成 老 爷 样， 可 算 是 好 汉？
一 个 人 包 办， 不 算 是 好 汉！

# 村魂歌

赵元任 曲

1=D 4/4
男学生，女学生结了婚
月亮圆，蜜样甜手拉手
女工人，男学生结了婚
做先生。哪儿做先生？东村或西
脸亲脸。一对新夫妇，双双走向
来斗争。哪儿去斗争？都市或乡

3 - - 0 | 2 2 3 2 3 | 5 - - 0 | 5 6 i 5 6 5 3 |
村，同去改旧村，同去造新
前，要劳苦的蜜甜，要离散的团
村，结婚革了命，不再为儿
2 - - 0 | 1 3 5 - | i 6 5 - | 5 6 . 3 2 |
村。旧村魂，新村魂，一对夫妻
圆。要反帝，反封建，革命恋爱
孙。为大众，求生存，联合起来
1 2 . 3 - | 6 1 . 2 1 3 | 2 5 3 1 - ‖
一个魂。一对夫妻一个魂。
打一片。革命恋爱打一片。
誓不分。联合起来誓不分。

# 黄花歌

赵元任 曲

1=C $\frac{4}{4}$ 1 1 1 - | 1 1 1 - | 1 1 1 3 | 2 3 1 - |

黄花黄， 黄花黄， 黄花黄时 万花藏，

3 4 5 - | 3 2 1 - | （1 1 3 · $\underline{2}$ | 1 $\underset{\cdot}{7}$ 1 - ） |

万花藏 黄花黄。

1 1 1 - | 3 2 1 - | 1 $\underset{\cdot}{7}$ 1 2 | 3 4 5 - |

黄花黄， 黄花黄， 黄花黄时 清朝亡，

清朝亡，黄花黄。
黄花黄，黄花黄，黄花黄时民为王。
民为王，黄花黄。
黄花黄黄花黄，黄花黄时种麦忙。
种麦忙，黄花黄。

# 农人破产之过程

南京山歌调

1=F 2/4　2 2 3 5 3 2 | 1 2 | 2 · 3 5 |

(第一年)太阳下山墩墩，呀嗬嘿
(第二年)太阳下山墩墩，呀嗬嘿
(第三年)太阳下山墩墩，呀嗬嘿
(第四年)太阳下山墩墩，呀嗬嘿
(第五年)太阳下山墩墩，呀嗬嘿

5 2 2 3 5 3 2 | 1 1 | 3 3 2 1 | 6 6 1 6 5 |

过不了年儿嗬嗬。债主追来了梅绮紫梭
过不了年儿嗬嗬。债主追来了梅绮紫梭
过不了年儿嗬嗬。债主追来了梅绮紫梭
过不了年儿嗬嗬。债主追来了梅绮紫梭
过不了年儿嗬嗬。债主追来了梅绮紫梭

6 6 6 1 2 | 1 6 2 1 6 | 5 5 0 ‖

翻下脸儿索，难为情啊嗬嗬。
牵去牛大哥，舍不得啊嗬嗬。
把我田地夺，如何得了嗬嗬。
强把棉袄剥，冷得抖啊嗬嗬。
逼我卖老婆，天啊天啊嗬嗬。

# 凤阳花鼓调

凤阳民歌调

1=D $\frac{4}{4}$ 3 5 6 1̇ 5 0 | 3 5 6 1̇ 5 0 | 5 5 1̇ 6 5 |

1. 你 打 锣， 我 打 鼓， 打锣 打鼓
2. 说 凤 阳， 道 凤 阳， 凤阳 本是个
3. 我的命 苦， 真 命 苦， 一生 一世
4. 我的命 薄， 真 命 薄， 一生 一世
5. 我 可 怜， 真 可 怜， 我的 心中
6. 没 奈 何， 没 奈 何， 一生 一世
7. 好 哥 哥， 你 回头 啵， 自家 吵嘴
8. 好 妹 妹， 你 说的 对， 抽烟 赌博
9. 好 哥 哥， 回 家 啵， 你卖掉阿英
10. 好 妹 妹， 说 的 对， 逼我卖儿女

2 5 5 3 2 1 – | 1 1 6̣ 5 5 | 2 2 2 3 5 – |

听我们来唱歌。别的 歌 儿 我们不会唱，
好 地 方。帝国 主 义 跑 进 来，
嫁不着好丈夫。人家的丈 夫 苦吃又苦做，
讨不着好老婆。人家的老 婆 识字又读书，
好比 滚油煎。人家的丈 夫 织布又种田，
讨不着好老婆。人家的老 婆 绣花又绣朵，
有什么意思啊。只要你不抽大烟不 赌 博，
都是 我的错。从今 戒 了去醒了不再睡，
遇着 老虎婆。我一想 到 她 心里很难过，
贪官 是有罪。若追根，帝国主义也是罪 魁，

5 5 1̇ 6 5 | 2 5 3 2 1 – | 5 5 3 2 1 · 3 |

单唱 一支 凤 阳 歌。凤是凤阳歌 啊
十年 倒有 九 年 荒。九是九年荒 啊
我家的丈夫 偏偏死要赌。赌是死要赌 啊
我家的老婆 是个小脚婆。是个小脚婆 啊
我家的丈夫 只会抽大烟。只会抽大烟 啊
我家的老婆 开口就骂我。开口就骂我 啊
我们 两个子一定能合作。一定能合作 啊
和气儿一团 特别有滋味。特别有滋味 啊
少吃一口饭 弄他回来啊。要弄回 来 啊
打鼓 回家呀，把公敌打退。把公敌打退 啊

2 1 6 1 - | 5 5 3 2 1 6 1 | 5 5 3 2 1 6 1 |

喉　呀嗨。　得儿郎当飘一飘　得儿郎当飘一飘
喉　呀嗨。　得儿郎当飘一飘　得儿郎当飘一飘
喉　呀嗨。　得儿郎当飘一飘　得儿郎当飘一飘
喉　呀嗨。　得儿郎当飘一飘　得儿郎当飘一飘
喉　呀嗨。　得儿郎当飘一飘　得儿郎当飘一飘
喉　呀嗨。　得儿郎当飘一飘　得儿郎当飘一飘
喉　呀嗨。　得儿郎当飘一飘　得儿郎当飘一飘
喉　呀嗨。　得儿郎当飘一飘　得儿郎当飘一飘
喉　呀嗨。　得儿郎当飘一飘　得儿郎当飘一飘
喉　呀嗨。　得儿郎当飘一飘　得儿郎当飘一飘

5 5 3 2 1 2 3 5 | 2 1 6 1 - ‖

得儿郎当飘飘一飘　又一飘
得儿郎当飘飘一飘　又一飘
得儿郎当飘飘一飘　又一飘
得儿郎当飘飘一飘　又一飘
得儿郎当飘飘一飘　又一飘
得儿郎当飘飘一飘　又一飘
得儿郎当飘飘一飘　又一飘
得儿郎当飘飘一飘　又一飘
得儿郎当飘飘一飘　又一飘
得儿郎当飘飘一飘　又一飘

# 农夫歌

北方民歌调

1=C 4/4 5·3 2 3 5 6 1 - | i·6 5 3 6 5 - | 5·3 2 3 5 5 i i 6 5 |
穿的树皮衣，吃的草根面，背上背着没卖掉的孩儿，
1·2 5 3 2 4 3 - | 2 3 5 3 2 1 - | 2 3 2 1 6 5 - |
饿煞喊爹爹。牵着牛大哥，去耕别人田，
1·2 3 2 3 5 3 | 6 5 6 1·2 3 | 5 3 2 3 2 1 6 i |
太阳晒在赤膊，心里如滚油煎。九折三分，驮利纳粮
5 - 6 5 6 7 6 | 5 5·i 6 5 | 4 3 5 3 2 2 |
钱，良民变成匪，问在何处伸冤?人面蝗虫
5 6 5 0 i 6 i 0 | 2 3 2 i 6 5 6 7 6 | 5 - - 0 ||
飞满天，飞满天，无有农夫谁能活天地间！

# 问

何明斋 曲

1=C 3/4 5 | 6 5 4 | 3 - 3 | 2 1 7̣ | 1 - 3 |
发明千千万，起点是一问。禽
4 3 6 | 5 - 5 | 4 3 2 | 3 - 5 |
兽不如人，差在不会问。智
6 5 4 | 3 - 5 | 2 1 7̣ | 1 - 3 |
者问得巧，愚者问得笨。人
4 3 6 | 5 - 5 | 4 2 3 | 1 - ‖
定胜天工，只在每事问。

# 儿童工歌

赵元任　曲

有劲地 ♩=84
1=A 2/4
我是小盘古，我不怕吃苦，
我要开辟新天地 看我手中斧。
我是小牛顿，让人说我笨，我
要用我的头脑，向大自然追问。

mf
我是小孙文，我有革命精神，我要打倒帝国
主义，象个球儿打滚。我是小农人，我
p
渐慢
靠种田生存，光棍锄头没有用，要与机器联
还原
盟。我是小工人，我双手有万能，我
渐慢
还原
要造富的社会，不造富的个人。

# 春天不是读书天

赵元任　曲

快乐地

春天不是读书天：舞雩风前，恍若神仙。
春天不是读书天：攀上山巅，如登九天。
春天不是读书天：放牛塘边，赤脚种田。
春天不是读书天：工罢游园，苦中有甜。
春天不是读书天：之乎者焉，太讨人嫌！
春天不是读书天：书里流连，非呆即癫。
春天！春天！春天！什么天？不是读书天！

# 手脑相长歌

贺绿汀 曲

1=C 4/4
人生两个宝，双手与大脑。用脑不用手，
快要被打倒。用手不用脑，饭也吃不饱。
手脑都会用，才算是开天辟地的大好佬。

# 小孩不小歌

赵元任　曲

天真地 ♩=92

# 自动学校小影

赵元任　曲

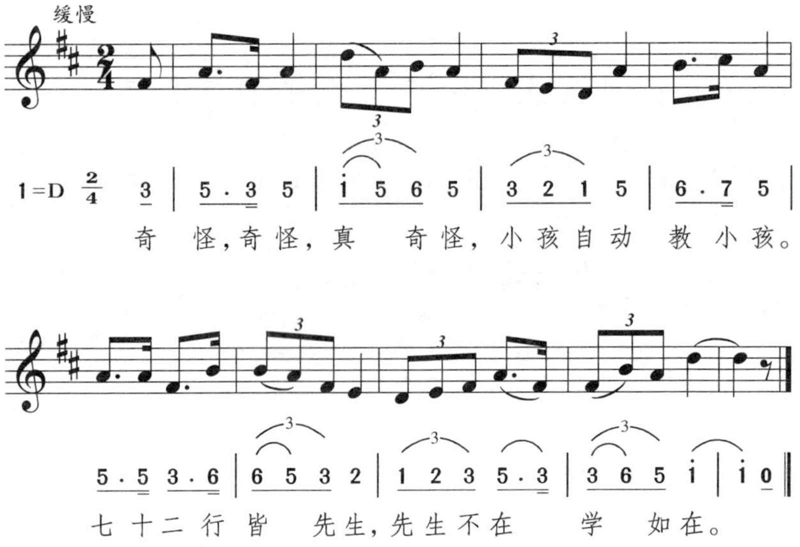

# 奶妈的婆婆之悲歌

赵元任　曲

# 儿童节歌

活泼地 ♩=56

赵元任　曲

2. 隆咚隆咚一隆咚，今天过节热烘烘。儿童不再读死书，手脑双挥来做工。
4. 隆咚隆咚一隆咚，今天过节热烘烘。拿起锄头与斧头，造个世界大不同。
6. 隆咚隆咚一隆咚，今天过节热烘烘。儿童园里无老翁，老翁个个变儿童。
7. 隆咚隆咚一隆咚，今天过节热烘烘。谁要欺负弱与小，总动员向他进攻。隆咚。
ff

# 小先生歌

赵元任　曲

mp
1＝♭B 3/8
1. 我是小学生，变作小先生，粉碎那知识私有，要把时代儿划分。我是小先生，教书不害耕，您没有工夫来学，我教您在牛背上哼。
2. 我是小学生，看见鸟笼头昏，爱把那小鸟放出，飞向森林投奔。我是小先生，这样指导学生：学会了赶快去教人，教了又来做

mf
学生 我是小先生，热心好比火山
我是小先生，爱与病魔斗
喷，生来就不怕碰钉子，碰了
争，肃清苍蝇与疟蚊，好教
mp
一根化一根。我是小先生，
人间不发瘟。
填平害人坑，把帝国主义推倒，
转1=G
活捉妖怪一口吞。我是小先生，
要与众人谋生，上天无路造条
路。入地无门开扇门。

# 一分钟歌谣演讲

苏克曲

1=C 4/4
1. 不做工，要吃饭；什么人？
什么人？
1=C 4/4
1. 不做工，
3. 读了书，
1=C 4/4
2. 要吃饭不读书；什么人？
什么人？
1=C 4/4
2. 要吃饭，
4. 教死书，

王 八 蛋。 要 吃 饭， 不 读 书；
木 头 人。 教 死 书， 不 反 帝；
要 吃 饭； 什 么 人？ 王 八 蛋。
不 教 人； 什 么 人？ 木 头 人。
老 母 猪。 3.读 了 书， 不 教 人；
狗 放 屁。 1.不 做 工， 要 吃 饭；
不 读 书； 什 么 人？ 老 母 猪。
不 反 帝； 什 么 人？ 狗 放 屁。

什么人？老母猪。3.读了书，不教人；
什么人？狗放屁。
2.要吃饭，不读书；什么人？老母猪。
4.教死书，不反帝；
什么人？木头人。4.教死书，不反帝；
什么人？王八蛋。
3.读了书，不教人；什么人？木头人。
1.不做工，要吃饭；

2.尾声
渐慢
5.死 教 书， 不民主； 什么 人？ 小老鼠。
2.尾声
渐慢
什 么人？ 放狗屁。 什么 人？ 小老鼠。
2.尾声
渐慢
5.死 教 书， 不民主； 什么 人？ 小老鼠。
2.尾声
渐慢
什 么 人？ 王八蛋。 什么 人？ 小老鼠。

# 广明小学校歌

赵元任 曲

快
1=G 2/4
1.广明！广明！好鸟枝头唱天晴。大家来做小太阳，放出一线小光明，照着广大的群众，向前进行。3.广明！
2.广明！广明！河底朝天望天阴。大家来做小雨点，半天落下成甘霖，洒在广大的地上，万象清明。
广明！不管天晴与天阴。拿起头脑

和 双 手， 干 它 几 个 小 发 明， 攻 进 广
大 的 自 然， 毫 不 调 停。 4.广 明！
广 明！ 天 阴 过 了 又 天 晴。
帝 国 主 义 倒 不 倒？ 联 合 起 来 自 分 明。收 回
广 大 的 东 北 万 众 齐 心。

# 儿童年献歌之一

吕骥 曲

小快板

1=G $\frac{2}{4}$ 5·6 5 1 3 - | 4·3 2 3 2 - | 5·6 5 1 3 - |

1.大家来贺年！ 大家来贺年！ 贺的什么年？
2.大家来贺年！ 大家来贺年！ 贺的什么年？
3.大家来贺年！ 大家来贺年！ 贺的什么年？
4.大家来贺年！ 大家来贺年！ 贺的什么年？
5.大家来贺年！ 大家来贺年！ 贺的什么年？
6.大家来贺年！ 大家来贺年！ 贺的什么年？
7.大家来贺年！ 大家来贺年！ 贺的什么年？

4·3 2 3 1 - | 5 6 5 6 3·4 5 | 5 6 5 6 5·1 |

贺的儿童年。 儿童年里小主人，东升好比日初
贺的儿童年。 儿童年里小工人，手脑双挥征自
贺的儿童年。 儿童年里小学生，抓住书本种田
贺的儿童年。 儿童年里小先生，教人前进不要
贺的儿童年。 儿童年里小团丁，反帝不与共青
贺的儿童年。 儿童年里无老翁，老翁个个变少
贺的儿童年。 年年愿为儿童年，天天愿为儿童

3 · 0 4 3 2 | 4 3 2 5 3 2 | 1 - - 0 |

现。 日 初 现， 人 人 得 见 光 明 天。
然。 征 自 然， 看 他 辟 地 又 开 天。
园。 种 田 园， 叫 人 有 吃 又 有 穿。
钱。 不 要 钱， 守 知 奴 化 了 云 烟。
天。 共 青 天， 千 千 万 万 小 拳 头。
年。 变 少 年， 中 华 民 族 万 万 年。
天。 儿 童 天， 从 此 同 开 新 纪 元。

5 · 6 5 · 6 3 4 5 | 0 6 5 · 1 3 | 0 5 6 · 2 1 - ‖

光 明 天 下 来 贺 年。 贺 什 么 年？ 贺 儿 童 年。
开 天 辟 地 来 贺 年。 贺 什 么 年？ 贺 儿 童 年。
有 吃 有 穿 来 贺 年。 贺 什 么 年？ 贺 儿 童 年。
化 了 云 烟 来 贺 年。 贺 什 么 年？ 贺 儿 童 年。
打 倒 公 敌 再 贺 年。 贺 什 么 年？ 贺 儿 童 年。
万 万 年 中 都 贺 年。 贺 什 么 年？ 贺 儿 童 年。
开 新 纪 元 来 贺 年。 贺 什 么 年？ 贺 儿 童 年。

# 儿童年献歌之二

吕骥 曲

1.隆咚一隆咚 今年属 儿 童!
2.隆咚一隆咚 今年属 儿 童!
3.隆咚一隆咚 今年属 儿 童!
4.隆咚一隆咚 今年属 儿 童!
5.隆咚一隆咚 今年属 儿 童!
6.隆咚一隆咚 今年属 儿 童!
7.隆咚一隆咚 今年属 儿 童!
8.隆咚一隆咚 今年属 儿 童!
9.隆咚一隆咚 今年属 儿 童!
10.隆咚一隆咚 今年属 儿 童!

X) 6 5 6 | 1 1 6 1 | 2 3 3 2 | 5 5·6 | 5 3 2·3 |

不要你哄，不要你捧，只要你懂，懂得我们还是
不要你哄，不要你捧，只要你懂，懂得我们不做
不要你哄，不要你捧，只要你懂，懂得我们不做
不要你哄，不要你捧，只要你懂，懂得我们不做
不要你哄，不要你捧，只要你懂，懂得我们不享
不要你哄，不要你捧，只要你懂，懂得我们爱拆
不要你哄，不要你捧，只要你懂，懂得穷孩肚子
不要你哄，不要你捧，只要你懂，懂得教师应敬
不要你哄，不要你捧，只要你懂，懂得我们普教
不要你哄，不要你捧，只要你懂，懂得帝国主义

1 2 | 3 0 | 5·5 6 5 | 3 2 | 1 – ‖

小儿童，不要教成小老翁！
小古董，给人玩耍暂不容！
小笼统，千问万问要问懂！
蛀书虫，求学只是为大众！
现成福，手脑双挥要劳动！
自鸣钟，拆得散来凑得拢！
快饿通，饿死穷孩太不公！
小朋友，不再打人摆威风！
小先锋，即知即传向前冲！
该打倒，联合小拳总进攻！

# 工人歌

上海码头工人曲

1=A $\frac{4}{4}$ 5 5 5 5 3 5 1 5 0 | 5 5 5 5 3 5 1 5 0 |

1.工人们来团结，团结，工人们来团结，团结，

2.工人们来生产，生产，工人们来生产，生产，

3.工人们来奋斗，奋斗，工人们来奋斗，奋斗，

4.工人们来创造，创造，工人们来创造，创造，

2 2 2 1 6 5 6 | 1 - 1 1 | 2 1 6 2 1 6 5 5 1 | 654 5 - 0 ‖

我，我，我们来团结，我，我，我们来，我们来，我，我们来团结。

我，我，我们来生产，我，我，我们来，我们来，我，我们来生产。

我，我，我们来奋斗，我，我，我们来，我们来，我，我们来奋斗。

我，我，我们来创造，我，我，我们来，我们来，我，我们来创造。

# 妇女大众战歌

吕骥 曲

快、决断

1=D $\frac{2}{4}$ 5 . 5 | 3 - | 3 1 . 1 | 6 - | 5 1 . 1 |

走出闺房，跑出厨房，捣毁

走出闺房，跑出厨房，挺起

i i 7 | 6 5 . 6 | 4 . 5 | 3 5 . 5 | 3 . 3 |

脚镣，手铐的旧礼教，打倒封建

胸膛，紧拿着我们所有的

2 5 | 0 2 . 2 | 3 5 | i 3 . 3 | 2 - | 1 ‖

魔障，拿出我们自己的主张！

刀枪，冲向民族自救的战场！

# 新安旅行团团歌

田 汉 陶行知 词
张 曙 曲

注：第一段歌词系田汉所作。

中国来改造，来改造！
世界来改造，来改造！
同学们别忘了，我们的口
同学们别忘了，我们的口
号：生活即教育，社会即
号：生活即教育，社会即
学校，我们的家破产了，我们的国
学校，弱小民族不得了，劳苦大众
遇了盗。听啊！到处是敌人的飞机和大
吃不饱。看吧！到处是敌人的枷镣锁
炮。同胞们，别睡觉，把一切民族
梏。兄弟们，别睡觉，把一切人类

敌人都打倒，都打倒！
敌人都打倒，都打倒！
同学们别忘了，我们的口
同学们别忘了，我们的口
号：生活即教育，社会即
号：生活即教育，社会即
学校。不怕他水深，不怕他山高，向民众
学校。不怕他飞机，不怕他枪炮，向人类
报告，代民众喊叫。我们是民众的
奔跑，使人类和好。我们是人类的
小向导，小向导！
小宝宝，小宝宝！

# 中华儿童教育社社歌

陶行知　吴研因词

赵　元　任曲

注:词为陶行知与吴研因合作

小孩，你先必得解放你的小孩。来，来，来，来到
小孩的队伍里，来相信你的小孩！你
如果要教导你的小孩，你先必得相信你的
小孩。来，来，来，来到小孩的队伍里，来
变成一个小孩，你如果要教导你的
小孩，先得自己也变成一个小孩。

# 想一想

陈贻鑫　曲

中速
mf
1＝G 2/4
1.几个人撑舵，几个人摇桨，
2.几个人撑舵，几个人摇桨，
有祸别人当，有福自己享。
有祸别人当，有福自己享。
f
这个骂得毒，那个骂得响。
你踢他一脚，他给你一掌。

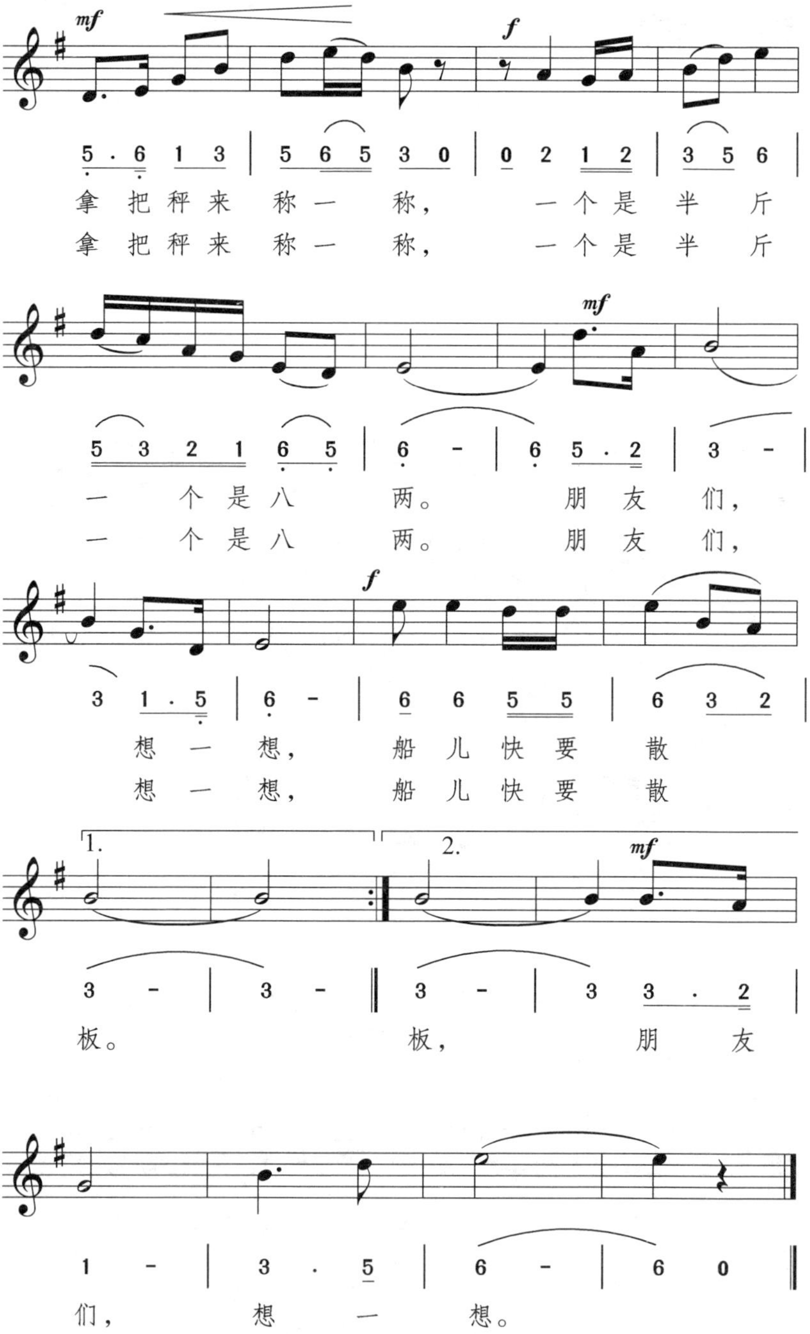
拿把秤来称一称，一个是半斤
拿把秤来称一称，一个是半斤
一个是八两。朋友们，
一个是八两。朋友们，
想一想，船儿快要散
想一想，船儿快要散
板。
板，朋友
们，想一想。

# 一个地方印刷工人的生活

冼星海　曲

## 一　个人生活

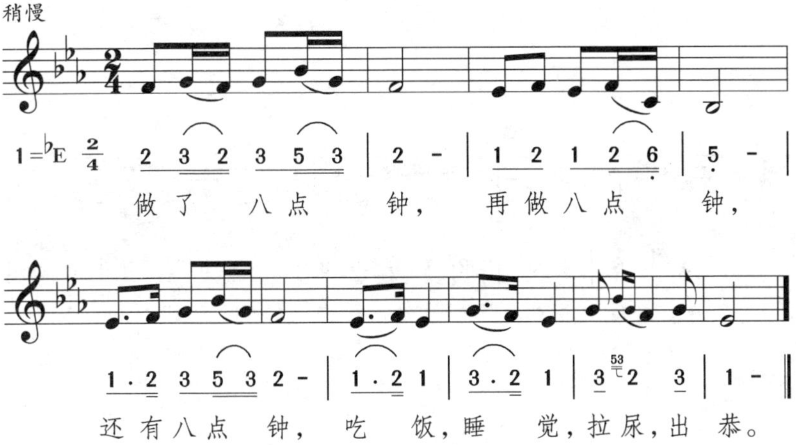


## 二　家庭生活

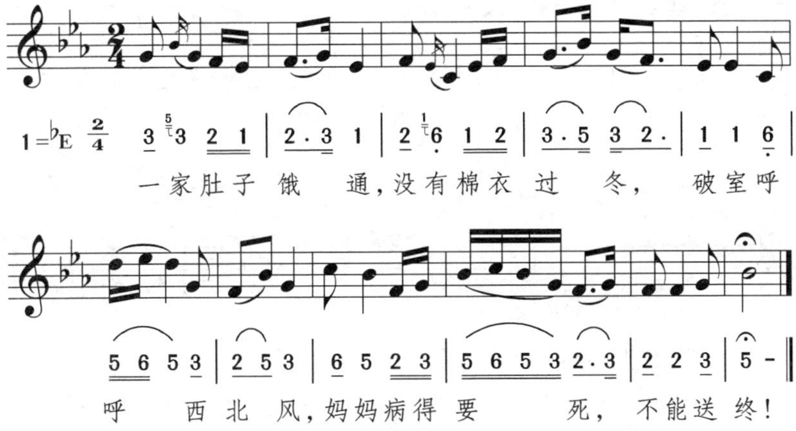

## 三 精神刺激

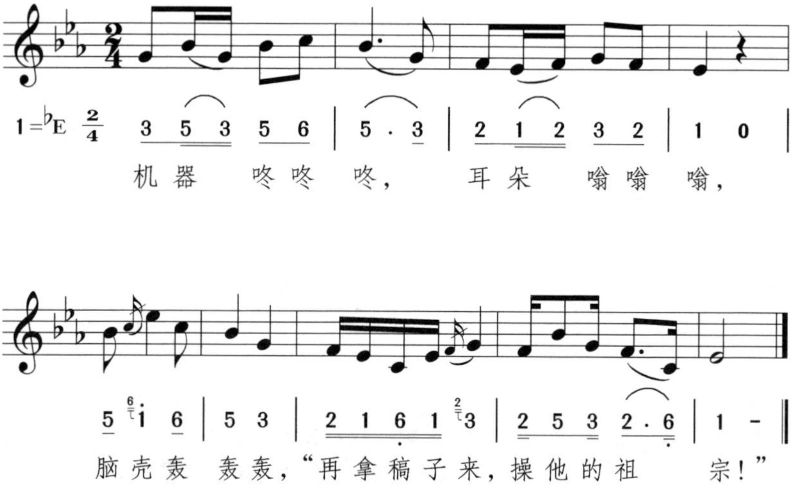
1 = ♭E 2/4
机器 咚咚 咚，耳朵 嗡嗡 嗡，
脑壳轰 轰轰，“再拿稿子来，操他的祖 宗！”

## 四 出 路

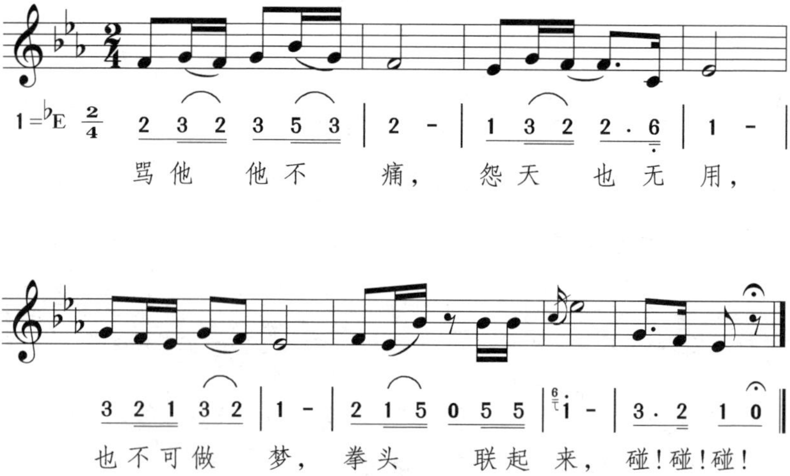
1 = ♭E 2/4
骂他 他不 痛，怨天 也无 用，
也不可做 梦，拳头 联起 来，碰！碰！碰！

# 慰劳中国战士歌

任 光 曲

中速稍快 ♩=104

同是民主和平的主张。你们为西班牙
伟大民族而受伤，你们流的血是自由神下
凡的红光你们的英勇
斗争，照耀到我们的心腔，
好比是冬天的太阳你们打胜
仗，便是我们打胜仗；请你们放心，
祖国的责任有我们担当。

# 三万歌

祝新安旅行团三周年纪念

任光曲

6 3 5 | 6 - | 6 - | 5 6 3 | 2 - | 2 - |
在 山上 看 看， 在 水上 看 看，
对 中国 想 想， 对 日本 想 想，
打个 球儿 玩 玩， 唱个 歌儿 玩 玩，
对 国事 谈 谈， 对 世事 谈 谈，
在 城里 干 干， 在 乡下 干 干，
2 5 2 7 | 6 - | 6 - | 6 . 3 | 6 0 |
在 社会里 看 看。 看 一 看，
对 全世界 想 想。 想 一 想，
做 出戏儿 玩 玩。 玩 一 玩，
对小 孩的事 谈 谈。 谈 一 谈，
在 战场上 干 干。 干 一 干，
6 6 5 | 5 5 3 | 2 . 6 | 2 0 | 6 . 3 |
中国有 多少 宝 藏？ 看 一
怎样 可以 打 胜 仗？ 想 一
可以 免掉 老 古 板； 玩 一
长了 嘴巴 有 何 用呀？ 谈 一
大家的 事情 大 家 干； 干 一

6 0 | 6 6 5 | 5 5 3 | 2 · 6 | 2 0 | 6 · 3 |

看， 有多少 人没有 衣 服 穿呀？ 看 一
想， 谁是 爱国的 大 好 佬？ 想 一
玩， 消除 闷气 与 麻 烦； 玩 一
谈， 也要 吃饭 也 要 谈呀； 谈 一
干， 团结 起来 勇 敢 干； 干 一

6 0 | 6 6 5 | 5 5 3 | 2 · 6 | 2 0 | 1 - |

看， 有多少 人吃不 饱 饭 呀？ 你
想， 谁是 混帐的 王 八 蛋？ 你
玩， 没有 玩的 都 来 玩。 你
谈， 空谈 瞎谈 不 算 谈呀。 你
干， 只有 汉奸 才 假 干。 你

1 - | 6 6 | 6 - | 3 3 1 | 2 - |

不 信 吧！ 三 万 里 路
不 信 吧！ 三 万 里 路
不 信 吧！ 三 万 里 路
不 信 吧！ 三 万 里 路
不 信 吧！ 三 万 里 路

1 · 6̣ | 6 – | 6 – | 6 – | 6 – |

跑 回 来 呀！ 有
跑 回 来 呀！ 打
跑 回 来 呀！ 个
跑 回 来 呀！ 老
跑 回 来 呀！ 保

6 – | 7 7 | 6 0 | 3 – | 3 5 |

这 一 本 账， 越 看
开 脑 袋 想， 越 想
个 是 好 汉， 越 玩
老 实 实 谈， 越 谈
卫 大 武 汉！ 打 倒

3 7 | 6 0 | 2 · 3 | 2 6 | 5 – | 5 – ‖

越 要 干！ 越 看 越 要 干！
越 要 干！ 越 想 越 要 干！
越 要 干！ 越 玩 越 要 干！
越 想 干！ 越 谈 越 要 干！
小 东 洋！ 打 倒 小 东 洋！

# 儿童节歌

贺绿汀　曲

一

1=C $\frac{2}{4}$ $\frac{3}{4}$ 5·5 1 | 5 5 5 2 1 0 | 5·5 2 | 5 5 5 3 2 0 |

站 起 来，抗 日 的 小 孩！　长 起 来，抗 日 的 小 孩！

站 起 来，中 国 的 小 孩！　长 起 来，中 国 的 小 孩！

站 起 来，世 界 的 小 孩！　长 起 来，世 界 的 小 孩！

5·5 5 | 5 5 5 6 5 0 | 4 4 4 2 2 | 6 6 0 6 |

联 起 来，抗 日 的 小 孩！　我 们 要 帮 助　大 人，　把

联 起 来，中 国 的 小 孩！　我 们 要 帮 助　大 人，　把

联 起 来，世 界 的 小 孩！　我 们 要 帮 助　大 人，　把

5 5 5 3 1 | 5 5 0 | 2 · 2 5 · 5 | 5 - |

东洋的妖怪 赶 开！ 赶 出 东 四 省，
中华 民族 兴起来！ 人 人 有 饭 吃，
反侵略阵线 展 开！ 培 养 新 人 类，

3 · 3 6 · 6 | 6 - | 5 5 5 4 4 | 2 2 2 6 |

赶 出 黄 海 外， 叫他们知道 我们的厉
还 吃 文 化 奶， 叫他们知道 我们的厉
创 造 新 世 界， 叫他们知道 我们的厉

5 - | 5 5 5 3 1 1 | 3 2 | 1 - ‖

害， 我们是抗日的 小 孩。
害， 我们是中国的 小 孩。
害， 我们是世界的 小 孩。

二

1=G $\frac{4}{4}$ 6 3 6 3 6 6 6 | 6·6 3 4 4 3 2 1 7 6 |

变啊！变啊！变，变，变，变成无数的小灯笼，

变呀！变啊！变，变，变，变成无数的小媒人，

1·7 6 7 1 2 3 3 3 | 3 i 7 6 5 6 5 #4 3 |

照到老百姓的脚跟前，好教大家不再摸黑路。

化除各党派的老成见，好教同胞不再猜疑。

2 2 2 2 3 3 4 3 | 6 6 6 6 3 5 - |

更要提防汉奸欺骗，大家要相勉励，

敌人阴谋欢喜干离间，大家都是兄弟，

6 6 6 6 6 3 5 - | 1 . 2 3 3 - |
十字路口莫流连。 抗战到底，
萁豆不再自相煎。 团结抗战，

6 3 4 3 . 2 1 7 | 6 - - 0 ‖
才算是正确路 线。
保证 中 华万万 年。

## 三

（甲乙二组唱）

1=G $\frac{4}{4}$ 6 6 3 - | 3 . 2 1 7 7 1 . 7 6 |
1. 小孩们！ 拿出我们的力 量，
3. 小孩们！ 拿出我们的力 量，
5. 小孩们！ 拿出我们的力 量，
7. 小孩们！ 拿出我们的力 量，

7 2 2 1 · 7 6 - | 3 3 0 3 3 0 |

纪 念 四 四， 四 四， 四 四，

种 几 颗 小 黄 豆， 黄 豆， 黄 豆，

捉 几 个 小 汉 奸， 汉 奸， 汉 奸，

劝 几 个 好 壮 丁， 壮 丁， 壮 丁，

1 · 7 6 7 1 2 3 | 3 · 2 1 2 3 - |

别 说 我 们 年 纪 小， 也 能 做 些 事。

战 士 有 了 黄 豆 吃， 打 仗 不 会 瘦。

汉 奸 肃 清 了， 快 活 似 神 仙。

好 男 愿 当 兵， 中 国 一 定 行。（接第八段词）

1 1 5 - | 3 · 2 1 2 2 3 3 | 3 2 2 3 6 5 - |

2.小 孩 们！ 拿 出 我 们 的 力 量，养 几 只 老 母 鸡，

4.小 孩 们！ 拿 出 我 们 的 力 量，省 几 个 小 铜 板，

6.小 孩 们！ 拿 出 我 们 的 力 量，教 几 个 大 文 盲，

6 6 0 5 5 0 | 3·2 3 4 5 - | 3·2 3 2 1 - :||
养鸡，养鸡，生下好鸡蛋，献给战士吃。
铜板，铜板，少吃几块糖，为了买子弹。
文盲，文盲，眼睛打开了，前途发亮光。
1 1 5 - | 3·2 1 2 2 3 3 | 3·2 3 4 5 6 5 |
8.小孩们！拿出我们的力量，化几个小怨恨
1 1 3 - | 1·7 6 7 7 1 1 | 1·7 1 2 3 4 3 |
6 6 0 5 5 0 | 3·2 1 2 3 - | 6 5 3 2 | 1 - - 0 ||
怨恨，怨恨，斩草除了根，巩固大国本。
4 4 0 3 3 0 | 1·7 6 7 1 - | 4 3 1 7 | 1 - - 0 ||

# 献给北碚青年抗敌出征团

贺绿汀 曲

# 谷子在仓里叫

陈贻鑫 曲

行板
1＝F 3/4 4/4
（女高）哞 日寇在战场上
哞 汉奸在沙发上
哞 苦孩子在肚子里
（女低）哞 哞
哞 哞
哞 哞
（男高）哞 哞
哞 哞
哞 哞
1. 谷子在仓里叫，哞
2. 谷子在仓里叫，哞
3. 谷子在仓里叫，哞

mf
笑 我们要给士兵吃下 去，化为
笑 我们要给老百姓吃下 去，化为
叫 我们要给难童吃下 去，长得
吃下去，
吃下去，
吃下去，
我们要给士兵吃下 去，吃下去，化为
我们要给老百姓吃下 去，吃下去，化为
我们要给难童吃下 去，吃下去，长得
化 为
化 为
长 得

战 斗 的 血， 把 国耻 来昭
做 工 的 力， 为 同胞 谋福
又 壮 又 高， 化为智慧 的
战斗的战斗的 战斗的 血，血， 战斗的血，
做工的做工的 做工的 力，力， 做工的力，
长得 又壮 又 高，高， 又壮又高，
战 斗 的 战斗的 血，战斗的战斗的血， 国耻来昭
做 工 的 做工的 力，做工的做工的力， 同胞谋福
又 壮 又 高，高， 又壮又高， 智慧 的
战 斗 的
做 工 的
又 壮 又

mf
mp
mp
mp
雪。 为什么把 我们关在这 里？ 给
利。 为什么把 我们关在这 里？ 给
笑。 为什么把 我们关在这 里？ 耽
把 国耻来昭雪。哞 把我们关在这里？
为 同胞谋福利。哞 把我们关在这里？
化为智 慧的笑。哞 把我们关在这里？
雪，把 国耻来昭雪。哞 把我们关在这里？
利，为 同胞谋福利。哞 把我们关在这里？
笑，化为智 慧的笑。哞 把我们关在这里？

1.2.
3.
老鼠偷 窃？
误了年 少？
奸商居 奇？
呣 给老鼠偷 窃？
呣 耽误了年 少？
呣 给奸商居 奇？
呣 给老鼠偷 窃？
呣 耽误了年 少？
呣 给奸商居 奇？
2.谷
3.谷

# 荷叶舞歌

育才学校音乐组集体曲

慢速

舞，这是第一回。看不清是明月美，
f
还是少年美？还是少年美？
mf 中速
转1=D（前1=后5）
3.前日清风来，为莲花做媒。我们
4.半天落好雨，田里长黄金。喜煞
竞狂舞，好险蹩了腿。刚相见，
众姊妹，唱歌又弹琴。一声声，
人似清风，心儿清似雪。我问
化作珍珠，滚向叶中心。我问

你，我跳的舞何如晓邦婕？
你，我弹的琴何如贺绿汀？
快速
转1=♭B（前1=后3）
若问我来历，敦颐最先言。
若问我前程，义山笔传神。
舞罢力不支，葬我周子池。
但开君子花，留芳千万年。
笑语止凶暴，潇湘贤主人。
甘心情愿事，魂魄入污泥。
仍旧是出身污泥，污泥不能染。
同记取留得残荷，可以听雨声。
待来年翠盖复展，玉立报相知。

仍旧是出身污泥 污泥不能染。
同记取留得残荷 可以听雨声。
待来年翠盖复展 玉立报相知。
中速
转1=F(前1=后4)
8.凤凰引创造，河山招胜利。
胜利同回家，欢乐宁有极。
转 1=C (前 1= 后 4)
(女高独) 莫负情，暗自东

去，留我独在西。
9.（合）跳舞为跳舞，时代已不许。
一切为创造，创造为除苦。
若同意，明年今夜，再邀荷叶舞。
渐慢
若同意，明年今夜，再邀荷叶舞。

# 八位好朋友

陈贻鑫 曲

何 如？ 何 时？ 何 地？何 去？
mf
好像弟弟与哥 哥。还有一位
西洋派，姓名颠倒叫几何？
f
若向八贤常请教，虽是笨人不会错。

# 武训歌

杜鸣心　曲

中速　庄重

公无靠背，朋友无多。
未受教育，状元盖过。
当公跪求，顽石转舵，不置家
产不娶老婆。为着一件大
事来，兴学兴学。为着一件大
事来，兴学兴学，来兴学兴学。

# 邹韬奋先生挽歌

夏之秋　曲

慢板

来 到，他 们 会 发 芽，他 们 会 抽
来 到，他 们 会 燎 原，他 们 会 怒
条，他 们 会 长 大， 会 长 大，会 长 大，
吼，他 们 会 狂 烧， 会 狂 烧，会 狂 烧，
会 长 大！ 长 成 参 天 的 森 林，
会 狂 烧！ 烧 起 熊 熊 火 海，
结 成 民 主 之 果； 长 成 参 天 的
铸 成 民 主 中 华； 烧 起 熊 熊
森 林， 开 放 自 由 之 花。
火 海， 创 造 自 由 世 界。

# 朱大嫂送鸡蛋

崔牛曲

1=E $\frac{4}{4}$ 5 5 6 6 i̇ 5 5 i̇ | i̇ 5 6 5 6 3 2 5 1. |

母鸡下鸡 蛋哪， 咯嗒 咯 嗒 叫，
出了村子 口哪， 过了 大 石 桥，
小先生拿鸡蛋哪， 唱着 歌 儿 笑，

5 1 2 3 6 5 3 | 5 3 6̣ 2 1 2 1 7̣ 6̣ |

朱大嫂送鸡蛋哪 进了土 窑 咴呀
走了 三里地哪 到了大凤庄 咴呀
谢谢您好意的 朱 大 嫂 咴呀

5 - 6 5 6 | 3 5 i 5 |
嘿。这里的 鸡蛋都拿
嘿。把鸡蛋 送给小先
嘿。咱们小 先生要教
6 6 i i 3 5 6 - | 6 5 6 6 1 2 |
出来 哝呀 嘿， 十个 鸡蛋
生哪 哝呀 嘿， 再问声小先生
人哪 哝呀 嘿， 不教人对不起
5 3 3 2 3 - | 6 5 6 3 5 i 5 6 3 |
刚 刚 好。手拿着鸡蛋出了门，
教人辛苦了。小先生听了大声笑，
朱 大 嫂。只要 你 教得好，
3 i 6 5 3 i 6 5 | 3 5 1 2 1 7 6 | 5 - - 0 ‖
扭扭捏捏扭扭捏捏，出了门 哝呀 嘿。
嘻嘻哈哈嘻嘻哈哈，朱大嫂 真正 好。
圆圆鸡蛋圆圆鸡蛋，管吃饱 哝呀 嘿。

# 民族的妈妈

苏联歌曲《快乐的人们》曲调

给我们最大的力量，领导着我们拿出主张。谁永远能跟着他一路前进，小宝宝一定幸福无疆。谁永远能跟着他一路前进，小宝宝一定幸福无疆。
给我们最大的力量，领导着我们拿出心肠。谁永远能跟着他一路前进，小徒弟一定幸福无疆。谁永远能跟着他一路前进，小徒弟一定幸福无疆。
给我们最大的力量，领导着我们拿出钱粮。谁永远能跟着他一路前进，小难童一定幸福无疆。谁永远能跟着他一路前进，小难童一定幸福无疆。
给我们最大的力量，领导着我们拿出良方。谁永远能跟着他一路前进，新中国一定幸福无疆。谁永远能跟着他一路前进，新中国一定幸福无疆。

# 民主进行曲

聂耳《义勇军进行曲》曲调

# 胜利进行曲

聂耳《义勇军进行曲》曲调

# 教师们联合起来

马思聪　曲